医学生职业生涯规划

（供医学及相关专业用）

主编　陈　翔　刘英超

中国中医药出版社

·北 京·

图书在版编目（CIP）数据

医学生职业生涯规划 / 陈翔 , 刘英超主编 .
北京 : 中国中医药出版社 , 2025. 6. --（全国高等医学
教育规划教材）（浙江省普通本科高校"十四五"重点立
项建设教材）.
ISBN 978-7-5132-9552-9

Ⅰ. G647.38

中国国家版本馆 CIP 数据核字第 20250A8T77 号

中国中医药出版社出版

北京经济技术开发区科创十三街 31 号院二区 8 号楼
邮政编码　100176
传真　010-64405721
保定市西城胶印有限公司印刷
各地新华书店经销

开本 889×1194　1/16　印张 9.5　字数 280 千字
2025 年 6 月第 1 版　2025 年 6 月第 1 次印刷
书号　ISBN 978 – 7 – 5132 – 9552 – 9

定价　49.00 元
网址　www.cptcm.com

服 务 热 线　010-64405510
购 书 热 线　010-89535836
维 权 打 假　010-64405753

微信服务号　zgzyycbs
微商城网址　https://kdt.im/LIdUGr
官 方 微 博　http://e.weibo.com/cptcm
天猫旗舰店网址　https://zgzyycbs.tmall.com

如有印装质量问题请与本社出版部联系（010-64405510）

《医学生职业生涯规划》编委会

主　编　陈　翔　刘英超

副主编　宣利峰　陈亮亮　王建钟　罗　杰

编　委（按姓氏笔画排序）
　　　　王　丽　冯思佳　严冰玉　李官泽
　　　　汪骏涛　张　媛　张倍倍　陈晓彤
　　　　林昕潞　郝正亮　顾　玥　曾巧凤

编 写 说 明

随着医疗卫生事业的快速发展和医学教育改革的不断深化，医学人才的培养面临着新的挑战和机遇。为了更好地适应新时代医学人才的培养需求，提升医学生的综合素质和职业发展能力，我们组织编写了《医学生职业生涯规划》教材。本教材全面系统地介绍了医学生从自我探索、医学专业与职业环境探索，到学业规划、医学就业之路和求职技巧，再到医学信仰与医德医风等方面培养的成长路径，为医学生提供全方位、多角度的指导和帮助。

一、编写背景与目的

当前，医疗卫生行业对医学人才的需求日益增长，医学教育也在不断改革创新。然而，面对复杂的医疗环境和日益增长的医疗需求，医学生往往在职业生涯规划和职业发展过程中感到迷茫和困惑。因此，本教材的编写旨在帮助医学生明确自己的职业发展方向，了解行业环境，制订合理的学业规划，提升求职竞争力，同时培养良好的职业道德和医学人文精神。

二、编写内容与结构

本教材共分为八章，涵盖了医学生成长发展的各个方面。

第一章"职业生涯规划概论"介绍了职业生涯和职业生涯规划的基本概念，回顾了职业生涯规划理论研究，总结了大学生职业生涯规划的主要方法，并阐述了医学生职业生涯规划的作用和意义。

第二章"自我探索"从兴趣、性格和职业价值观三个方面帮助医学生深入了解自己，为其职业生涯规划提供自我认知基础。

第三章"医学专业探索"介绍了医学专业的分类、专业与职业的关系，以及医学门类中各个专业的就业方向，帮助医学生了解所学专业的特点和发展方向。

第四章"职业环境探索"分析了我国卫生健康事业现状、卫生健康行业政策环境、社会环境，以及医生职业发展通道，并通过职业人物访谈为医学生提供宏观的职业环境视角。

第五章"学业规划"从医学生学业规划的基本概念、医学人才培养目标、医学课程设置概况及创新能力锻炼等方面，为医学生提供学业规划的指导和建议。

第六章"医学生就业之路"介绍了医学生升学深造、"考公""考编"等就业途径，为医学生提供多元化的就业选择。

第七章"求职技巧"从简历制作、笔试和面试应试技巧等方面，为医学生提供实用的求职技巧和方法。

第八章"医学信仰与医德医风"阐述了职业道德与职业操守、医学人文精神的基本概念和培养途径，并通过案例分析，让医学生深刻理解医学信仰和医德医风的重要性。

三、编写特点与创新

1. 系统性 本教材内容涵盖了医学生成长的各个方面，从职业生涯规划到职业环境认知，再到学业规划和就业指导，形成了一个完整的知识体系。

2. 实用性 本教材注重实用性和可操作性，为医学生提供了大量的方法、技巧和案例，帮助其解决实际问题和解答困惑。

3. 创新性　本教材结合新时代医学教育改革的背景和医疗卫生行业的发展趋势，融入了新的理念和思想，为医学生提供了前瞻性的指导和建议。

4. 针对性　本教材针对医学生的特点和需求，进行了深入的剖析和讲解，具有较强的针对性和指导性。

四、适用对象与期望

本教材主要面向医学生、医学教育工作者，以及医疗卫生行业从业者。期望通过学习，医学生能够明确自己的职业发展方向，制订合理的学业规划，提升求职竞争力，同时培养良好的职业道德和医学人文精神。对医学教育工作者和医疗卫生行业从业者而言，本教材同样具有重要的参考与借鉴价值，能够为医学人才的培养及行业的持续发展提供有益的思路与启示。

《医学生职业生涯规划》是一本全面、系统、实用性强，具有创新性和针对性的教材，能够为医学生的成长发展提供全方位的指导和帮助。我们希望通过本教材的出版和使用，为我国医学人才培养和医疗卫生事业发展作出积极的贡献。

《医学生职业生涯规划》编委会

2025 年 2 月

目　录

第 一 章

职业生涯规划概论

第一节　职业生涯和职业生涯规划的概念

一、职业概述

（一）职业的概念

职业，即个人所从事的服务于社会并作为主要生活来源的工作，由职业主体、职业客体、职业技术和职业报酬四个要素构成。作为谋生的手段，职业在一定程度上体现了个体在社会分工中所处的层次。它在赋予每个人权利的同时，也要求其承担与之对应的社会责任和义务。它需要个人运用专业的知识和技能不断参与其中，以满足不同性质、不同内容、不同形式和不同操作的岗位需求。中国职业规划师协会将职业定义为职能和行业的结合体，即职业＝职能 × 行业。

作为个人获得劳动报酬的一项社会分工活动，认识将对个人的发展至关重要。上述关于职业概念的描述只是宏观层面上的定义。实际上，所在的工作地点、所需要的自身条件、所处的职位、未来发展前景等都是人们在工作中需要关注的信息。人们可以采用"PLACE"方法，分块了解和获取某个职业的相关信息，比如该职业的工作环境、薪资待遇、发展前景等。

1. P——职位（position） 一个人在确定职业生涯规划方向时，往往需要对具体方向所包含的所有职位进行评估。有些职位虽然属于同一个职业方向，但是所需要的专业技能和职业能力不尽相同。就"新闻媒体从业人员"这一职业方向来说，它所包含的职位有总编、主编、编导、记者、摄像和后期制作等。

2. L——工作地点（location） 工作地点是指根据自己的生活经验和日常了解，对职业的工作环境、工作地理位置及变动性等因素有大概的了解。比如，作为一名采购人员就要经常出差，需要在全国各地确认供应商的情况，工作地点变动较大。如果是一位医生，则一般是在医院工作，办公地点一般是门诊部和住院部，工作地点变动较小。

3. A——升迁状况（advancement） 升迁状况包括职位的升迁渠道与速度等。比如，会计从业人员的典型晋升渠道是"会计→总账会计→主管会计→财务部负责人→财务经理→财务总监→财务副总"，升迁速度适中。升迁速度较快的职位为生产和销售从业人员。

4. C——雇用状况（condition of employment） 雇用状况指被雇用的时候该职位的薪资福利、学习机会、工作时间和社会保障等。不同地区的雇用状况受当地经济水平发展的影响，同一职位在不同地区的雇用状况亦不相同。

5. E——雇用条件（entry requirement） 雇用条件是指要获得该职位所需要具备的诸如受教育程度、职业能力、工作经验、价值观等条件。如想要从事教育工作，一般需要具备师范专业和本科以上学历，其次还需要考取教师资格证和普通话水平测试等级证书。

通过运用"PLACE"方法，人们可以很好地了解一个职位的各种信息，并结合自身条件，对照每条内容，衡量自己能否接受该职位。若能接受，再结合自己的兴趣爱好、价值观等，将该职位作为自己就业时的首选或备选目标；若不能接受，则再运用"PLACE"方法去认识其他职位，直到找到自己能接受的职位为止。

（二）职业的特征

1. 社会性 职业是一种产生于社会发展和人类劳动过程中的分工现象，体现了劳动力与劳动资料之间的结合关系，也涉及劳动者之间的关系。劳动产品的交换体现的是不同职业之间的劳动交换关系。这种劳动过程中形成的人与人的关系无疑是社会性的，他们之间的劳动交换既反映了不同职业之间的等价关系，也反映了职业活动、职业劳动成果的社会属性。

2. 规范性 职业的规范性应该包含两层含义：一是职业内部的规范操作要求性；二是职业道德的规范性。不同的职业在劳动过程中都有一定的操作规范性，以此保证其职业活动的专业性。当不同职业对外展现其服务时，还存在一个伦理范畴的规范性问题，即职业道德。这两种规范性构成了职业规范的内涵与外延。

3. 功利性 职业的功利性，也称为职业的经济性，是指职业作为人们赖以谋生的劳动过程所具有的逐利性。职业活动既要满足职业者的自身需求，也要满足社会需求。只有将职业的个人功利性与社会功利性结合起来，职业活动和职业生涯才具有生命力和意义。

4. 时代性 职业随着经济社会的发展而不断变化，不同时期的职业具有不同的技术要求，也具有相应的时代特征。职业的时代性是指职业会因科学技术的发展、人们生活方式和习惯等因素的变化而带有特定时代的特征，从而体现出明显的时代"烙印"。

（三）职业的分类

随着经济的持续发展和产业结构的不断优化，职业分类的研究也日益深入。这不仅关乎对职业未来发展趋势的精准把握，还涉及对职业岗位的深入考察，同时对各行业从业人员的职业方向选择具有重要指导意义。此外，职业分类也是相关行业机构开展职业技能培训的重要依据，更是进行产业结构、产业组织和产业政策研究的基础。

我国现行的职业分类体系主要以《中华人民共和国职业分类大典》和《国民经济行业分类》为依据（具体分类标准内容见附录）。通过以上两种权威的职业分类标准，人们能够较为全面地了解我国的职业分类现状。这不仅为职业发展趋势的分析提供了重要的参考，也为医学生规划未来职业道路提供了有益启示。

（四）职业的发展趋势

科学技术的进步和经济社会的发展推动着社会需求不断发生变化，新的职业也随之不断产生。当传统职业不能适应社会需求时，就会逐渐消亡。随着现代科学技术的广泛应用，职业种类越来越多、分工越来越细，知识、信息、科学技术含量高的现代职业迅速发展。与此同时，现代职业对从业人员的任职要求也越来越高。在职业产生与消亡的客观规律作用下，大学生选择职业类型时不仅要考虑个人职业发展意愿，还要考虑社会需求趋势的变化。职业环境和职业发展趋势是相互影响、相互制约的。大学生需要对职业环境做出合理清晰的分析，抓住关键信息，从而对职业发展趋势做出合理正确的判断，才能更好地把握未来的就业机会与方向。

如今，我国已迈入高质量发展阶段。创新理念的兴起推动了新观念、新知识、新技术的井喷式涌现，而国家对产业结构的调整和供给侧结构性改革的推进，也使得职业发展的趋势呈现出新的特点。未来职业发展方向的选择不仅关乎个人的职业规划，更是对未来发展道路的精准把握。因此，在职业选择过程中，必须以前瞻性的眼光对未来职业的需求和发展进行深入分析。以下是当前职业发展的三大主要趋势：

1. 传统职业不断消失，新兴职业不断产生　随着科学技术的不断进步，传统职业格局正发生深刻变化，与新科技紧密相关的新兴职业应运而生，吸引了众多追求新鲜事物的年轻人。与此同时，传统职业，尤其是手工艺行业，因需长期经验积累且效率较低，难以适应高效的现代机械化生产需要而逐渐被边缘化，甚至被淘汰。因此，传统手艺与职业正在逐渐消失。

2. 职业的专业化、技术化程度越来越高　从当前的就业形势来看，各岗位对从业人员的要求日益提高。过去仅凭单一技能即可胜任的岗位，如今往往需要从业者具备更丰富的专业知识和复合技能。究其原因，主要是科学技术的飞速发展催生了大量需要高新知识和技术的职业。这些职业对从业人员的要求远高于传统职业，更倾向于招收跨专业的复合型人才。此外，高新技术产业相关职业往往需要从业者充分发挥主观能动性，推动产业的发展。在这种情况下，人的智力、创新能力及技术水平直接决定了产业的发展空间和高度。因此，职业对专业化与技术化的需求不断加深，要求从业者具备良好的职业综合能力。从业者必须不断提升自身素质，以适应现代职业的高要求。

3. 第三产业相关的职业高速发展　如今，以服务业为主的第三产业在产业结构中的比重大幅提高。大力发展第三产业有助于加快经济发展，提高国民经济素质和综合国力。据统计，发达国家第三产业的产值占国内生产总值（GDP）的比重为 60%～70%，而我国第三产业的产值仅占 GDP 的 40% 左右，说明我国的第三产业还有非常大的发展空间。随着第三产业的不断发展，相应的职业规模还会继续扩大，这样不仅能够产生大量的职业与岗位，还能吸收社会剩余劳动力、缓解社会就业压力。

二、职业生涯概述

（一）职业生涯的概念

"生"，即生活；"涯"，即边界、范围。职业生涯可以理解为一个人在生活经历和事业发展过程中所有活动的总和。人的一生分为幼年、少年、成年、中年和老年几个阶段。从成年开始，人们进入职业和生活发展的高峰期，这一时期也是追求自我价值和实现人生目标的重要阶段，职业生涯也因此变得丰富多彩。职业是个人赖以生存和发展的主要途径，处于职业生涯的核心位置，对个人的生存和发展起着关键作用。人的一生可能会经历多种职业历程，而职业生涯的成功与否取决于多种因素，包括社会环境的影响、个人能力和价值观的综合作用，以及把握机遇的能力等。职业生涯围绕学习、生活、就业和发展等方面展开。作为大学生，应对其职业生涯及规划有清晰的认识和把握。

职业生涯的概念并非一成不变，而是随着时代的发展而不断演变。20 世纪 70 年代，"职业生涯"主要指个人生活中与工作相关的各个方面。如今，生活中关于个人、集体和经济生活的各个方面都被纳入"职业生涯"的概念。职业生涯是一个动态发展的过程，包含个人一生中所有与职业岗位和工作活动相关的生活经历。不论职位高低或职业生涯成功与否，每个人的职业生涯都是独一无二的。从经济角度看，职业生涯是个人在一生中所经历的一系列职位和角色，与个人的职业发展过程和经济生活紧密相连，同时也与个人接受的教育培训及成长过程中的心路历程密切相关。个人的成长和受教育过程，也是对自身生理、心理、智力和能力等潜能进行开发的过程，这些能力对个人职业生涯发展有着深远的影响。然而，无论职业生涯如何发展，最终都会以工作内容、工作业绩、工资待遇、职称和职务为标准，从社会经济的角度对其进行考量。而个人则更注重工作经历、内心体验、职业理想的实现，以及人生目标的达成。

（二）中西方对职业生涯认识的区别

西方学者认为，生涯和职业的概念一直联系紧密。职业（vocation）指参与社会分工，利用专业知识和技能，创造物质或精神财富，获取合理报酬，满足物质和精神需求的活动。20世纪初，美国开展了职业指导运动，帮助解决社会的失业问题，协助人们就业。随着职业社会形态的变动和人本主义思潮的兴起，职业和被指导者都不是一成不变的。职业指导也渐渐地由最初的"协助人择业"，演变成了一项"协助个人发展，接受适当、完整的自我形象，同时发展并接受完整而适当的职业角色形象"的工作，它的名称也由最初的"职业指导"变成了"职业生涯规划"或"生涯规划"。但是什么是生涯呢？美国生涯理论专家舒伯（Super）认为，生涯（career）是"生活中各种事件的演变方向和历程，包括人一生中的各种职业和生活角色，及由此表现出的个人独特的自我发展类型"。这个定义非常宽泛和全面，综合考虑了职业与其他生活（如休闲、退休等）发展的统一。从生涯的角度看自己的职业发展，职业生涯是有意义的相关工作经验的系列组合，包括职业、职位的变动及工作理想实现的整个过程。

在中华传统文化语境中，"生涯"的概念具有更为丰富的内涵。庄子曾言："吾生也有涯，而知也无涯。"其中，"生"指生命或人生，"涯"则代表边界。生涯，即人生的边界，指向未来，具有持续性与发展性。此外，中国文人还将生涯视为一种独特的生活方式。刘长卿在诗中写道："杜门成白首，湖上寄生涯。"生涯咨询专家金树人指出，"career"的本义包含竞争与冒险的意味，这与中华文化中的"志业"概念颇为相近。"志"字由"士"与"心"组成，"心"代表致力于此的决心与憧憬。在古代，中国"士"阶层的人普遍以"学而优则仕"为理想，其主要生涯目标便是出仕成为官吏，成为君子。钱穆认为，中国人强调一种通才取向的生涯观，既注重通过谋得官职来光宗耀祖，又强调职位对个人的职能要求是术德兼修、内圣外王。相较之下，中西方对生涯的理解存在显著差异。西方人的生涯观更倾向于专业化与职业化，强调自我在职业发展中的充分实现。而中国人的生涯观不仅关注自我的充分发展，还注重关系的和谐，包括自我与他人（尤其是家人）、自我与社会、自我与职场之间的和谐相处。

三、职业生涯规划概述

（一）职业生涯规划的概念

职业生涯规划（career planning）简称生涯规划，又叫职业生涯设计，是指个人对职业生涯和人生的发展进行系统而持续的计划。一个完整的职业生涯规划由职业定位、目标设定和通道设计三个要素构成。职业生涯规划可表述为个人通过与外部环境结合，对职业环境等外在因素进行测定、分析和总结，再结合个人的兴趣、爱好、能力和个性等内在因素进行综合分析与权衡，然后根据个人的职业倾向和时代特点，确定最佳的职业定位和人生目标，并为实现这一目标做出行之有效的安排和策划。

职业生涯规划的核心目的是帮助个人真实、全面地了解自己，从而引导个人找到最适合自己的发展方式，最终实现人生目标。对于当代医学生而言，在规划自己的事业、筹划未来及拟定职业道路时，必须综合考虑主观条件与客观条件，设计出科学且可行的职业生涯发展方案。在朝着目标奋斗的过程中，医学生需要明确把握发展方向，制订相应的培训、教育和工作计划，并严格按照职业生涯发展方案付诸行动，将达成目标作为人生的核心任务。由于职业生涯贯穿人的一生，因此进行职业生涯规划，本质上是为自己的未来绘制一幅理想蓝图的过程。在进行职业生涯规划时，医学生应注意以下几个方面：

1. 对职业生涯及其规划有清醒的认识。

2. 对外界环境有相对透彻的分析。

3. 了解自身特质，尤其是优势与长处。

4. 通过沟通、分析、心理测评等方式找到自己感兴趣的职业方向。

5. 对综合素质与个人职业能力进行全方位的精确评估，确定自己的发展方向，并最终确定职业定位。

6. 围绕人生理想、愿望和价值取向，确立人生及职业目标。

7. 对职业生涯进行具体的解析和明确的管理，设计出最优发展路径，并在实施过程中，结合实际情况对目标和发展方向进行适当调整。

8. 进一步发掘自身的特质和优势，提高自己在不同职业环境中的适应能力。

9. 扮演好自己的社会角色，为职业生涯的成功而持续奋斗。

职业生涯规划最明显的作用在于引导个人完成职业生涯发展过程中的阶段性任务，并为后续阶段的发展做好预先策划和准备。按计划完成人生各个阶段的生涯发展目标和任务，是"生涯成熟"的重要表现。对于大学生而言，参照自身的目标完成情况，评估职业生涯的实际发展状态，并采取行之有效的对策和行动，是其职业生涯发展的核心任务。

（二）职业生涯规划的特点

职业生涯规划应有具体的内容和措施。例如，设立明确的职业目标，以及制订详细的实施方案。在制订规划时，需要充分考虑目标的合理性、方向的准确性，并梳理清楚相关的条件和问题。因此，一份良好的职业生涯规划应当具备以下特点。

（1）可行性　规划是根据实际情况（自己的能力、兴趣、性格等）做出的，而非脱离实际的幻想。

（2）适时性　确定的目标要符合当前经济社会的发展情况，所进行的各种活动都要有实施的措施与时间规划。

（3）适应性　适当考虑职业环境的变化因素，制定的规划应有一定的弹性。

（4）持续性　职业生涯规划过程中的各种活动应持续连贯，在不同年龄阶段有不同的发展目标与实施步骤，并且根据具体情况和需要逐一完成。

（三）新时代如何进行职业生涯规划

对于大学生而言，职业生涯规划是基于自我认知、结合自身专业特长和知识结构，同时考虑社会环境与市场环境，并为未来从事的职业及职业目标制订的具有明确方向性的方案。当一个人能够在自己擅长的领域从事自己喜欢的工作，并且认为这份工作具有价值时，就已经具备了成功的基本条件。如果该领域还拥有广阔的发展前景，且个人能够找准努力的方向并坚持不懈，那么成功就有了更坚实的保障，也为个人的长远发展奠定了坚实基础。因此，在制订职业生涯规划的具体方案时，可以从以下八个方面进行深入思考。

（1）实际性方面　根据个人特质、社会环境及其他相关因素，从实际出发，确保具备切实可行的发展路径。

（2）适应性方面　职业目标的制订要与个人的性格、兴趣和特长等特质相匹配，以便产生内在激励作用，并使其与外在职业环境相契合。

（3）清晰性方面　各阶段的目标与措施要明确清晰，实现目标的步骤和方法需具体且得当。

（4）一致性方面　发展目标要与个人意愿相一致，实际行动也应遵循生涯规划的方案。

（5）变动性方面　目标与措施应具有弹性和灵活性，可根据环境的变化进行调整。

（6）合作性方面　个人的目标与他人的目标应具有适当的合作性与协调性。

（7）整体性方面　职业生涯规划要兼顾整个生命发展历程，为人生做全程的量化考虑。

（8）可评估方面　职业生涯规划的设计应具备相应的时间限制和评估标准，以便实时进行检查并掌握情况，并以此作为修正职业生涯规划的参考依据。

【思考题】

1.什么是职业？什么是职业生涯规划？

2.新时代如何进行职业生涯规划？

第二节　职业生涯规划理论研究回顾

学习目标

1.熟悉常见的几种职业生涯规划理论。

2.了解如何将职业生涯规划理论运用到医学生自身的职业生涯规划中。

一、帕森斯特质因素论

特质因素论是职业选择与职业指导领域中经典的指导性理论。1909 年，美国波士顿大学教授弗兰克·帕森斯（Frank Parsons）在其著作《选择一个职业》中提出：个人和职业都具有稳定的特征，职业选择就是在这二者之间进行适当的取舍，即"人与职业相匹配是职业选择的焦点"。帕森斯的特质因素论明确阐述了职业选择的三大要素：第一要素是个人特质，即应清楚地了解自己的兴趣、能力、态度、价值观等身心特征。第二要素是外界条件，即应把握好职业选择成功的条件、所需知识，以及自己在不同工作岗位上的优势和劣势、机会和前途；第三要素则是上述两者的平衡。帕森斯认为，职业选择的关键在于个人特质与职业的匹配。只有个人特质与外界条件和环境相协调，才是个人和职业的最佳搭配形式，这会使个人和用人单位最大限度地受益。

基于这一理论，我们可以得出职业选择和生涯规划的三大基本原则：第一，了解自我，即对自我进行探索，包括了解个人的性格、能力、资源、优势和劣势等内容。第二，了解工作，即了解职业能力素质和知识经验、工作环境、薪酬、晋升机会及发展前途等相关因素。第三，协调匹配，即对资料进行综合分析，得出个人特质与外界条件相协调和匹配的最佳职业。

二、霍兰德职业兴趣理论

20 世纪 60 年代，美国著名职业指导专家约翰·霍兰德（John Holland）在帕森斯特质因素论的基础上，提出了职业兴趣理论，明确了职业与兴趣之间的直接关联。经过近 60 年的实践验证，霍兰德的职业兴趣理论在职业指导领域产生了深远的影响。霍兰德在对帕森斯特质因素论的自我了解原则进行深入分析后指出，人格类型、兴趣与职业之间存在密切联系，职业兴趣与人格特征之间具有高度相关性。兴趣能够激发人们的活动动力，吸引人的职业能够提高人们的工作积极性，使人更愿意积极、愉快地从事该职业。霍兰德将人格与兴趣结合起来，将个人特质分为现实型、研究型、艺术型、社会型、企业型和传统型。同样，他将人所处的外界环境和工作条件进行了归类，划分出与个人特质相对应的六种职业环境类型。霍兰德认为，具有不同特质的人，在其所对应的职业环境中工作，能够获得更高的职业满意度、职业稳定性和职业成就感。因此，职业生涯规划的首要目标便是寻求个人特质与职业环境类型的适配。这六种个人特质类型和职业环境类型并非孤立存在，而是按照一定的关系排列成一个六边形。各类型之间存在三种关系：相邻关系、相隔关系和相对关系。

三、舒伯职业生涯发展理论

自 20 世纪 50 年代起，舒伯以新的方式对职业生涯发展进行思考，经过不断研究，最终确立了一套围绕"生涯"这一过程的"彩虹理论"。该理论较好地概括了人生的职业发展历程。舒伯指出，职业发展是人生成长的一部分，除了职业角色外，个体在生活中还扮演着孩子、学生、休闲者、公民、持家者、配偶、伴侣、退休者、父母或祖父母等角色。由此，他将职业生涯发展分为成长阶段、探索阶段、建立阶段、维持阶段与衰退阶段五个主要阶段。

（一）成长阶段

成长阶段是指 0～14 岁。该阶段的孩童逐渐形成"自我"的概念，并尝试以各种不同的方式来表达自身的需求。他们通过对现实世界不断地摸索和探究，开始试图对自身角色加以修饰。这个阶段发展的任务是塑造自我形象，形成对工作世界的正确态度，并开始理解工作的意义。该阶段共分为三个时期。

1. 幻想期（0～10 岁） 个体主要考虑"需要"方面的因素。幻想期是对幻想中的角色进行扮演的时期。

2. 兴趣期（11～12 岁） 个体主要考虑"喜好"方面的因素。喜好决定着个体的抱负和理想的方向。

3. 能力期（13～14 岁） 个体主要考虑"能力"方面的因素。能力逐渐发展成为主导力量。

（二）探索阶段

探索阶段是指 15～24 岁。该阶段的青少年，在学校、社会等活动中，逐步对自我能力及所扮演的社会角色有了尝试性的探索和了解，因而扩大了其在职业生涯规划上的选择弹性。这一阶段的发展任务是使职业偏好逐渐趋于明确和具体，并将其实现，共包含以下三个时期。

1. 试探期（15～17 岁） 个体尝试考虑将需要、兴趣、能力与机会等因素相结合，并在幻想和讨论的过程中加以尝试。

2. 过渡期（18～21 岁） 个体正式进入职业，或者进行专门的职业培训，明确某种职业倾向。

3. 试验期（22～24 岁） 个体生涯概念初步形成，并对其成为长期职业生涯的可能性加以验证，若不适合则可能再经历上述各时期以确定方向。

（三）建立阶段

建立阶段是指 25～44 岁。经过上一阶段的验证和新的尝试，不适合者会谋求改变或进行其他探索。因此，个体在该阶段通常能明确整个职业生涯中适合自己的目标和属于自己的位置，并逐步建立自己的地位。在 40～44 岁这段时期，个体开始考虑如何保住这个"位子"，并使之更加稳固。该阶段发展的任务是稳固并求上进，可细分为以下两个时期。

1. 试验稳定期（25～30 岁） 个体趋于安定，也可能因生活或工作上的变动而尚未感到满意。

2. 建立期（31～44 岁） 个体致力于追求工作上的稳定，极具创造性价值，资历渐深，业绩优良。

（四）维持阶段

维持阶段处于 45～65 岁。个体在面对新生力量挑战的同时，仍希望继续维持属于自己的工作和职位，因而这一阶段发展的任务就是维持既有的成就和地位。

（五）衰退阶段

衰退阶段是指 65 岁以上。由于生理与心理功能的衰退，个体不得不面对现实，开始逐步隐退。这一阶段的个体往往注重新角色的开拓和发展，通过寻求不同的生活方式来替代和满足原有的身心需求。

通过舒伯的生涯发展理论，个体可以清楚地看到自己所处的生涯发展阶段。大学生在生涯发展的探索阶段，经历了试探期、过渡期，即将迈入试验期。因此，在这一阶段大学生一定要对自己进行充分探索，同时积累足够的社会实践经验，才能在以后的职业生涯中顺利地实现个人与职业的合理匹配。随着研究的深入和时间的推移，舒伯认为，生涯发展的各阶段任务是环环相扣的，前面任务的完成状况将会影响后续阶段任务的具体实施。所以，各个阶段都需要达到相应的发展水平或成就。舒伯通过对各个阶段都会面临的成长、探索、建立、维持和衰退问题进行研究，进而提出了"成长→探索→建立→维持→衰退"的循环式发展任务理论，如表 1-1 所示。

表 1-1　循环式发展任务表

生涯阶段	青年阶段	成年阶段	中年阶段	老年阶段
成长阶段	发展合适的自我概念	学习与他人建立关系	接受自身的限制	发展非职业性的角色
探索阶段	从许多机会中学习	寻找心仪的工作机会	辨识问题并设法解决	寻找合适的退隐处所
建立阶段	在选定的领域中起步	投入稳定的工作	发展新的技能	实现未完成的梦想
维持阶段	确定目前所做的选择	致力于维持工作的稳定	巩固自我，防范竞争	维持生活乐趣
衰退阶段	减少休闲活动时间	减少体能活动时间	专注于必要的活动	减少工作时间

四、克朗伯兹的职业决策社会学习理论

（一）影响职业选择的因素

社会学习理论原本是由班杜拉所创，主要强调的是个人的学习经验对人格的形成和行为方式的影响。克朗伯兹在对个人职业决策进行研究的过程中，将这一理论应用到职业生涯发展与规划领域，并把影响职业选择的因素归纳为以下四个方面。

1. 遗传因素与特殊能力　遗传因素与特殊能力是指身体素质、音乐天赋和艺术能力等。

2. 环境情况与特殊事件　环境情况与特殊事件是指技术的进步、社会环境的变化和家庭状况的变化等因素。

3. 学习经验　学习经验是指个体在行为、认知和观察学习的过程中获得的经验。

4. 工作取向与技能　工作取向与技能是指个体的工作目标、职业价值观（应对工作的方式），以及情绪的反应和表达方式。

（二）职业决策的步骤

受到社会学习理论的启发，克朗伯兹提出了职业决策的完整模式，其将职业决策分为以下七个步骤。

1. 界定问题　认识自我并理清自己的需求，分析个人的优势与不足，并在此基础上制定明确的目标和实现目标的时间表。

2. 拟定行动计划　在明确自身需求的基础上，思考并拟定行动计划。

3. 找到可能的选择　搜集资料，列出可能实现目标的各种行动方案，拟定达成目标的方法和途径。

4. 明确价值取向　整理并弄清楚个人的选择标准，将自己的实际需要作为衡量方案的依据。

5. 评价各种可能的选择　依据自己的选择标准和评分标准，逐一评价各种可能的选择，得出可能的结果。

6. 系统删除 有根据地、有系统地删除不合适的方案，挑选最合适的选择。

7. 开始行动 开始执行选定的行动方案，并对自身进行经营和管理。

（三）职业决策过程中常见的问题与困难

随着对社会学习理论的研究，克朗伯兹开始注意到，在进行职业决策的过程中，个人可能会面临诸多的问题与困难，并将其总结为以下五种类型。

1. 现存问题 人们在辨认已知或可解决的问题上存在困难。

2. 逃避问题 人们不努力做决策，逃避解决问题。

3. 错误排除 由于个人本身的局限性，人们可能会将潜在或满意的方案排除。

4. 偏差选择 人们可能会选择较差的方案。

5. 痛苦情绪 人们在感到没有能力达到目标时，可能会饱受焦虑和痛苦。

在进行职业决策时，人们需要重视以上困难，特别是克服不努力做决策和不积极解决问题的困难。只有勇于面对，通过自身的努力寻求解决方法，才能找到最适合自己的选择和出路。职业决策社会学习理论在个人特质和外界条件的研究基础上，对职业生涯中的潜在问题进行了详细分析，同时也为生涯规划的评估和维护指明了方向。

职业决策社会学习理论主要侧重于研究社会因素和遗传因素对个人决策的影响，同时指出在做决策时不仅要明确个人目标，而且要考虑个人的兴趣和能力等因素。该理论还特别强调学习的重要性及经验对职业选择的影响，将职业决策视为一种可学习的技能，主张职业决策能力是可以通过教育和职业辅导课程加以引导和提升的。克朗伯兹在职业决策社会学习理论的成长和发展过程中，较为全面地对职业生涯规划过程中涉及的影响因素、决策方式和面临的困难类型进行了归纳与总结。

五、认知信息加工理论

从前面的学习和认识过程中我们了解到，职业生涯规划的相关理论都会对生涯决策的模式进行强调。然而，即使个人充分掌握了自身的内在特质和外部环境的信息，也未必就能做出好的决定。同时，在人的整个生涯发展过程中，会不断面临各种重大决定。因此，决策能力是整个生涯发展过程中最重要的能力。1991 年，盖瑞·彼得森、詹姆斯·桑普森和罗伯特·里尔登发表了著作《生涯发展和服务：一种认知的方法》。该书围绕认知信息加工金字塔模型（图 1-1）展开，经过后续的信息加工与处理，最终发展成完整的认知信息加工理论。在认知信息加工金字塔模型中，中间部位称为决策技能领域，是良好决策制定的方法。CASVE 循环是一种职业生涯规划决策技术，包括沟通、分析、综合、评估和执行五个步骤（CASVE 是这五个步骤英文首字母大写的组合），各步骤之间有着层层递进的顺承关系（图 1-2）。

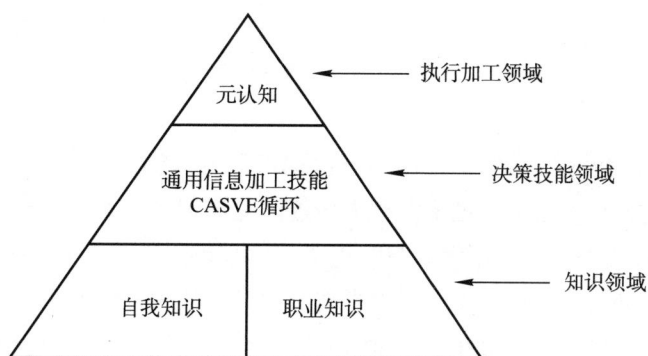

图 1-1 认知信息加工金字塔模型

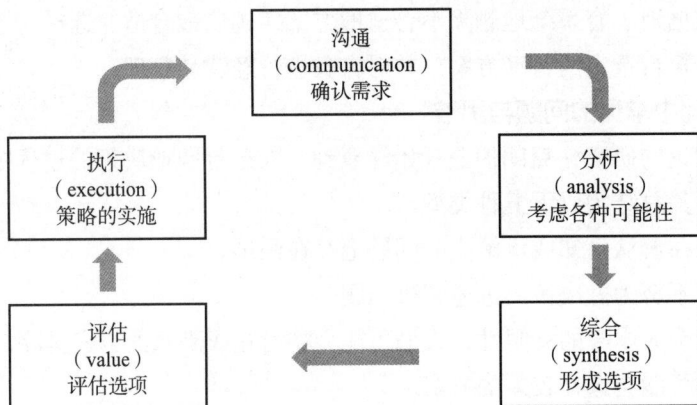

图 1-2　CASVE 循环示意图

1. 沟通（communication）（确认需求） 意识到问题的存在，并着手进行需求的探索。

2. 分析（analysis）（考虑各种可能性） 对所有的信息进行整理。

3. 综合（synthesis）（形成选项） 综合分析，寻找可能解决问题的方法。

4. 评估（value）（评估选项） 评估各选项的优劣，选出最优方案并做出适应性调整。

5. 执行（execute）（策略的实施） 依照方案做出行动。

从认知信息加工金字塔模型和 CASVE 循环示意图中可以看出，认知信息加工理论重点关注的是职业生涯的决策问题。作为职业生涯规划的指导理论，它能够帮助人们判断出生涯决策过程中的具体位置和需求指向，引导广大学生做出科学合理的选择和判断，从而为职业生涯的健康发展提供保障。

【思考题】

1. 常见的职业生涯规划理论有哪些？

2. 职业生涯规划理论对医学生的职业生涯规划有哪些帮助？

第三节　大学生职业生涯规划的主要方法

学习目标

1. 掌握确定职业发展目标的"五步法"，做出合理的职业生涯路线选择。

2. 熟悉如何进行客观的自我评估。

3. 了解如何进行职业生涯机会评估。

一、自我评估

《道德经》曾言："知人者智，自知者明。"这告诉我们，想要做成事，既要善于认识他人，又要正确认识自己。人类社会的发展，很大程度上源于人们逐渐意识到认识和了解自己的重要性，只有准确把握自我定位，充分了解自我潜力，不断发挥自我能力，才能够在社会发展的浪潮中找到适合自己的职业。作为肩负治病救人光荣使命的医学生，只有在实事求是地认识自己的基础上，才可能迅速、准确地捕捉和把握职业机会。自我认知是职业生涯规划的基础。自我认知越详尽，越能帮助我们进行科学的职业生涯规划。

客观的自我评估建立在个体自我观察与自我分析的基础上，是对自身条件和状态的全面评估，这些因素影响着个体对待自身和外界的方式与态度。我们需要认识和了解自身，主要包括性别、年龄、健康、兴趣、性格、能力和价值观等方面。在对职业生涯进行规划的过程中，通过对自我的认识，个体可以从"我想干什么"转变为"我能干什么"。这一过程需要运用适当的途径和方法，以达到正确认识自身优点与不足的目的，从而实现对个人能力的管理与运用。

二、职业生涯机会评估

职业生涯机会评估主要包括社会环境分析、行业环境分析、企业分析，以及自我评估。这些方面共同构成了职业生涯规划的基础，能够帮助个人了解外部环境与内部条件，从而做出更明智的职业选择和发展规划。

（一）社会环境分析

社会环境分析涉及政治、经济、文化等多个方面的发展趋势和变化，对个人的职业发展有重要影响。例如，了解当前和未来的就业市场趋势、政策法规的变化等，能够帮助个人把握行业发展的方向，从而做出契合社会发展趋势的职业选择。对于医学生而言，选择所从事的科室不仅要基于个人兴趣，还应充分考虑社会的实际需求，这样才能在实现个人职业目标的同时，为社会发展贡献自己的力量。

（二）行业环境分析

行业环境分析关注特定行业的发展状况、竞争态势，以及未来趋势。通过分析不同行业的发展前景、技术革新等因素，个人可以评估自己是否适合进入某个行业，或者是否需要进一步提升相关技能以适应行业变化。医学生可以通过本科阶段的理论学习和实操技能培训，分析自己是否适合从医，以及是否有其他的职业兴趣。

（三）企业分析

企业分析主要关注潜在或目标企业的文化、价值观、发展策略等。了解企业的晋升机制、工作环境及企业文化等，有助于个人判断是否适合在该企业发展，以及如何更好地融入企业，实现个人职业目标。对于医学生来说，不同的医院不仅在内部文化上存在差异，对患者的人文关怀方式也各不相同。

综上所述，职业生涯机会评估是一个综合的过程，需要个人从外部环境和内部条件两个维度进行全面考虑。通过社会环境分析、行业环境分析、企业分析，结合自我评估，个人可以更加明确自己的职业方向和发展目标，为未来的职业发展打下坚实的基础。

三、确定职业发展目标

选择职业并进行职业发展，不仅要以个人兴趣爱好、能力等为基础，还应在客观评估职业生涯发展机会的基础上，结合以下五个原则，确定自己的职业发展目标。

（一）社会需求原则

每个人都生活在广阔的社会环境中，职业生涯规划的决策必须与社会需求紧密结合，这是最基本的原则。只有以社会需求为出发点，职业生涯规划才具备现实性和可行性。在当今时代快速发展的背景下，社会需求也在迅速变化：新的职业不断涌现，而一些传统的职业则逐渐消亡。这就要求大学生紧跟时代步伐，在进行生涯决策时，不能忽视社会背景和需求的因素。例如，一些传统的人工密集型行业，如今正逐渐被人工智能所取代。

（二）兴趣发展原则

研究表明，当一个人从事自己感兴趣的工作时，即使面临繁忙的工作任务或遭遇困难，也未必会感受到压力，反而会处于一种充实且充满动力的状态。这充分说明了兴趣对于个人职业发展的重要性。然而，在做出生涯决策时，并非所有的选择都能与兴趣完全契合。即使在开始时对所学专业或所从事的工作并不感兴趣，但如果已经决定以此为职业发展方向，那么就应该在此基础上努力培养兴趣，逐步在学习和工作中发现乐趣。

（三）能力胜任和发展原则

在生涯决策过程中，寻找自己感兴趣的工作固然重要，但更为关键的是要找到自己擅长的工作。每个职业都有其特定的知识和技能要求，只有具备这些能力，才能胜任工作，同时也能从中获得成就感。因此，在进行职业规划时，需要深入了解自己的能力，评估自己是否具备胜任某一职业的条件。如果某些能力有所欠缺，也不必气馁，而是要积极努力地去提升。例如，如果沟通表达能力不足，可以在大学期间通过参加学生会、开展社会调研、参与演讲比赛等方式进行锻炼，逐步提升自己的能力。

（四）利益结合原则

生涯决策是一个极为综合的过程，涉及多方面的考量，既包括个人因素，如兴趣、特长和性格，又包括职业因素，如报酬和发展前景等。因此，在进行生涯决策时，需要全面权衡各方面的利弊。例如，要评估该职业是否能满足个人的物质需求和精神需求，职业发展前景如何，社会地位怎样，个人能否在其中获得成就感，以及为了实现目标需要付出的努力和代价是什么。这一过程最终是一个整合的过程，其核心目的是实现个人利益最大化。

（五）动态目标原则

生涯决策是一个动态的过程。你可能会发现，自己现在所做的决定与几年前的决定截然不同。动态目标并不是鼓励人们随意改变决策，相反，在某些情况下，坚持既定目标同样重要。然而，在当今时代，社会发展迅速，这就要求人们必须具备适应变化的能力。因此，动态目标原则在生涯决策中显得尤为重要。

四、选择职业生涯路线

选择合适的职业生涯路线对个人的职业发展至关重要。通常可以采用"五步法"来系统地思考和规划。这种方法通过五个关键问题引导我们进行归零思考，从问"我是谁"开始，逐步深入，最终明确未来的职业生涯路线。

（一）我是谁

我是谁是思考我们在生活中所扮演的各种角色，如儿子、兄长、父亲等，同时审视自己的能力和个性特征。该步骤需要尽可能多地列举出这些角色和特征，以便帮助我们清晰地认识自己所承担的责任及自身的性格特点。然后，进一步思考这些角色和特征中哪些是暂时性的，哪些是永久性的；哪些是值得保留和发扬的，哪些是需要改变甚至抛弃的。

（二）我想做什么

请将思绪拉回到孩童时代，从萌生的第一个"想做什么"的念头开始回忆。随着年龄的增长，依次回顾那些我们渴望去做的事情，并将它们逐一记录下来。完成记录后，对这些事项进行排序，梳理出其在我们心中的重要性或优先级。

（三）我能做什么

根据想做的事情的排序，结合目前的能力和未来发展的潜力，将与目前个人能力较为匹配，以及和社会发展相契合的目标标注出来。

（四）环境支持或允许我做什么

环境因素既包括客观存在的外部环境，如本单位、本市、本省、本国，以及其他国家的宏观环境；也包括与个人生活和工作密切相关的能够提供帮助和支持的主观环境，如家人、同事、朋友等。在这些环境中，思考自己能够获得哪些支持或帮助，并将这些标注出来。

（五）我的职业规划与生活规划是什么

将前四张纸与第五张纸依次一字排开，然后仔细对比前四张纸上所记录的内容。将内容相同或相近的答案用一条横线连接起来。通过这种方式，你会得到若干条连线。其中，不与其他连线相交且处于最上方的那条线，所对应的答案就是我们最应该去做的事情。我们的职业生涯应当以此为规划方向。

五、制定职业生涯行动计划

实现职业生涯目标是一个动态过程，也是一个长期过程。在这个过程中，我们需要制定一些计划，尤其是在面临重大决策时。为了降低风险，我们需要尽可能地考虑多方面的因素。因此，建议在面临重大决策时，运用科学的规划方法来指导决策过程。CASVE 循环法是一种常用的规划方法，我们在前面的认知信息加工理论部分也提到过该方法。它通过沟通充分收集信息、分析现有状况、综合制定方案、评估选择的合理性、执行选定方案来完成最终的行动计划。

（一）沟通

在这一阶段，我们需要通过内外部交流充分收集信息，明确职业理想与现实之间的差距，意识到存在的问题。内部沟通包括情绪信号，如不满、厌烦、焦虑和失望，以及身体信号，如昏昏欲睡、头痛、胃部不适等。外部沟通则涉及父母对职业规划的询问、同事和朋友的职业评价，甚至是关于专业过时的杂志文章等。这一步是意识到自己需要做出选择的阶段，是决策的起点。如果个人没有意识到自己的需求，后续步骤将无从谈起。

（二）分析

在这一阶段，决策者需要花时间思考、观察和研究，对现状进行评估，深入了解差距和自身情况，以及可能的选择，同时明确自己有效应对问题的能力。优秀的生涯决策者不会冲动行事以缓解沟通阶段的压力或痛苦，因为他们知道这不仅无效，还可能使问题恶化。他们会思考，解决问题需要了解自己的哪些方面、考虑环境的哪些因素，以及如何做才能解决问题等。这一阶段，决策者需要将各种因素和知识联系起来。例如，将自我认知与职业选择相结合，将家庭和个人生活需求融入职业选择中。因此，生涯决策者通常会不断改善自我认知，深入了解职业世界和家庭需求。简而言之，在分析阶段，生涯决策者应尽可能找出导致第一阶段发现差距的原因。

（三）综合

在这一阶段，决策者基于分析阶段的信息，综合并加工这些信息，制订消除差距的行动方案，明确自己的选择。其核心任务是确定"我可以做什么来解决问题"。这是一个先扩大再缩小选择清单的过程。首先，尽可能多地寻找消除差距的方法，发散性地思考每一种可能的解决办法，甚至可以采用"头脑风暴"来激发创造性思维，然后将有效方法的数量缩减到 3～5 个选项，因为这是大脑记忆和处理信息的最优容量。需要注意的是，不要在未充分探索前就匆忙决定，以免限制自己的选择范围。在生涯规划中，建议先扩展职业前景清单（通常至少列出 10 个可从事的职业），拓宽视野，充分地看到自己所拥有的可能性，再在收集信息的基础上适当压缩（留下 3～5 个最后选项）。

（四）评估

在这一阶段，决策者首先从可行性和满意度两个方面评估信息，分析每一种选择对决策者自身及他人的影响。每种选择都需要从代价和益处两方面进行评价，综合考虑物质和精神因素。评估完成后，根据评估结果对所有选项进行排序，最终确定最佳选项。

（五）执行

这是实施选择的阶段，根据最终决定制订详细计划，将思考转化为实际行动。许多人认为，完成职业生涯行动计划并进入执行阶段是令人兴奋且有价值的。这标志着我们将理论付诸实践，将梦想变为现实，逐步实现职业规划目标。

六、评估与回馈

职业生涯规划的评估与反馈过程是个人对自我不断认识的过程，也是对社会不断认识的过程，是使职业生涯规划更加有效的手段。人们可以从工作成果中得到相应的反馈。例如，医学生可以在实习阶段和工作阶段来验证自己的医学理论知识的学习是否到位，临床操作技能是否熟练掌握；还能够证明自己的优势，找出自己的不足，在之后的工作中继续采用CASVE循环方法制订下一阶段的职业发展规划，实现个人在职业生涯中的长远发展。

【思考题】

1. 怎样正确地进行自我评估和职业生涯机会评估？
2. 医学生如何确定职业发展目标并进行职业生涯规划。

第四节　医学生职业生涯规划的作用和意义

学习目标

掌握医学生进行职业生涯规划的重要作用和意义。

一、职业生涯规划对医学生的作用

医学生的本科学制为5年。在本科阶段，了解职业生涯的发展现状，把握职业生涯的选择依据，锚定职业生涯发展方向，对于医学生成为掌握扎实的理论知识、拥有熟练的临床技能、具有良好的敬业精神和职业道德、心怀强烈的社会责任感、保持创新意识和终身学习能力、毕业后能在上级医师指导下从事安全有效的医疗实践的复合型临床医学高级专门人才至关重要。

（一）找到自己的生涯规划方向

目标引领前进方向，只有明确自身的特长、喜好、专业能力、操作水平等内容，才能够合理设定目标并找到前进方向，所以生涯规划最重要的作用就是帮助医学生找到未来的职业发展方向，将书本上呈现的理论知识落实到未来的临床实践中。

（二）帮助适应多变的社会环境

进行生涯规划可以帮助医学生澄清职业认同，发展出对医学职业的认同和内在动机，确定职业锚所在领域。通过职业规划，医学生可以明确自己的职业目标和发展方向，从而更加关注个人医学理论知识的积累和临床技能的提升。以个人的高素质水平为支撑，医学生能够在医学职业生涯中获得一定的确定感，为自己的职业发展筑牢根基。

（三）提升生涯适应力

在面对变化时，生涯规划的重要意义在于它能够切实提升一个人的生涯适应力。对于医学生而言，通过增强对职业生涯的关注度，保持好奇心，勇于尝试和冒险，做出理性决策并进行合理的职业选择，同时以积极的心态努力克服困难，才可以更好地适应社会发展的需求，进而实现自己的职业理想。

二、职业生涯规划对于医学生的意义

职业生涯贯穿人生的大部分时间。医学生从选择学医的那一刻起，就已将医学学业与未来的职业生涯紧密相连。因此，医学生要做出优质的职业生涯规划，就需要明确职业生涯规划对其未来发展的重要作用和意义，从而在从医的职业生涯探索过程中，更好地把握职业方向，探寻人生价值。

（一）有利于自我定位

认识自我是职业生涯规划的前提。医学生只有充分了解和认识自我，才能根据自身的能力和需要对职业发展方向进行探索，而不是盲目从众、随大流。职业生涯规划中的认识自我，需要医学生对自身进行深层次的剖析，以便对自己的能力、优势和劣势有充分的了解，并根据生活中的经验，解析未来工作的方向，从而彻底解决"我想干什么"和"我能干什么"的问题。

（二）有助于个人确定职业发展的目标

明确的目标能激励人们积极地去创造条件，并为这一目标的实现而努力。医学生在进行职业生涯规划时，通过分析自身的长处和兴趣所在，发现缺点与不足，并结合医疗卫生事业的发展变化和社会对医疗的实际需要，进而制订符合个人实际情况并切实可行的目标。

（三）激励个人努力工作

一般来说，职业目标能够对个人产生强烈的吸引力。医学生通过职业生涯规划的制定，会逐渐明确自己对未来的看法，不断深入对自己的认识，怀着对未来职业生涯的憧憬，将行动落到实处，努力学习，克服困难，为早日实现目标而奋斗。

（四）有助于挖掘个人潜能

每个人都有自己的潜能。医学生通过进行职业生涯规划，让理想在心中扎根，并在努力实现目标的过程中充分激发自身潜能，从而收获可喜的成绩。当人们专注于自己热衷的事业时，其潜能和优势会得到进一步的开发与发挥，同时也会为职业生涯的发展增添强劲的动力。

（五）有助于个人自主生活

合理的职业生涯规划需要医学生处理好日常学习、工作和生活中各项事务之间的关系，以便集中精力去做必须做的事，将生活的重心偏向有助于实现职业目标的事情。有了合理的学习安排，生活就会变得充实；理清头绪后，职业目标也会随之变得具体。

（六）有利于实现人与职业的和谐发展

职业生涯规划的目的是促进个人健康、持续、协调和全面发展。医学生在进行职业生涯规划时，将个人发展与职业发展有机结合，在实现人职和谐的基础上，把职业发展作为实现人生价值的重要途径和工具，同时以个人的成长与进步作为推动职业发展的核心动力，从而实现自我与职业的双赢。

（七）有助于评估自身的收获和成绩

评价学习和工作成绩的状况，需要有相对明确的参照物。通过职业生涯规划的前后分析，医学生可以对自己目前的学习和工作状况进行评估和比较。医学生可以根据规划实施的进程来评价当前的医学理论知识学习和临床实操技能水平，分析自身的收获和不足，并有针对性地进行修正和改进。

（八）有利于寻找实现理想的途径

职业生涯规划能够引导医学生树立明确的发展目标，在个人成长过程中为其指明方向，增强其将思想内化为实际行动的动力。医学生可以通过规划探索适合自身情况的发展方案，围绕既定目标通过多种途径提升自身能力，在实现理想的道路上不断前进，从而使他们的职业行为变得更高效且更具价值。

【思考题】

医学生进行职业生涯规划对未来的职业发展有何重要意义？

第 二 章

自我探索

第一节 兴 趣

1. 掌握职业兴趣的概念。
2. 熟悉霍兰德职业兴趣理论。
3. 了解职业兴趣的研究进展。

一、兴趣的概念

《心理咨询大百科全书》中提到，兴趣是个人力求接近、探索某种事物和从事某种活动的态度和倾向，亦称"爱好"，是个性倾向性的一种表现形式。兴趣以需要为基础，人们若对某物或某项活动产生需要，就会乐于接触、观察，并积极从事这项活动。兴趣又与认识和情感相联系，若对某物或某项活动没有认识，也就不会对它有情感，因而不会对它产生兴趣。反之，认识越深刻，情感越炽烈，兴趣也就越浓厚。兴趣在人的实践活动中具有重要意义。兴趣可以使人注意力集中，产生愉快而又紧张的情绪。这对人的认识和活动会产生积极的影响，有利于提高工作质量和效果。兴趣是人们获得工作满意度、职业稳定性和职业成就感的重要影响因素。

二、霍兰德职业兴趣理论

职业兴趣测量的研究可以追溯至 20 世纪初。第一个正式的职业兴趣量表——斯特朗职业兴趣量表（strong vocational interest blank，SVIB），由美国心理学家爱德华·斯特朗（Edward K. Strong Jr.）于 1927 年编制完成。1968 年和 1972 年，坎贝尔（D. P. Campbell）先后对该量表进行了修订，增加了基本兴趣量表（BIS）和一般职业主题（GOT），并更名为"斯特朗–坎贝尔职业兴趣问卷"（strong campbell interest inventory，SCII），于 1974 年出版。目前，在国内外职业兴趣研究中最具影响力的理论是霍兰德职业兴趣理论。该理论由美国约翰·霍普金斯大学心理学教授、著名职业指导专家约翰·霍兰德（John Holland）于 1959 年首次提出。该理论是霍兰德基于长期职业指导和咨询实践提出的，也是目前最具影响力的职业发展理论和职业分类体系。

（一）霍兰德职业兴趣理论的来源

霍兰德的职业兴趣理论是基于对人格维度进行评估的职业理论。他认为，从事同一职业的人存在着共同的人格，并能被划分为不同的类型。基于此，霍兰德提出了四个假说：假说一，六种人格类型是个体与环境相互作用形成的，多数人都属于六种类型中的某种类型。假说二，人们所处的环境同样可以根据上述六种人格类型相应地划分为六种环境模型。假说三，人们寻求能发展自己能力和技能、实现自身价值的环境。假说四，个体行为是个体与环境相互作用而形成的。

霍兰德认为，人的人格类型、兴趣与职业密切相关。人格与工作环境之间的适配度决定了职业满意度和职业成就。兴趣是人们活动的强大动力。职业兴趣与人格之间存在很高的相关性。

（二）霍兰德职业兴趣理论的演变

从 20 世纪 50 年代开始，霍兰德以职业人格理论为依据，进行职业兴趣测量的类型学研究，并先后编制了职业偏好量表（VPI，1953 年）和自我指导问卷（SDS，1970 年），着重分析兴趣与职业之间的关系。1965 年后，越来越多的职业兴趣量表开始采用霍兰德的六种职业类型理论作为理论基础。发展至今，职业兴趣测验已在教育、人事组织管理等领域得到广泛应用，并且测验本身也在不断完善。

（三）六种类型的内容与关系

霍兰德职业兴趣理论认为，多数人的职业兴趣可以分成六种类型：现实型（R）、研究型（I）、艺术型（A）、社会型（S）、企业型（E）、常规型（C）。霍兰德认为，每一种人格类型都有与之相匹配的职业类型。在选择职业时，只有根据人格特征来选择合适的职业，才有助于职业适应和职业成功。

1. 六种类型介绍 每一种类型都有着相应的人格特点及适合的职业环境。现将这六种人格类型特征介绍如下。

（1）社会型（S）

共同特征：喜欢与人交往，不断结交新的朋友，善于言谈，愿意教导别人。关心社会问题，渴望发挥自己的社会作用。寻求广泛的人际关系，比较看重社会义务和社会道德。

典型职业：适合从事需要与人交流、提供帮助、启发或治疗等工作。例如，教育工作者（教师、教育行政人员）、社会工作者（咨询人员、公关人员）等。

（2）企业型（E）

共同特征：追求权力、财富和地位，具有领导才能。喜欢竞争，敢于冒险，有野心和抱负。为人务实，习惯以利益、权力、地位、金钱等来衡量做事的价值，做事目标明确。

典型职业：适合从事需要经营、管理、说服、监督和领导才能的工作，以实现组织、政治、社会或经济目标。例如，项目经理、销售人员、营销管理人员、政府官员、企业领导、法官、律师等。

（3）常规型（C）

共同特点：尊重权威和规章制度，喜欢按计划办事，细心且有条理。习惯接受他人指挥，不谋求领导职务。关注实际和细节，谨慎保守，缺乏创造力，不喜欢冒险和竞争，富有自我牺牲精神。

典型职业：适合要求注意细节、精确度，有系统性和条理性，按特定要求或程序组织数据和文字信息的职业。例如，秘书、办公室人员、记事员、会计、行政助理、图书馆管理员、出纳员、打字员、投资分析员等。

（4）实际型（R）

共同特点：愿意使用工具从事操作性工作，动手能力强，做事手脚灵活，动作协调。偏好具体任务，不善言辞，做事保守，较为谦虚。缺乏社交能力，通常喜欢独立做事。

典型职业：适合需要基本操作技能、与工具、机器、物件、植物或动物相关的职业，如计算机硬件人员、摄影师、制图员、机械装配工、木匠、厨师、技工、修理工、农民等。

典型职业：适合需要基本操作技能，与物件、机器、工具、运动器材、植物、动物相关的职业。例如，计算机硬件人员、摄影师、制图员、机械装配工、木匠、厨师、技工、修理工、农民等。

（5）调研型（I）

共同特点：思想家而非实干家，抽象思维能力强，求知欲强，肯动脑，善思考，不愿动手。喜欢独立和富有创造性的工作。知识渊博，有学识，有才能，却不善于领导他人。考虑问题理性，做事喜欢精确，喜欢逻辑分析和推理，不断探索未知的领域。

典型职业：适合需要具备智力或分析才能，并将其用于观察、估测、衡量、形成理论，最终解决问题的工作。例如，科学研究人员、教师、工程师、程序员、医生、系统分析员等。

（6）艺术型（A）

共同特点：有创造力，乐于创造新颖、与众不同的成果，渴望表现自己的个性，实现自身的价值。做事理想化，追求完美，不重实际。具有一定的艺术才能和个性。善于表达，怀旧，心态较为复杂。

典型职业：适合需要具备艺术修养、创造力、表达能力和直觉，并将其用于语言、行为、声音、颜色和形式的审美、思索和感受的工作。例如，演员、导演、艺术设计师、雕刻家、建筑师、摄影家、广告制作人、歌唱家、作曲家、乐队指挥、小说家、诗人、剧作家等。

2. 六种类型之间的内在关系 事实上，大多数人并非只具有一种单一的职业兴趣类型（例如，一个人可能同时具备社会型、实际型和研究型三种类型的特征）。霍兰德指出，这些类型之间越相似，相容性就越强，那么一个人在选择职业时所面临的内在冲突和犹豫就会越少。为了更直观地描述这种情况，霍兰德建议将这六种类型分别置于一个正六边形的六个顶点（图2-1）。

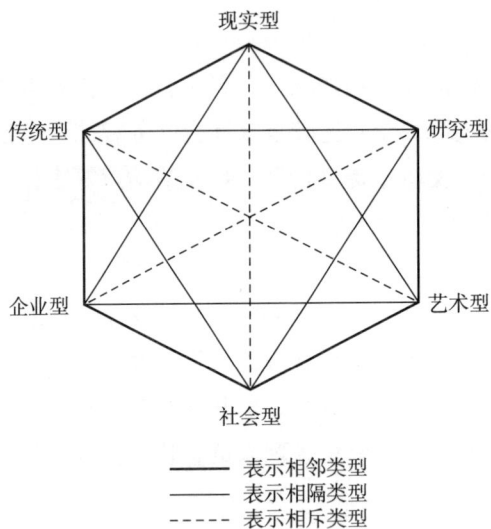

图2-1 霍兰德职业兴趣理论类型的关系

（1）相邻关系 RI、IR、AI、IA、AS、SA、SE、ES、EC、CE、RC及CR均属于相邻关系。属于相邻关系的两种类型的个体之间共同点较多。如现实型（R）、研究型（I）的人都不太热衷于人际交往，这两种类型的人的职业环境中就较少有机会与人接触。

（2）相隔关系 RA、RE、IC、IS、AR、AE、SI、SC、EA、ER、CI及CS均属于相隔关系。属于相隔关系的两种类型个体之间的共同点较相邻关系少。

（3）相对关系 相对关系，即在六边形上处于对角位置的两种类型，如RS、IE、AC、SR、EI及CA。相对关系的人格类型共同点少，因此一个人同时对处于相对关系的两种职业环境都兴趣很浓厚的情况较为少见。

（四）霍兰德职业兴趣理论的价值分析

霍兰德职业兴趣理论指出，人们通常倾向于选择与自身兴趣类型相匹配的职业环境。例如，具有现实型兴趣的人在现实型职业环境中能够更好地发挥个人潜能。然而，在实际的职业选择中，个体并非必须选择与自己兴趣完全对应的职业环境。原因主要有以下两个方面：一方面，个体本身往往并非单一兴趣类型，而是多种兴趣类型的混合体。单一兴趣类型的情况较为少见。因此，在评估个体的兴趣类型时，通常以六大类型中得分居前三位的类型组合来表示，按照分数高低依次排列字母，构成其兴趣组型，如 CRA、SAI 等。另一方面，职业选择的影响因素种类繁多，并非完全取决于兴趣类型，还受当前社会的职业需求，以及个体获得职业的现实可能性的影响。因此，个体在进行职业选择时会不断调整甚至妥协，这与现实情况是一致的。个体可能会在权衡利弊后进入相邻甚至相隔的职业环境中，并在这一过程中逐渐适应新的工作环境。如果个体选择进入相对的职业环境中，即表示个体所进入的是与自我兴趣完全不同的职业环境，那么个体可能难以适应，或者难以在工作时感到快乐，甚至会感受到痛苦。

因此，霍兰德职业兴趣理论在就业指导中具有重要的实践意义。高校可借助霍兰德职业兴趣理论开展就业指导工作，进而个性化、精细化地进行人职匹配的就业指导，帮助学生完善其对于理想自我和现实自我的认知，从而确立个人职业发展路径。

三、与医学相对应的职业兴趣代号

根据霍兰德职业兴趣测评量表得出的职业兴趣代号，可以在《霍兰德职业索引——职业兴趣代号与其相应的职业对照表》中找到对应的职业。例如，如果某人的职业兴趣代号是 IAS，那么心理学家、哲学家、内科医生、数学家等是适合其兴趣的职业。此外，还可以寻找与该职业兴趣代号相近的职业。以 IAS 为例，其他由这三个字母组合而成的编号（如 AIS、ASI、SAI 等）对应的职业，也较适合其兴趣。

在霍兰德职业索引——职业兴趣代号与其相应的职业对照表中，有许多与医学相关的职业兴趣代号。这些代号可供对医学感兴趣的同学在择业时参考。

如果职业兴趣代号是 IAS，那么内科医生、普通经济学家、农业经济学家、财政经济学家、国际贸易经济学家、实验心理学家、工程心理学家、哲学家、数学家等职业是比较适合其兴趣的。

如果职业兴趣代号是 ISR，那么牙科医生、骨科医生、水生生物学家、昆虫学家、微生物学家、配镜师、视力矫正师、细菌学家等职业是比较适合其兴趣的。

如果职业兴趣代号是 ISA，那么实验心理学家、普通心理学家、发展心理学家、教育心理学家、社会心理学家、临床心理学家、皮肤科医生、精神科医生、妇产科医生、五官科医生、医学实验室技术专家、民航医务人员、护士等职业是比较适合其兴趣的。

如果职业兴趣代号是 IRA，那么外科医生、地理学家、地质学家、声学家、矿物学家、古生物学家、石油学家、地震学家、原子和分子物理学家、电磁学家、气象学家、设计审核员、人口统计学家、数学家、统计学家、城市规划专家、气象员等职业是比较适合其兴趣的。

如果职业兴趣代号是 IRE，那么口腔科医生、化验员、化学工程师、纺织工程师、食品技师、渔业技术专家、材料和测试工程师、电气工程师、土木工程师、航空工程师、行政官员、冶金专家、原子核工程师、陶瓷工程师、地质工程师、电力工程师等职业是比较适合其兴趣的。

如果职业兴趣代号是 SRC，那么护理员、护理助理、医院勤杂工、理发师、学校儿童服务人员等职业是比较适合其兴趣的。

如果职业兴趣代号是 SIR，那么理疗师、救护队工作人员、职业病治疗助手等职业是比较适合其兴趣的。

【思考题】

1. 你的霍兰德职业兴趣代码是什么？
2. 哪些是适合你兴趣的职业？

第二节　性　格

1. 掌握性格的定义。
2. 熟悉经典性格理论。
3. 了解自身的性格类型。

一、性格的概念

心理学家认为，人格是构成一个人思想、情感及行为的特有的统合模式，具有独特性、稳定性、统合性和功能性。人格是一个复杂的结构系统，包括许多成分，其中主要有气质、性格、认知风格和自我调控等。性格是与社会道德评价相联系的人格特质，表现为个人的道德品质和行为风格，受世界观、人生观、价值观的影响，是个人有关社会规范、伦理道德方面的各种习性的总和。人的性格是由各种特征构成的，是一个完整而有序的结构。这个结构包括性格态度、性格意志、性格情绪和性格理智四种特征。这四个方面相互联系、相互协调，组合成统一的整体，表现出独特的风格。

性格主要是在后天社会生活实践中逐渐形成的，具有社会性。与受先天因素影响更大的气质相比，性格变化更易、更快。性格一经形成便比较稳定，它会在不同的时间和不同的地点表现出来。但稳定性并不是说性格是一成不变的，而是可塑的。性格与气质的关系：①气质影响性格动态，即使人形成了性格特质，也保留了各自的色彩。②性格可以在一定程度上掩盖或改造气质，使其符合社会实践的要求。③不同气质类型的人可以形成同样的性格特征，相同气质类型的人可以形成不同的性格特征。

二、经典性格理论

（一）荣格的性格理论

荣格（1875—1961）是著名的心理学家和分析心理学的创始人。1913 年，荣格在慕尼黑国际精神分析会议上，首次提出了内倾型和外倾型性格的概念。随后，他在 1921 年出版的《心理类型学》一书中，对这两种性格类型进行了充分的阐述。书中论述了性格的一般态度类型和机能类型。

1. 一般态度类型（general-attitude types） 荣格根据力比多（libido）的倾向划分性格类型。荣格认为，力比多是一种广泛的生命能量，在生命的不同阶段有不同的表现形式。个体的力比多活动倾向于外部环境，就是外倾型性格；力比多的活动倾向于自己，就是内倾型性格。外倾意指力比多的外向转移，内倾意味着力比多的内向发展，其表现是一种主体对客体的否定联系。外倾型（外向型）的人，重视外在世界，爱社交、活跃、开朗、自信、勇于进取，对周围一切事物都很感兴趣，容易适应环境的变化。内倾型（内向型）的人，重视主观世界，好沉思，善内省，常常沉浸在自我欣赏和陶醉之中，孤僻、缺乏自信，易害羞、冷漠、寡言，较难适应环境的变化。外倾型和内倾型是性格的两大态度类型，也就是性格反映特有情境的两种态度或方式。

2. 功能类型（function — types）　荣格认为，个人的心理活动有感觉、思维、情感和直觉四种基本功能。感觉（感官知觉）告诉个体存在着某种东西；思维告诉个体它是什么；情感告诉个体它是否令人满意；而直觉则告诉个体它来自何方和去向何处。在荣格看来，直觉是人们在缺乏事实材料的情况下进行的推断。按照两种态度类型与四种机能的组合，荣格阐释了性格的八种机能类型。

（1）外倾思维型（the extroverted thinking type）　此类型的人，既是外倾的，又是偏于思维功能的。一定要以客观的资料为依据是这类人的思想特点。荣格认为，科学家属于外倾思维型。达尔文和爱因斯坦是外倾思维型的典型人物。他们认识客观世界，解释自然现象，发现自然规律，从而创立理论体系。外倾思维型的人，情感压抑，缺乏鲜明的个性，甚至表现出冷淡和傲慢等人格特点。

（2）内倾思维型（the introverted thinking type）　此类型的人，既是内倾的，又是偏于思维功能的。他们除了思考外界信息外，还思考自己内在的精神世界。他们对思想观念本身感兴趣，收集外部世界的事实来验证自己的思想。荣格认为，哲学家属于这种类型。德国哲学家康德是内倾思维型的典型人物。内倾思维型的人，具有情感压抑、冷漠、沉溺于幻想、固执、刚愎自用和骄傲等人格特点。

（3）外倾情感型（the extroverted feeling type）　此类型的人，既是外倾的，又是偏于情感功能的。他们的情感符合客观的情境和一般价值。荣格指出，外倾情感型的人在爱情选择上表现得最为明显。他们不太考虑对方的性格特点，而只考虑对方的身份、年龄和家庭等方面。外倾情感型的人，思维压抑、情感外露、爱好交际、寻求与外界和谐。

（4）内倾情感型（the introverted feeling type）　此类型的人，既是内倾的，又是偏于情感功能的。他们的情感由内在的主观因素激发。内倾情感型的人，思维压抑，情感深藏在内心，沉默，力图保持隐蔽状态，气质常常是忧郁的。

（5）外倾感觉型（the extroverted sensation type）　此类型的人，既是外倾的，又是偏于感觉功能的。他们头脑清醒，倾向于积累外部世界的经验，但对事物并不过分地追根究底。外倾感觉型的人，寻求享乐，追求刺激。他们一般情感浅薄，直觉压抑。

（6）内倾感觉型（the introverted sensation type）　此类型的人，既是内倾的，又是偏于感觉功能的。他们远离外部客观世界，常常沉浸在自己的主观感觉世界中。外倾感觉型的人，知觉来自外部世界，是客观对象的直接反映；内倾感觉型的人的知觉深受自己心理状态的影响，似乎是从自己的心灵深处产生出来的，他们艺术性强，直觉压抑。

（7）外倾直觉型（the extroverted intuitive type）　此类型的人，既是外倾的，又是偏于直觉功能的。他们试图从客观世界中发现多种多样的可能性，并不断地寻求新的可能性。他们对于各种孕育于萌芽状态但有发展前途的事物具有敏锐的感觉，并且不断追求客观事物的新奇性。外倾直觉型的人，可以成为新事业的发起人，但不能坚持到底。荣格认为，商人、承包人、经纪人等通常属于外倾直觉型。

（8）内倾直觉型（the introverted intuitive type）　此类型的人，既是内倾的，又是偏于直觉功能的。他们试图从精神现象中发现各种各样的可能性。内倾直觉型的人，不关心外界事物，脱离实际，善于幻想，观点新颖，但有点稀奇古怪。荣格认为，艺术家属于内倾直觉型。

荣格的理论并不意味着一定要把人格简单地划分为这八种类型，他的理论只是作为一个理论体系用来说明性格的差异。在实际生活中，绝大多数人都是既有外倾型，又有内倾型。上面用来说明每一种类型的模式都是典型的极端模式。纯粹的内倾型或外倾型的人是不存在的，只是在特定场合下，由于情境的影响，使得一种类型占据优势地位。每个人都能同时运用四种心理机能，只不过个人的侧重点不同，有些人更多地发挥某一种心理机能，另一些人则更多地发挥另一种心理机能。此外，外倾型或内倾型并不影响个人在事业上的成就。无论是明显的外倾型还是明显的内倾型，都诞生了许多杰出的榜样人物。

虽然荣格的性格理论产生了广泛的社会影响，但其仍有一定的局限性。比如，荣格以力比多学说进行性格类型的划分，强调本能的力量，所以该理论带有神秘色彩，忽视了人格的社会性。不过，他对内倾型和外倾型的论述部分内容是符合实际的，这种简单的划分带来了使用上的方便。该理论已广泛应用于教育、管理、医学和职业选择等领域。现在已有许多研究证实，内倾、外倾是人格的主要特质（维度），只不过随着研究的深入，心理学家们通过因素分析发现，内倾型与外倾型具有更为复杂的结构。

（二）MBTI 理论

"你的 MBTI 类型是什么？"这是近期年轻人关注的热点话题之一。但其实早在 20 世纪，它就已经是"网红"了。MBTI 是一种人格类型评估工具，可以帮助人们了解自己的性格特点和偏好。

美国心理学家布里格斯和她的女儿迈尔斯在荣格的性格论基础上进行了深入的研究。她们在荣格原有理论的框架中，增加了两种新的类型维度，从而构建了更为全面的性格分类体系。该体系由四个维度组成，每个维度包含两个方向，共计八个方面。这八个方面相互组合，形成了性格的"四维八极"特征，进而衍生出了十六种性格类型。经过二十多年的研究，布里格斯和迈尔斯母女最终编制完成了迈尔斯 - 布里格斯类型指标（myers–briggs type indicator，MBTI），为心理类型理论的发展注入了新的活力（表 2–1）。

表 2–1　类型指标介绍

维度	类型	相对应类型的英文缩写	类型	相对应类型的英文缩写
注意力方向（精力来源）	外倾	E（Extrovert）	内倾	I（Introvert）
认知方式（如何搜集信息）	感觉	S（Sensing）	直觉	N（Intuition）
判断方式（如何做决定）	思维	T（Thinking）	情感	F（Feeling）
生活方式（如何应对外部世界）	判断	J（Judgment）	知觉	P（Perceiving）

1. 类型指标介绍　四个维度就像四把标尺，每个人的性格都会落在标尺的某个点上。这个点靠近哪个端点，就意味着个体有哪方面的偏好。例如，在注意力方向的维度上，个体的性格更靠近外倾这一端，就偏外倾，而且越接近端点，偏好越强。MBTI 的具体类型见表 2–2。

表 2–2　MBTI 具体类型

代码	名称	代码	名称	代码	名称	代码	名称
ISTJ	物流师型人格	ISFJ	守卫者型人格	INFJ	提倡者型人格	INTJ	建筑师型人格
ISTP	鉴赏家型人格	ISFP	探险家型人格	INFP	调停者型人格	INTP	逻辑学家型人格
ESTP	企业家型人格	ESFP	表演者型人格	ENFP	竞选者型人格	ENTP	辩论家型人格
ESTJ	总经理型人格	ESFJ	执政官型人格	ENFJ	主人公型人格	ENTJ	指挥官型人格

2. 所属偏好

（1）外倾与内倾　如果只能用一个维度将人群区分开来的话，那么这个维度应该是内外倾向，因为它是区分个体最基本的维度。以自身为界，可以将世界分为自身以外的世界和自我的世界两部分，也可称为外部世界和内部世界。外倾的人倾向于将注意力和精力投注在外部世界、外在的人、外在的物、外在的环境等，而内倾的人则相反，较为关注自我的内部状况，如内心情感、思想等。两种类型的个体在自己偏好的世界里会感觉自在、充满活力，而在相反的世界里则会感到不安、疲惫。因此，外倾与内倾的个体之间的区分是广泛而明显的，并不像平时讲的"外倾者健谈，内倾者害羞"那么简单。具体可以从下列几个方面进行分析（表 2–3）。

表 2-3　内倾型与外倾型的特征区别

外倾型（E）	内倾型（I）
与他人相处时精力充沛	独处时精力充沛
行动先于思考	思考先于行动
喜欢边想边说出声	在心中思考问题
易于"读"和了解；随意地分享个人情况	更封闭，更愿意在经挑选的小群体中分享个人的情况
说的多于听的	听得比说得多
高度热情的社交	不把兴奋说出来
反应快，喜欢快节奏	仔细考虑后，才有所反应
重于广度而不是深度	喜欢深度而不是广度
（心理能量的获得途径和与外界相互作用的程度）	（心理能量的获得途径和与外界相互作用的程度）

　　参照上述介绍，大家都能确定自己的内外倾向了吗？当然，不要期望每条标准都完全符合，只要大部分符合即可。也不要要求自己每时每刻都以同样的方式行事。人生活在社会环境中，有时会顺应外在环境和工作的需要而调整行为。再外倾的人，在权威人士面前或严肃场合也会是好的倾听者；再内倾的人，走上领导岗位，该发表意见时也得发表，如果准备充分，也会变得滔滔不绝。关键在于，需扪心自问：以什么样的方式行事，才是自己感觉最好的、最习惯的？

　　（2）感觉与直觉　为了跟上社会发展的需要，每个人都得不断接收信息，但不同类型的个体接收信息的方式也不一样，这便造成了感觉型与直觉型的区别。面对同样的情景，两种类型的人的注意中心不同，依赖的信息通道也不同。感觉型的人关注的是事实本身，注重细节，而直觉型的人注重的是基于事实的含义、关系和结论。感觉型的人信赖五官听到、看到、闻到、感觉到、尝到的实实在在、有形有据的事实和信息，而直觉型的人注重"第六感觉"，或是"弦外之音"。直觉型的人的许多结论在感觉型的人眼里，也许是飘忽的、不实的。注重细节的结果使感觉型的人擅长记忆大量事实与材料，他们有时候像本"词典"，能清晰地讲出大量的数据、人名、概念乃至定义，常使其他人感到吃惊。而直觉型的人更擅长解释事实，捕捉零星的信息，分析事情的发展趋势。感觉型的人对待任务，习惯于按照规则、手册办事，比如照着操作手册使用家电，或是看着地图辨认交通路线。而直觉型的人，习惯尝试，跟着感觉走，不习惯仔细地看完一本说明书再动手。感觉型的人习惯于固守现实，享受现实，使用已有的技能；直觉型的人更习惯变化，突破现实。二者的具体区别见表 2-4。

表 2-4　感觉型与直觉型的特征区别

感觉型（S）	直觉型（N）
相信确定和有形的东西	相信灵感或推理
对概念和理论兴趣不大，除非它们有着实际的效用	对概念和理论感兴趣
重视现实性和常情	重视可能性和独创性
喜欢使用和琢磨已知的技能	喜欢学习新技能，但掌握之后很容易就厌倦了
留意具体的、特定的事物；用细节进行表述	留意事物的整体概况、普遍规律及象征含义；用概括、隐喻等方式进行表述
循序渐进地讲述有关情况	跳跃性地展现事实
着眼于现实	着眼于未来，留意事物的变化趋势，惯于从长远角度看待事物
喜欢深度而不是广度（接收信息上）	重于广度而不是深度（接收信息上）

在日常生活中，这两种类型的人都会存在。大多数人兼具两种特质，但其中一种会更为突出，成为其个人的特色，也由此可以确定其类型。使用哪种方式接收信息都有利有弊。作为个体，往往只擅长一种，明白了这个道理，直觉型的人就不必在百科全书式的人面前自愧不如，感觉型的人也无须在灵动、敏感的直觉者面前感到不好意思了。当然，在享受自身性格类型所带来的优势的同时，也不妨有意识地弥补个人的劣势。比如，直觉型的人可以多关注一些细节，而感觉型的人可以多留意其中蕴含的信息。

（3）思维与情感 该维度是根据做决策的方式划分的。仅从名称来看，人们可能会认为思维型的人是理性的，情感型的人是非理性的，但实际上并非如此。这两类人在做决策时都有理性思考的成分，只是做决定或下结论的主要依据不同。情感型的人通常从自我价值观念出发，变通地贯彻规章制度，做出一些自己认为正确的决策。他们更关注决策可能对他人产生的心理影响，因此他们的决策更具人情味。思维型的人则更注重依据客观事实进行分析，一以贯之、一视同仁地贯彻规章制度，不习惯根据人情因素变通，即使最终的决策可能不被他人接受。二者的具体区别可参见表2-5。

表2-5　思维型与情感型的特征区别

思维型（T）	情感型（F）
退后一步思考，对问题进行客观的、非个人立场的分析	超前思考，考虑行为对他人的影响
重视符合逻辑、公正、公平的价值；一视同仁	重视同情与和睦；重视准则的例外性
被认为冷酷、麻木、漠不关心	被认为感情过多、缺少逻辑性、软弱
认为坦率比圆通更重要	认为圆通比坦率更重要
只有当情感符合逻辑时，才认为它可取	无论是否有意义，认为任何感情都可取
被"获取成就"所激励	被"获得欣赏"所激励
很自然地看到缺点，倾向于批评	惯于迎合他人，着重维护人脉资源

不同性别的个体在这个维度上的偏好有所差异，已有研究显示，大约2/3的女性偏好情感型，2/3的男性偏好思维型，这是为什么呢？也许社会本身对不同性别的人就给予了不同的期待，期待女性更富有同理心，期待男性更冷静与客观。其实，这两种类型没有好坏之分，重要的是理解包容与自己不同类型的人的做法，并且尽量避免变得极端，极端的思维倾向，可能会给人异常"冷酷"的感觉，而极端的情感倾向则给人"无原则"的感觉。那么，在这个维度上，你的性格有什么偏好呢？

（4）判断与知觉 该维度是根据喜好的生活方式划分的。仔细观察自己或者周围人的办公桌、背包或柜子里摆放的物品，不难发现，有些人经常是井然有序的，而有些人并不习惯于保持整齐。前者是判断型的人具有的特征，而后者是知觉型的人经常有的状态。不仅如此，在处事方式上，判断型的人目的性更强，他们喜欢有计划、有条理的世界，更愿意以比较有序的方式生活。知觉型的人好奇心强、适应性强，他们会不断关注新的信息，喜欢变化，也会考虑可能的变化因素，更愿意以比较灵活、随意、开放的方式生活。在做决策时，判断型的人较为果断，而知觉型的人总希望获得更多信息后再做决定。比如，逛了两天商场还决定不了买什么的人，多半是知觉型的。二者的具体区别可参见表2-6。

表2-6　判断型与知觉型的特征区别

判断型（J）	知觉型（P）
做了决定后最为高兴	当各种选择都存在时，感到高兴
有"工作原则"：工作第一，玩其次（如果有时间的话）	"玩的原则"：现在享受，然后再完成工作（如果有时间的话）

续表

判断型（J）	知觉型（P）
建立目标，准时地完成	随着新信息的获取，不断改变目标
愿意知道它们将面对的情况	喜欢适应新情况
着重结果（重点在于完成任务）	着重过程（重点在于如何完成工作）
满足感来源于完成计划	满足感来源于计划的开始
把时间看作有限的资源，认真地对待最后期限	认为时间是可更新的资源，而且最后期限也是有收缩的

与其他维度一样，大多数人兼具判断型和知觉型两种倾向，但通常会更偏向于其中一种。在日常生活和工作中，人们的行为方式也会受到其他因素的影响而发生改变。例如，知觉型的人在面临紧急或期限明确的任务时，也会变得果断，甚至能够将物品收拾得整整齐齐。然而，这些行为并非他们通常的行事风格，也不是他们内心真正感到自然和舒适的方式。作为个体，一方面需要根据内心的感受识别自己的偏好，发挥自身的优势；另一方面，也要注意控制个人性格中存在的弱点。例如，过于偏向判断型（如 100% 的判断型）的人，可能会陷入刻板和教条的境地；而过于偏向知觉型（如 100% 的知觉型）的人，则可能会让事情随意发展，缺乏必要的边界和控制。

三、如何发挥性格优势进行医学职业选择

医生的性格差异可以体现在多个方面，这些差异可能与他们所在的科室、专业方向、工作经验，以及个人特质等因素有关。以下是对不同类型医生性格差异的一些归纳，可供参考。

（一）科室差异

根据 MBTI 模型（迈尔斯 – 布里格斯类型指标）的统计结果，不同科室的医生性格存在一定差异。例如，妇产科医生可能更倾向于 ISTJ，表现出细致、专注和责任感强的特点；内科医生可能具备 INTJ 的特征，能够细微地观察病患细节，把握整体治疗方向，同时展现出独立、自信和极强的执行力；麻醉科医生可能兼具 ISTP 的稳健执着和 ISFP 的沉着冷静，既能在紧急情况下保持冷静，又能确保手术过程的安全和稳定；精神科医生可能倾向于 INFP，他们善于倾听和理解患者的内心世界，从而为患者提供心理支持和治疗；儿科医生由于岗位特点，他们可能倾向于外倾型性格特征（如 ESFP），表现为开朗、有亲和力，能够与患儿及其家属建立良好的沟通关系。

（二）专业方向差异

除了科室差异外，不同专业方向的医生也可能在性格上有所不同。例如，外科医生通常需要具备自信和果断的性格特征，也要有较强的动手能力，以便在手术过程中能迅速做出决策，从而应对突发情况。而全科医生则可能需要更强的沟通能力和亲和力，以便与患者建立长期稳定的医患关系。

（三）工作经验差异

随着工作经验的积累，医生的性格特征也可能发生变化。年轻医生刚参加工作，一般更有热情，而资深医生则可能更加沉稳和老练。

（四）个人特质差异

每位医生都是独一无二的个体，他们的性格特征也受到个人经历、教育背景、家庭环境等多种因素的影响。因此，即使是在同一科室或同一专业方向的医生之间，也可能存在显著的性格差异。

医学专业是一个救死扶伤的专业，对专业性要求极高。希望医学生不要因一时冲动或仅因家人的期望而选择医学专业，否则若因不适合而最终放弃，这是一种对自己和他人都不负责任的做法。事实上，与医学相关的工作方向十分广泛。正如上述性格理论所指出的，大多数人兼具多种性格倾向，只是相对

而言会更偏向某一端。性格与职业的匹配并非绝对的，而是具有一定的弹性。世界上不存在完全适合某种性格的职业，也不存在完全不适合某种性格的职业。人类具有很强的适应环境的能力，性格也是终身发展的。医学生可以通过经典的性格测试来识别自己的性格偏好，扬长避短，充分发挥性格优势，同时对自身性格的不足之处进行调整，使其更契合目标职业的要求。

【思考题】

1. 你的 MBTI 类型是什么？
2. 你的性格特征更适合从事哪些职业？

第三节　职业价值观

学习目标

1. 掌握职业价值观的概念、特点和分类。
2. 熟悉职业价值观对医学生就业方向的影响。

一、价值观的概念与特点

（一）价值观的概念

价值观是人在一定的思维和感官基础上形成的认知、理解、判断或抉择，即个体对事物的是非、价值及作用进行认定和评判的思维倾向或取向。它反映了人们对自身、他人及世界的价值判断，并指导其行为和决策。

任何一种思想，只要未被彻底否定，其视角、背景、判断及所传达的意义，都具备一定程度的客观价值。这种价值的核心在于其被认可的程度和意义，即人们对它的理解与感知的程度。这是人类思维最朴素也最真实的评判方式，也正因如此，人们才能衡量一种思想是否伟大，以及它能否成为价值观的根源。

（二）价值观的特点

1. 稳定性和持久性　价值观具有相对的稳定性和持久性。在特定的时间、地点、条件下，人们的价值观总是相对稳定和持久的，不会经常变化。比如，对某种人或事物的好坏总有一个看法和评价，而在条件不变的情况下，这种看法一般不会轻易改变。

2. 历史性与选择性　在不同时代、不同社会生活环境中形成的价值观是不同的。一个人的价值观是从出生开始，在家庭和社会的共同影响下逐步形成的。一个人所处的社会生产方式及其所处的经济地位，对其价值观的形成有决定性的作用。当然，报刊、电视和广播等宣传的观点，以及父母、老师、朋友和公众人物的言行示范，都在潜移默化中影响着个体价值观的形成。

3. 主观性　主观性是指用以区分好与坏的标准，是根据个人内心的尺度进行衡量和评价的，而这些标准都可以称为价值观。每个人主观性产生的价值观是不同的。

二、职业价值观与职业选择

职业价值观是指人生目标和人生态度在职业选择方面的具体表现，也就是一个人对职业的认识和态度及其对职业目标的追求和向往。价值观测评有助于职业决策和提高工作满意度。理想、信念、世界观对于职业的影响集中体现在职业价值观上。

俗话说："人各有志。"这个"志"表现在职业选择上就是职业价值观。它是一种具有明确的目的性、自觉性和坚定性的职业选择态度和行为，对一个人的职业目标和择业动机起着决定性的作用。

每个人的先天条件、成长经历、教育背景、家庭环境及兴趣爱好不同，其对职业的主观评价自然存在差异。从社会角度看，社会分工和生产力发展水平的差异，使不同职业在劳动性质、劳动难度和强度、劳动条件和待遇，以及所有制形式和稳定性等诸多方面都存在差别。再加上传统思想观念的影响，形成了社会对职业的声望评价体系，进而塑造了个人的职业价值观。

每种职业都有其特性，不同的人对职业意义的认识不同，对职业好坏有不同的评价和取向，这就是职业价值观。职业价值观决定了人们的职业期望，影响着人们对职业方向和职业目标的选择，决定着人们就业后的工作态度和劳动绩效水平，从而决定了人们的职业发展情况。哪个职业好？哪个岗位适合自己？从事某一项具体工作的目的是什么？这些问题都是职业价值观的具体表现。

（一）职业价值观分类

根据不同的划分标准，人们对职业价值观的种类划分也不同。美国心理学家洛特克在其著作《人类价值观的本质》一书中，提出了13种价值观：成就感，审美追求，挑战，健康，收入与财富，独立性，爱、家庭与人际关系，道德感，欢乐，权力，安全感，自我成长，社会交往。我国学者阚雅玲将职业价值观分为12类：收入与财富、兴趣特长、权力地位、自由独立、自我成长、自我实现、人际关系、身心健康、环境舒适、工作稳定、社会需要、追求新意。作为医生，根据价值观来抉择的共性问题主要有以下几种：

1. 收入与财富 工作能够明显有效地改变个人的财务状况，因此薪酬常常被作为选择工作的重要依据。对于许多人来说，工作的目的或动力主要来源于对收入和财富的追求，并以此来改善生活质量。根据国家统计局的数据，卫生人员的整体收入在各行业中排名靠前，其中公立医院医生的收入通常高于其他卫生人员。因此，较高的收入水平也是许多人选择成为医生的关键因素之一。

2. 权力地位 一些人具有较强的权力欲，他们渴望能够影响或控制他人，让他人按照自己的意愿行事。他们认为，拥有较高的权力地位不仅能受到他人的尊重，还能从中感受到较强的成就感和满足感。医生因其专业性和对社会的贡献而享有较高的社会地位，其工作直接关系到人们的身体健康，因此在社会上普遍受到尊重和信赖。

3. 自我成长 工作为个人提供了接受培训和锻炼的机会，从而能够在一定时间内丰富经验、提升能力。医学领域尤其强调终身学习的重要性，医生需要不断更新自己的知识体系，掌握最新的医学研究成果和治疗方法。为此，他们通常会通过参加学术会议、阅读医学文献，以及与同行交流等方式来保持知识的前沿性。同时，医生在日常工作中与患者及其他医疗专业人员的互动，也有助于他们不断磨炼临床技能和提升专业知识水平，从而实现自我成长。

4. 自我实现 工作能为个人提供一个展示专业能力和实现自我价值的平台。作为医生，在治病救人的过程中获得的满足感是非常强烈的，他们能够充分施展自己的专业技能，达到自我实现的目的。

5. 工作稳定 医生这一职业具有较高的稳定性，通常无须担心裁员或被辞退的问题，也免去了频繁奔波寻找工作的困扰。长期以来，医生都被视为"铁饭碗"职业的典型代表。随着社会老龄化的加剧，人们对医疗服务的需求不断增加，无论是基础医疗领域还是专业医疗领域，医生的重要性和社会地位都在持续提升。因此，医生这一职业不仅稳定，而且具有广阔的发展前景，是一个值得追求的职业。

6. 社会需要 医生能够根据组织和社会的需要，积极响应号召，为集体和社会做出重要贡献。作为维护和恢复人类健康的关键力量，医生在面对各种疾病和健康问题时，凭借其专业知识和技能，能够为患者提供准确的诊断和有效的治疗方案，从而保障人们的身体健康。

（二）职业类型

职业专家通过对大量人群的调查研究，从理想、信念和世界观的角度，将职业类型划分为九大类：自由型、经济型、支配型、小康型、自我实现型、志愿型、技术型、合作型和享受型。医学生在分析自己的职业价值观时，可以参考这些类型，以确定自己更适合哪一种职业方向。医生根据其收入、社会地位、职业属性，主要分为以下几种类型：

1. 小康型　渴望获得社会地位和名誉，希望常常受到众人的尊敬。

2. 自我实现型　不关注日常的安逸与幸福，而是全身心地追求个性的发挥和真理的探索。这类人不将收入、地位或他人的看法作为衡量成功的标准，而是专注于挖掘自身的潜力，施展自己的才能。他们将这种自我实现的过程视为一种有意义的生活方式。

3. 志愿型　富有同情心，能够深刻感受到他人的痛苦，不喜欢做哗众取宠的事情，而是更愿意默默地为不幸的人提供帮助，并从中获得内心的满足和快乐。

4. 技术型　性格沉稳，做事有条不紊，注重细节和组织性，以平和的心态面对未来。

5. 合作型　人际关系融洽，乐于参与社交活动，并且能够在与人交流中获得愉悦感和能量。

（三）职业价值取向分析与调整

1. 明确职业价值取向要素　在为自己做职业生涯规划之前，一定要先清楚和明确自己的价值观和职业价值观。价值观和职业价值观决定了哪些因素对你来说是重要的，哪些是不重要的，哪些又是你需要优先考虑和选择的。

在对自己的价值观，尤其是职业价值观进行分析时，可以参考学者们提出的价值观类型，从而确定自己更适合哪种职业方向。实际上，我们可以对不同职业价值观的内容进行归纳，并依据其体现的主要方面，明确自己职业价值观中的核心因素。张再生教授将这些因素总结为三大类，并提出职业价值观的分析可以从以下三个方面展开：

第一，发展因素，包括符合兴趣爱好、机会均等、公平竞争、工作具有挑战性、能够发挥自身才能、工作自主性高、提供培训机会、晋升机会多、专业对口、发展空间大、出国机会多等。这些职业要素都与个人发展密切相关，因此被称为发展因素。

第二，保健因素，包括工资高、福利好、保险齐全、职业稳定、工作环境舒适、交通便捷、生活方便等。这些职业要素主要与福利待遇和生活质量相关，因此被称为保健因素。

第三，声望因素，包括单位知名度高、单位规模和权力大、行政级别和社会地位高等。这些职业要素与职业声望和地位相关，因此被称为声望因素。

职业价值观是一个复杂的多维度心理因素，涉及多种要素对职业选择和衡量的影响，但各要素的作用并不相同。从当前实际情况来看，许多调查显示，大学生的职业价值观越来越重视发展因素，而对保健因素和声望因素的重视程度则因人而异，差异较大。

在职业价值观分析和测定过程中，个人必须处理好不同要素之间的关系，并根据不同时期、不同情况明确自己的职业核心需求，以便合理制订职业生涯规划及相关策略。

2. 处理好职业价值取向与社会、个人的关系

（1）处理好职业价值观与金钱的关系　金钱是一种成就的报酬，是在确定职业价值观时首先要面对的问题。有些经济条件不太好的大学毕业生在求职时，将金钱作为首选价值取向，这在本质上并无过错。然而，对于大多数人来说，刚步入社会时，其知识、能力、经验和阅历还不足以带来丰厚的金钱回报。怀有一夜暴富的心理是不正常的，更是危险的，容易被社会上的不法分子利用，甚至误入歧途。特别是面对严峻的就业形势，毕业生更应理性地降低对金钱的期望值，把眼光放长远一些，尽可能将自我成长和自我实现作为毕业求职时的首选价值观。

（2）处理好职业价值观与个人兴趣和特长的关系 职业价值观、个人兴趣和特长是人们在择业时需要考虑的三个最重要的因素。在确定职业价值观时，一定要考虑它是否与自己的兴趣和特长相适应。据调查，如果一个人从事自己不喜欢的工作，有80%的人难以在该职业上取得成功；而如果选择了自己喜欢的工作，则可以充分调动人的潜能，获得职业发展的源动力。此外，选择一项自己擅长的工作，也会事半功倍。

（3）处理好职业价值观的排序与取舍问题 职业价值观的特性决定了人们不会只有唯一的职业价值观。人的本能会驱使其希望什么都能得到，但在现实生活中，鱼和熊掌不可兼得。然而，在职业选择中，许多人却不能理性地对待。既然是选择，就要付出代价，只有舍，才能得。因此，要对自己的职业价值观进行排序，找出最重要的、次重要的方面，并提醒自己不可能什么都得到。否则就会患得患失，终其一生也不清楚自己到底想要什么，更谈不上职业生涯的成功和对社会的贡献了。

（4）处理好职业价值观中个人与社会的关系 人不能离开社会而独立存在，个人只有在工作中为社会做贡献，才能实现自己的职业价值。当然，这并不是说要忽略择业中的个人因素，只去尽社会责任，因为这样不但不利于个人，也是社会的损失。例如，让一个富于科学创造力、不善言辞的学者去从事普通教师的工作，可能使国家损失一项重大发明，而社会不过多了一位也许并不出色的老师。因此，我们反对只为个人考虑、毫不考虑国家和社会需要的职业价值观。

（5）处理好淡泊名利与追名逐利的关系 当一个人拥有了一定的名利之后，才有资格去谈淡泊名利，"吃不到葡萄说葡萄酸"的心态并不可取。名利是人的欲望使然，欲望既能使人成就伟大的事业，也能使人自我毁灭。以合理、合法、公正、公平的方式追名逐利，在一定程度上对个人和社会都有益，但这需要把握一定的度，该知足时则知足，该进取时则进取。

三、价值观对职业生涯的影响

在日常生活中，我们不难发现，个人价值观是影响职业选择的关键因素。社会各阶层的精英人士，无论是职业人士、企业家还是教育家，他们在专业领域能够取得杰出成就，往往是因为他们能够坚守并发扬自己的价值观。

当你明确自己最重要的价值观时，做出决策就会变得容易；反之，如果你不清楚什么对自己最重要，决策就会变得困难，甚至成为一种痛苦的折磨。那些取得杰出成就的人，往往能够迅速做出决策，因为他们清楚自己人生中最重要的价值所在。

无论在工作还是生活中，我们都应明确自己最重要的价值观，并在任何情况下都坚定地遵循这些价值观。单纯追逐物质无法带来真正的满足，只有当我们真正明白并确信生命中什么是真正有价值的，才能充分发挥自己的潜能。

价值观是人生的指南针。在面临抉择时，它会帮助我们做出决策并引导我们采取行动。如果这个指南针使用不当，它可能给我们带来挫折、失望和沮丧；但如果使用得当，它将赋予我们强大的力量，让我们在任何情况下都保持自信和乐观。这种心态是许多成功人士的共同特质。

认真思考你目前所持有的价值观，它们是如何塑造了今天的你，以及今后你将坚守怎样的价值观。从根本上来说，只要价值观符合基本的道德规范和法律要求，就不存在绝对的好坏或对错。除了常见的类型外，还有一些无形的价值取向，如诚信、积极、热情、谦虚、礼貌、节俭、冒险、创新、尊重、感恩、服务、爱心、勤奋和淡泊等。这些无形的价值取向正是我们为人处世、安身立命的基础。

（一）运用正确价值观做好职业规划

职业规划是一个自我探索的过程。对于大学生而言，需要深入了解自己的兴趣、性格和价值观，进行自我剖析，并在全面客观地认识主客观因素与外部环境的基础上进行自我定位。当我们能运用好正确的价值观来规划自己的职业生涯，就会有目标、有计划地实现理想职业。运用价值观来做职业规划是一个了解自身→确立职业理想→进行职业准备（学习）→就业（创业）→培训提高的循环往复的过程。这一过程对于大学生自身的发展具有非常重要的参考价值。他们可以根据自己的价值观选择合适的职业方向，并在职业发展的道路上不断补齐短板、发挥优势。

1. 循序渐进引导职业选择 大学生选择职业时在个人理想、发展空间等方面呈现不同特点，其背后隐含着价值观的差异。薪酬待遇和地区经济发展水平往往是大学生进行职业选择时首先考虑的因素。部分大学生倾向于选择经济发达、发展前景广阔的城市，以及晋升空间大、能够不断实现自我提升的岗位。近年来，随着就业市场竞争的加剧，政治、经济、文化等外部社会条件也在深刻影响着大学生的职业价值观。对于刚刚走出大学、迈向社会的大学毕业生而言，注重基本物质保障无可厚非，但切忌将其作为唯一的择业标准。高校作为培养人才的重要阵地，应立足于新的时代背景，加强对大学生的职业价值观教育，引导学生树立高层次的价值追求，鼓励他们将自我实现作为内在的发展动力，从而实现职业生涯的可持续发展。

2. 客观看待多元发展需求 高校应尊重学生的自主意识，客观看待学生多元化的职业发展需求。由于每个人的职业价值观不同，其需求和对职业优劣的判断也存在差异。面对学生多样化的职业选择，高校应贴合实际、与时俱进，结合当下动态变化的市场就业情况，以发展的眼光看待学生不同的职业选择。在此基础上，帮助学生将个性化需求与社会发展需求相结合，并根据学生的不同选择做好引导。同时，高校应分析学生个人特质与职业的匹配度，为学生的职业生涯发展提供有力辅助。

3. 合理分析对标引导 中医药院校的学生大多就读医学类相关专业，引导他们成为优秀的医学生并坚守初心至关重要。高校应以社会主义核心价值观为指导，带领学生深刻领会"大医精诚"的内涵，引导学生将个人职业理想融入国家卫生健康事业，自觉抵制不良信息，明确时代使命，增强就业意识，做出正确的职业价值选择。同时，针对不同学生的兴趣点和价值观，匹配适合的专业方向，进行对标对人分析，建立个性化的职业生涯规划方案，供学生参考。

（二）不同类型价值观对医学生就业方向选择的影响

不同类型的价值观对医学生就业方向的选择具有重要影响。医学生在选择就业方向时，需综合考虑自身价值观、专业背景、市场需求和个人发展等因素，做出科学合理的决策。学校也应加强对医学生职业价值观的教育与引导，帮助他们树立正确的就业观念，实现个人价值与社会需求的有机结合。医学生职业价值观的形成受到社会环境、家庭背景和教育教学环境等多方面因素的影响。这些因素相互作用，共同塑造了医学生对职业的认知和态度，进而影响其未来的职业发展方向和职业选择。

1. 影响医学生价值观的因素

（1）时代背景 不同时代背景下，人们对医疗需求的侧重点有所不同，导致不同科室的热度也随之变化。2010年，眼科、口腔科、外科中的骨科和内科中的心内科等科室因业务繁忙、待遇较好且医疗事故风险较低而备受青睐。2015年，随着消费医疗的兴起，整形外科迅速崛起，而公众对美的追求也促使公立综合医院纷纷拓展该领域。到了2020年，尽管传统热门科室依然受到关注，但高强度工作带来的一系列问题，以及医学生就业的"内卷"现象，使得一些原本待遇一般但工作相对轻松的科室（如影像科、检验科等辅助科室）更具吸引力。同时，随着人们生活水平的提高，糖尿病、肥胖症等代谢性疾病的发病率逐年上升，内分泌科的业务量和重要性也日益凸显。近年来，国家强调慢性病管理和"治未病"理念，大力推动中医药事业发展，中医领域也因此受到了更多关注。未来的就业热点将取决于医疗技术的发展方向和疾病谱的变化，因此存在诸多不确定性。

（2）社会环境 社会对医生的认知和评价直接影响医学生对这一职业的看法。当社会对医生的尊重和认可度较高时，医学生会受到激励，并更积极地追求职业目标；相反，如果社会负面评价较多，医患纠纷和伤医事件频发，可能会削弱医学生的职业认同感。此外，医疗水平较高的发达地区通常工作环境较好，而欠发达地区的医疗环境相对艰苦，这也会影响医学生的择业观。因此，培养医学生正确的价值观至关重要，这要求我们进一步加强医学生的思想政治教育，努力培养全面发展的医学人才。

（3）学校的教学水平　医学生的职业价值观通常是在专业学习和临床实践过程中逐渐形成的，反映了他们对医生职业的评价、选择和价值取向。学校的教育教学环境是影响医学生职业价值观的重要因素之一。教学质量、师资队伍水平和教学氛围等都会影响医学生的职业认同感。通过专业知识的传授和医德素养的培养，学生能够深刻理解医学行业的责任与使命，养成良好的职业道德品质，从而形成正确的职业价值观。

（4）家庭背景　家庭是影响个人价值观的关键因素之一。家庭对孩子的期望、教育背景，以及家庭成员的职业引导等都会对医学生的职业观念产生影响。家庭的支持和鼓励能够帮助医学生更清晰地规划职业未来，明确发展方向。良好的家庭氛围有助于孩子选择自己热爱的专业，家庭对医学教育的重视程度和支持力度也会影响学生对医学专业的认识和态度。

2. 不同价值观下医学生的职业偏好

价值观对医学生的职业选择具有重要影响。如果医学生追求真理，喜欢探索事物的本质和联系，享受智力挑战与成就感，他们可能更倾向于选择能够不断挑战自我、实现个人价值的岗位，如科研或教学岗位；如果他们更看重社会地位和人际关系，可能会选择直接面向患者的临床岗位，如医院各科室医生，以便更好地服务社会；如果他们以关爱他人、服务社会为己任，可能更倾向于公共卫生、社区医疗等能够直接服务社会的岗位；如果他们注重工作环境的和谐与美感，喜欢发挥创造力和审美能力，医疗美容、康复等岗位可能更适合他们；如果他们责任心强、逻辑思维能力强，喜欢读书写作和文献解读，医学编辑是一个不错的选择；如果他们喜欢创新、接受新事物，对新媒体有兴趣，可以从事医学自媒体运营，如医学科普、健康管理或医学教育等工作；如果他们希望专注于服务和看护，对大健康有独到见解，可以进入健康管理或服务行业，如体检中心、减肥中心或月子中心等。

在科室选择方面，价值观同样起着关键作用。对于追求快速获取成就感、看重专业性、技术性和收入的医学生，外科是理想选择，因为外科医生能直接解决患者问题，快速看到手术结果，获得强烈的职业满足感；对于希望与患者建立长期良好关系、具备全面医学知识和分析能力的医学生来说，内科是不错的选择，他们可以专注于慢性疾病的管理和治疗；对于寻求挑战和刺激、愿意面对突发情况的医学生，急诊科是理想选择，但需要具备强大的心理调节能力和应变能力；对于希望工作时间相对稳定且性格内向的医学生，放射科可以考虑；对于有爱心、愿意与儿童打交道且情绪稳定的医学生来说，儿科也能带来巨大的成就感。

综上所述，无论是职业方向还是科室选择，医学生都应根据自身价值观和偏好，选择适合自己的专业和职业道路。医学行业是一个高度严谨的领域，容不得半点差错。医学生应严格遵守医学道德准则，保持高尚的医德，才能赢得患者和社会的尊重与认可，实现医学梦想。作为未来肩负救死扶伤使命的医学生，应时刻铭记"医者仁心"，真正做到以患者利益为先，不断提升专业技能，时刻保持谦逊和谨慎的态度，努力成为受人爱戴和敬仰的好医生。

案例一：北大毕业生重返高考考场，只为实现学医梦

小陈在中学时期学习成绩优异，2017年高考时被北京大学光华管理学院录取，进入金融专业学习。这一专业在当时是颇受认可的热门专业，但小陈内心深处对医学的向往却在悄然萌芽。

大二时，随着金融专业课程的开设，小陈逐渐意识到，尽管学习上并无困难，但金融并非她真正热爱的领域。她回忆道："从小到大，尤其是在北大读本科期间，我反复思考过很多职业，最终发现，医生这一职业最能触动我的内心。"在她看来，医生是一个直接与人打交道的职业，其价值直接体现在与患者的互动中，通过为患者提供帮助，医生的职责和使命得以彰显。

到了大三，小陈想转行的心意更加明确。2020年，新冠疫情的暴发对她的想法产生了很大的促动作用。看到"白衣天使"逆行抗疫、救死扶伤，她被深深触动，医学之路在她心中成为一条充满挑战与成就感的道路。"挑战越大，成就感越大，这也是急诊医学和重症医学格外吸引我的原因之一。"

大四时，小陈选修了多门生物学相关课程，努力向临床医学领域靠近。本科毕业后，她加入北京大学生命科学学院李沉简教授的实验团队，参与科研工作。然而，她深知，没有本科阶段的医学专业知识作为基础，想要成为一名医生几乎是不可能的。因此，在2024年，她毅然决定再次参加高考。

最终，小陈的高考成绩达到了上海交通大学医学院综合评价面试的入围分数线。在面试中，一位老师问她："你付出了这么多，如果没被交大医学院录取，怎么办？"小陈回答得十分坚定："即使没有进入交大，我依然可以在其他医学院继续我的学医之路。重新高考的优势就在于此，只要考出理想的分数，就有不同层次的医学院可供选择。只要能踏入临床医学的大门，我的未来就能通过自己的努力去改变。"

凭借坚定的信念和不懈的努力，小陈最终如愿被上海交通大学医学院临床医学专业（八年制本博连读方向）录取，正式开启了自己的学医之路。

案例二：择一职业热爱，为一梦想坚守

小志从小就立志成为一名医生，救死扶伤。高考后，他如愿进入医学院学习，毕业后成为复旦大学附属金山医院的一名神经外科医师，开启了人生的新篇章。

"只有积极进取，保持奋斗的状态，才能证明生命的存在。"这是小志常挂在嘴边的一句话。神经外科工作强度大、急诊多，患者病情复杂且紧急，小志常常面临各种突发状况。大脑是生命中枢，容不得丝毫闪失，尤其是对于危重患者来说，时间就是生命。

2020年的一个深夜，小志接到急诊科抢救室的电话，一名患者因突发昏迷入院，CT检查确诊为脑出血，并发脑疝，双侧瞳孔不等大。尽管多次尝试联系患者家属未果，但面对生命垂危的患者，他果断决定以救治为先，紧急联系上级医生安排手术，快速配血、办理入院手续、联系行政值班医生签字手术……

由于该患者的脑出血部位位于重要的神经功能区，位置较深且周围血管、神经密布，稍有不慎患者就会有生命危险。小志积极配合上级医生，经过5个多小时的紧张手术，终于将患者从死亡线上拉了回来。此时已是望日凌晨，他已连续工作十多个小时，滴水未进，完全凭借顽强的毅力完成了手术。术后1周，患者脱离危险，家属感激不尽。

从医以来，小志几乎没有完整的节假日。无论白天还是黑夜，只要医院有需要，他总是随叫随到，风雨无阻；只要患者有需要，他总是第一时间赶到。神经外科值班抢救患者是常有的事，他曾和护士一起为一位脑疝、心搏骤停的患者持续进行胸外按压一个多小时，汗水湿透了他们的衣背。"哪怕只有百分之一的希望，我也绝不放弃。"这句简单的话语，诠释了他对职业的执着和对生命的敬畏。

小志深知，作为一名神经外科医生，无论是在手术方式还是治疗理念上，自己都还有许多需要向前辈学习的地方。他以前辈为榜样，时刻牢记职业赋予的神圣使命，坚持以患者为中心。为了使患者能够得到更好的、更先进的治疗，他总是不断地从各种途径汲取新知识、新观点，努力提升自己的专业水平。

案例三：中国肝胆外科之父吴孟超的职业生涯

都说伟大的使命成就伟大的人，这句话在吴孟超院士身上得到了完美印证。人生的目的绝不仅仅是"活着"，很多人浑浑噩噩地度过一生，最终也不知其生活和工作的意义是什么。但是当一个人找到了自己肩负的使命并准备为之奋斗终生时，就会产生强大的内驱力，支撑其不知疲倦地工作。

吴孟超的医学之路始于1940年。当时年仅18岁的他怀揣报国之志，毅然从马来西亚回国投身抗战。时局动荡之下，他辗转来到上海同济大学附中。经过深思熟虑，他认为医学是最能造福人类的事业，由此确立了学医的志向。

从医学院毕业后，吴孟超进入第二军医大学工作。在选择专业方向时，恩师裘法祖的一句话深刻地影响了他："我国的肝脏外科几乎是一片空白。"正是这句话，让吴孟超义无反顾地投身肝胆外科事业，在此后数十年间填补了我国这一领域的多项空白。

事实上，吴孟超对于自己作为肝外科医生的使命感还与他的父亲有关。1956年，吴孟超的父亲因为胆石症手术失败不幸离世，当时他已经在肝胆科小有建树，如果能由他完成手术，父亲很可能痊愈。这让他感受到了身不由己的痛苦和无奈，于是化悲痛为动力继续在肝胆外科领域探索，也决心尽可能避免这样的悲剧在自己的患者身上重演。

从职业规划的角度来看，会选择成为一名医生的人，普遍都有着很强烈的利他主义职业价值观。对于吴孟超院士来说，利他主义精神在他身上体现得尤为明显。在他心中，挽救生命远重于个人荣誉。他常说："我想背着每一位患者过河。"并用70年践行了自己的诺言。他用一生诠释了"医者仁心"的真谛，为后辈医者树立了永恒的精神标杆。在《朗读者》节目中，这位享誉世界的医学泰斗展现出令人动容的谦和。那双因常年手术而严重变形的手，那双因长期站立而无法并拢的脚，无声地诉说着他为医学事业付出的巨大牺牲。

【思考题】

1. 是什么让小陈有了转战医学的决心？
2. 在吴孟超院士70多年的从医生涯里，是什么成就了他"中国肝脏外科第一刀"的美誉？

第 三 章
医学专业探索

第一节　专业与职业

学习目标

　　1.熟悉专业与职业的概念和内涵。

　　2.了解专业与职业之间的关系。

一、专业的概念和类别

　　提及"专业"的概念，其中有代表性的定义有以下几个：

　　《教育大辞典》第三卷（上海教育出版社）指出，专业是指中国、苏联等国的高等、中等专业学校培养学生的各个领域。其大体相当于《国际教育标准分类》中的课程计划或美国学校的主修课程。其划分依据包括社会职业分工、学科分类、科学技术和文化发展状况，以及经济建设与社会发展的需求。

　　《教育管理辞典》（海南人民出版社）认为，专业是高等学校或中等专业学校根据社会分工需要而划分的学业门类。每个专业都有独立的教学计划，以体现本专业的培养目标和要求。这个定义基本与《辞海》的解释一致，认为专业是一种学业门类。

　　周川的《专业散论》（《高等教育研究》1992年）从广义、狭义、特指三个层面来对专业进行了解释。他认为，广义的专业是指某种职业区别于其他职业的特定劳动特点；狭义的专业主要是指特定的社会职业；特指的专业则是高等学校中的专业。专业是依据确定的培养目标设置于高等学校及其相应的教育机构的教育基本单位或组织形式。

　　潘懋元、王伟廉的著作《高等教育学》（福建教育出版社）提出，专业是课程的一种组织形式，是课程体系中的一种特定结构。

　　从大中专教育的角度来看，专业是为学科承担人才培养职能而设置的；从社会的角度来看，专业是为了满足从事某类或某种社会职业的人才需求而必须接受相应的训练需要而设置的。因此，从人才培养供给与人才培养需求上看，专业是人才培养供给与需求的结合点。

　　格林伍德在其著作《专业的属性》中指出，专业应该具有以下特征：第一，有一套系统的、支持其活动的理论体系；第二，已被社会广泛认可，即社会对这种专门活动是接受的和给予高度评价的；第三，该种活动具有专业权威，即在这种活动内部已经建立起专业的权威，专业能力成为该领域活动的重要评价标准；第四，职业内部有伦理守则；第五，这一职业群体形成了专业文化。

专业建设是为了满足国民经济和社会发展规划对人才培养的需要，"以育人为目标，以学科为依托，以社会需求为导向"，高校按照自身的基础与社会需要，以现有的学科为基础，开展的师资队伍建设、基本条件建设，以及教学计划、培养方案、教材和教学建设等。专业建设的目标是人才培养。

根据《普通高等学校本科专业目录（2024年）》，当前我国本科专业共有哲学、经济学、法学、教育学、文学、历史学、理学、工学、农学、医学、管理学、艺术学12个学科门类，每个学科门类下设若干专业，共计816个专业。其中医学门类又具体划分为基础医学类、临床医学类、口腔医学类、公共卫生与预防医学类、中医学类、中西医结合类、药学类、中药学类、法医学类、医学技术类和护理学类。

《普通高等学校本科专业目录（2024年）》包含基本专业和特设专业。基本专业一般是指学科基础比较成熟、社会需求相对稳定、布点数量相对较多、继承性较好的专业。特设专业是为满足经济社会发展的特殊需求而设置的专业，在专业代码后加"T"表示。专业目录中涉及国家安全、特殊行业等的专业由国家控制布点，称为国家控制布点专业，在专业代码后加"K"表示。

二、职业的概念、特征和分类

（一）职业的概念

根据中国职业规划师协会的定义，职业是指性质相近的工作的总称。它是个人所从事的服务于社会并作为主要生活来源的工作。在特定的组织内，它表现为职位，我们在谈某一具体的工作（职业）时，其实也就是在谈某一类职位。每一个职位都会对应着一组任务，作为任职者的岗位职责。而要完成这些任务就需要这个岗位上的人，即从事这个工作的人具备相应的知识、技能、态度等。

职业是指参与社会分工，利用专业知识和技能，创造物质或精神财富，获取合理报酬，满足物质和精神需求的社会活动。职业是人们在社会中所从事的作为谋生手段的工作。从社会角度看，职业是劳动者获得的社会角色。劳动者承担一定的社会义务和责任，并获得相应的报酬。从国民经济活动所需要的人力资源角度来看，职业是指不同性质、不同内容、不同形式、不同操作的专门劳动岗位。

（二）职业的特征

1. 职业的社会性　职业是一种产生于社会发展和人类劳动过程中的分工现象，体现了劳动力与劳动资料之间的结合关系，也涉及劳动者之间的关系。劳动产品的交换体现的是不同职业之间的劳动交换关系。这种劳动过程中形成的人与人的关系无疑是社会性的，他们之间的劳动交换既反映了不同职业之间的等价关系，也反映了职业活动、职业劳动成果的社会属性。

2. 职业的规范性　职业的规范性应该包含两层含义：一是职业内部操作的规范性；二是职业道德的规范性。不同的职业在其劳动过程中都有一定的操作规范性，这是保证职业活动的专业性要求。当不同职业对外展现其服务时，还存在一个伦理范畴的规范性问题，即职业道德。这两种规范性构成了职业规范的内涵和外延。

3. 职业的功利性　职业的功利性，也称为职业的经济性，是指职业作为人们赖以谋生的劳动过程所具有的逐利性。职业活动既能满足职业者自身的需求，也能满足社会的需求。只有将职业的个人功利性与社会功利性结合起来，职业活动和职业生涯才具有生命力和意义。

4. 职业的技术性和时代性　职业的技术性是指不同的职业具有不同的技术要求，每一种职业往往都表现出相应的技术要求。职业的时代性是指职业会因科学技术的发展、人们生活方式和习惯等因素的变化而带有特定时代的特征，从而体现出明显的时代"烙印"。

（三）职业的分类

社会分工是职业分类的依据。在分工体系的每一个环节，劳动对象、劳动工具，以及劳动的支出形式都有其特殊性，这种特殊性决定了各种职业之间的区别。世界各国的国情不同，其划分职业的标准也有所不同。

我国的职业划分可参考《中华人民共和国职业分类大典》。1999 年，我国首部《中华人民共和国职业分类大典》（以下简称《大典》）颁布，其中共收录了 1838 个职业。进入 21 世纪后，随着我国经济社会的快速发展、产业结构调整、科学技术进步，以及大众创业创新的兴起，社会上涌现出许多新业态，亟待在国家层面上予以认可和规范，新职业信息发布制度应运而生。2010 年后，国家启动了《大典》的修订工作，2015 年颁布了修订后的《大典》。2021 年 4 月，人力资源社会保障部会同国家市场监督管理总局、国家统计局启动了第二次全面修订。2022 年 9 月，《中华人民共和国职业分类大典（2022 年版）》终审通过，其中将职业划分为 8 个大类、79 个中类、449 个小类、1636 个细类（职业）和 2967 个工种。

职业分类的 8 个大类具体如下。

第一大类：党的机关、国家机关、群众团体和社会组织、企事业单位负责人。

第二大类：专业技术人员。

第三大类：办事人员和有关人员。

第四大类：社会生产服务和生活服务人员。

第五大类：农、林、牧、渔业生产及辅助人员。

第六大类：生产制造及有关人员。

第七大类：军人。

第八大类：不便分类的其他从业人员。

2019—2022 年，人社部陆续发布了五批共 74 个新职业。例如，2019 年发布了人工智能工程技术人员、物联网工程技术人员、大数据工程技术人员等 13 个新职业；2020 年发布了智能制造工程技术人员、工业互联网工程技术人员、虚拟现实工程技术人员等 25 个新职业；2021 年发布了集成电路工程技术人员、企业合规师、公司金融顾问、易货师等 18 个新职业；2022 年则发布了机器人工程技术人员、增材制造工程技术人员、数据安全工程技术人员等 18 个新职业。

2022 年版《大典》在修订中除了纳入新职业外，还对数字职业和绿色职业进行了标注。此次修订共标注了 97 个数字职业，占职业总数的 6%；同时，延续了 2015 年版《大典》对绿色职业标注的做法，标注了 134 个绿色职业，占职业总数的 8%。其中，既是数字职业又是绿色职业的共有 23 个，这反映出数字经济和绿色产业带来的职业变化。标注数字职业，有利于推动数字经济的发展，加速数字技术创新、数字人才队伍建设，也有利于提升全民数字素养和技能。

三、专业与职业的关系

专业是学业门类，职业是工作门类。学业（即专业）的完成通常意味着工作（即职业）的开始，因此，二者之间存在一定联系。在社会发展的进程中，不同的知识结构和素质特点产生了不同形式的社会分工。专业水平在一定程度上决定了自身的职业方向，而职业的发展需要具备一定水准的专业知识和专业技能。

首先，当专业和职业相交时，即表现为两者互为彼此的子集。此时，专业部分只能作为职业技术要求的某个部分，而专业的其他部分可能并不适合职业的技能需求。此外，专业与职业之间存在多对多的关系，即一个专业可以选择多种职业，同时一个职业也可能要求多种专业技能。

其次，当专业与职业分离时，表现为专业与相关职业无关联。个人所学的专业与其未来的职业发展方向基本无关。此时专业选择的盲目与自身职业目标的严重错位，对个人而言则是更为沉重的打击。

再次，当专业包含职业时，即表现为专业与相关职业"一对多"的关系。这是在专业的基础上发展职业，专业只是职业发展所需技术中的一个子集，即职业的发展不仅需要专业所在领域的参与，还需要其他专业领域的参与。

最后，当专业包含于职业时，即表现为专业与职业高度相符。其专业应用于职业的范围较狭窄，同时职业发展依赖该专业知识，两者之间存在特定的相互依附关系，任何一方的不足都会影响另一方的存在和发展。

在实际生活中，大学专业设置与未来职业需求并非一一对应，专业学习与职业选择有时会面临不同方向。在众多专业中，有些学科专业与职业的对应路径较为清晰。例如，教育学专业面向教育相关行业，培养出来的人才多数成为教研人员、教师等；医学专业则主要培养医疗行业人才，若想成为医生，通常必须具备医学类专业的学习背景。

但大多数情况下，专业和职业之间呈现"一对多"或"多对一"的关系，二者相互交错。读了某个专业并不能确定能从事何种职业，只能说读了某个专业能找某一类工作。例如，数学是自然科学的基础学科，其在众多领域都有广泛应用：宇宙之大、粒子之微、火箭之速、化工之巧、地球之变、生物之谜、日用之繁，无处不用数学。社会对数学人才的需求也是多方面、多层次的，数学专业的毕业生从事的职业并不唯一，如理论研究、数据分析、软件开发、金融保险、教师等都是其可以涉足的领域。

如今，交叉学科的发展使得专业与职业"一对多"的情况更加普遍。很多高校为适应经济社会发展需求设置了新兴交叉学科，以培养满足国家社会发展需求的复合型高层次创新人才。这些学科打破传统学科之间的壁垒，将传统的文学、农学、医学等与数字化、智能化技术相结合。例如，空间科学与技术就是基于物理、化学、地球科学，以及计算机、信息等专业发展起来的交叉学科，它主要研究地球、大气、太阳系及行星范畴的科学问题。随着我国载人航天、探月工程和火星探测等任务的不断推进，对空间科学人才的需求也逐渐增加。对于医学专业而言，情况同样如此。科技创新为全面推进健康中国建设提供了强大动力和核心支撑，"新医科"在这一时代背景下应运而生。它强调交叉学科人才培养，提出在原有医学课程体系中增设"医＋工""医＋理""医＋文"等融合新课程，旨在提升学生综合运用交叉学科知识解决临床复杂问题的能力。

【思考题】

1. 大学所学专业和未来职业是否是一一对应的？
2. 交叉学科的发展对于医学生的职业规划有哪些启示？

第二节 医学门类和医学学位专业介绍

学习目标

1. 掌握医学门类下包含的学科、专业与对应的就业方向，为个人学业生涯规划和职业发展前景奠定理论基础，增强个人专业发展的导向性和可持续性。

2. 了解相关学位及学科门类的划分依据。

一、学科门类的概念及其划分

学科门类是对具有一定关联的学科的归类，是授予学位的学科类别，其设置应符合学科发展和人才培养的需要，并兼顾教育统计分类的惯例。国际上对学科门类大体有两种划分方法：①由国家统一规定各级学位授予的学科门类，如中国、日本等。②由各授予学位的单位自行规定授予学位的学科门类，国家仅在统计时加以综合分类，不做统一规定，如美国、英国等。

2011 年 3 月，国务院学位委员会和教育部联合颁布了修订的《学位授予和人才培养学科目录（2011 年）》，将我国学科门类划分为 14 大类：哲学、经济学、法学、教育学、文学、历史学、理学、工学、农学、医学、军事学、管理学、艺术学、交叉学科。

医学门类可授予医学学位、理学学位。其中，有 11 个一级学科可授予医学学位，包括基础医学、临床医学、口腔医学、公共卫生与预防医学、中医学、中西医结合、药学、中药学、特种医学、医学技术、护理学。同时，基础医学、公共卫生与预防医学、药学、中药学、医学技术、护理学 6 个一级学科下设的部分二级学科可授予理学学位（表 3-1）。

表 3-1　医学门类的人才培养学科目录（本科阶段）

一级学科	二级学科	专业代码	本科学制	授予学位
基础医学	基础医学	100101K	五年	医学学士
	生物医学	100102TK	四年	理学学士
	生物医学科学	100103T	四年	理学学士
临床医学	临床医学	100201K	五年	医学学士
	麻醉学	100202TK	五年	医学学士
	医学影像学	100203TK	五年	医学学士
	眼视光医学	100204TK	五年	医学学士
	精神医学	100205TK	五年	医学学士
	放射医学	100206TK	五年	医学学士
	儿科学	100207TK	五年	医学学士
口腔医学	口腔医学	100301K	五年	医学学士
公共卫生与预防医学	预防医学	100401K	五年	医学学士
	食品卫生与营养学	100402	四年	理学学士
	妇幼保健医学	100403TK	五年	医学学士
	卫生监督	100404TK	五年	医学学士
	全球健康学	100405TK	四年	理学学士
	运动与公共健康	100406T	四年	理学学士
中医学	中医学	100501K	五年	医学学士
	针灸推拿学	100502K	五年	医学学士
	藏医学	100503K	五年	医学学士
	蒙医学	100504K	五年	医学学士
	维医学	100505K	五年	医学学士
	壮医学	100506K	五年	医学学士
	哈医学	100507K	五年	医学学士

续表

一级学科	二级学科	专业代码	本科学制	授予学位
中医学	傣医学	100508TK	五年	医学学士
	回医学	100509TK	五年	医学学士
	中医康复学	100510TK	五年	医学学士
	中医养生学	100511TK	五年	医学学士
	中医儿科学	100512TK	五年	医学学士
	中医骨伤科学	100513TK	五年	医学学士
中西医结合	中西医临床医学	100601K	五年	医学学士
药学	药学	100701	四年	理学学士
	药物制剂	100702	四年	理学学士
	临床药学	100703TK	五年	理学学士
	药事管理	100704T	四年	理学学士
	药物分析	100705T	四年	理学学士
	药物化学	100706T	四年	理学学士
	海洋药学	100707T	四年	理学学士
	化妆品科学与技术	100708T	四年	理学学士
中药学	中药学	100801	四年	理学学士
	中药资源与开发	100802	四年	理学学士
	藏药学	100803T	五年、四年	理学学士
	蒙药学	100804T	四年	理学学士
	中药制药	100805T	四年	理学学士、工学学士
	中草药栽培与鉴定	100806T	四年	理学学士
特种医学	法医学	100901K	五年	医学学士
医学技术	医学检验技术	101001	四年	理学学士
	医学实验技术	101002	四年	理学学士
	医学影像技术	101003	四年	理学学士
	眼视光学	101004	四年	理学学士
	康复治疗学	101005	四年	理学学士
	口腔医学技术	101006	四年	理学学士
	卫生检验与检疫	101007	四年	理学学士
	听力与言语康复学	101008T	四年	理学学士
	康复物理治疗	101009T	四年	理学学士
	康复作业治疗	101010T	四年	理学学士
	智能医学工程	101011T	四年	工学学士
	生物医药数据科学	101012T	四年	理学学士
	智能影像工程	101013T	四年	工学学士
	医工学	101014TK	四年	工学学士
护理学	护理学	101101K	四年	理学学士
	助产学	101102TK	四年	理学学士

二、可授予医学学位的专业

（一）基础医学

基础医学　基础医学是一门研究人体健康与疾病本质及其规律的学科，涵盖生物学、解剖学、病理学、生理学、药理学等多个领域，致力于探索人体疾病的诊断与治疗方法。该专业旨在培养具备扎实的自然科学、生命科学和医学科学基础理论知识，熟练掌握实验技能，熟悉先进仪器设备，拥有较高外语水平、教学实践能力，以及实验研究能力的高级专门人才。同时，学生还将具备自主学习、独立分析问题和解决问题的能力。

就业方向及工作内容参考：科研人员，主要在高校或研究所从事疾病机制、药物开发等医学基础研究工作；检验科医师，主要从事临床样本检测、病理分析及实验室诊断支持等相关工作。

（二）临床医学

1. 临床医学　临床医学是一门以基础医学、临床医学、手术学等多学科知识为基础，专注于人类疾病的诊断、治疗与预防的综合性学科。该专业致力于培养具备扎实医学基本理论、知识和技能，拥有较高综合素质、较强实践能力，以及一定科研基础的应用型临床医学人才。例如，骨折、心脏病等疾病的诊断，心脏搭桥、器官移植等手术的实施，肿瘤的放射治疗等。

就业方向及工作内容参考：内科、外科医生，主要负责诊断疾病、制定治疗方案或执行手术；急诊科医生，主要负责急危重症患者的抢救与综合治疗；其他临床科室医生。

2. 麻醉学　麻醉学是一门集基础医学、临床医学与麻醉学专业知识于一体的综合性学科，专注于研究围术期医学、急救与复苏、疼痛诊疗，以及重症医学等领域。该专业旨在培养具备扎实医学基础理论、临床技能和麻醉学专业知识，能够熟练掌握麻醉技术、急救复苏技能和重症监测能力的高素质临床麻醉医生。

就业方向及工作内容参考：麻醉科医师，主要负责手术麻醉、术后镇痛及重症监护管理等工作。

3. 医学影像学　医学影像学是一门综合性学科，主要研究基础医学、临床医学和现代医学影像学等方面的基本知识和技能，旨在培养能够在医疗卫生单位从事医学影像诊断、介入放射学和医学成像技术等方面工作的专业人才。常见的医学影像技术包括 X 线、CT（计算机断层扫描）、MRI（磁共振成像）、超声成像、核医学成像、血管造影等。

就业方向及工作内容参考：影像诊断医师，主要通过 CT、MRI 等影像技术分析疾病；超声科医师，主要利用超声设备进行疾病筛查与诊断。

4. 眼视光医学　眼视光医学是一门将现代光学技术与现代眼科学相结合的新兴交叉学科，主要研究与眼视觉有关的生理和病理变化，以及相应的诊断和治疗。该专业旨在培养具备基础医学、临床医学和眼视光医学基本理论知识及能力的高级专门人才，能够运用光学、药物、手术等手段改善视觉，保护眼睛健康。

就业方向及工作内容参考：眼科医生，主要负责诊治眼病、矫正视力及开展眼科手术；视光师，主要在眼镜企业或医院从事验光配镜工作。

5. 精神医学　精神医学是一门专注于研究精神疾病的病因、发病机制、临床表现、发展规律，以及其预防、诊断、治疗和康复的医学学科。该专业旨在培养具备扎实医学基础理论和精神医学专业知识的高级医学人才，能够运用科学的方法和技术，对常见的心理障碍和精神疾病进行准确诊断与有效治疗，为患者提供全面的心理健康支持。

就业方向及工作内容参考：精神科医生，主要从事精神障碍及心理疾病的诊断和治疗。

6. 放射医学　放射医学是一门研究电离辐射对人体的作用、损伤与修复规律的医学学科，涉及放射诊断、放射治疗、放射损伤修复，以及放射防护等多个领域。该专业旨在培养具备扎实医学基础理论和放射医学专业知识的高级医学人才，使学生能够运用先进的放射技术进行疾病的诊断与治疗。

就业方向及工作内容参考：放射治疗师，主要从事肿瘤等疾病的放射治疗。

7. 儿科学　儿科学是一门专注于研究胎儿至青春期儿童的生长发育、疾病预防、疾病诊疗，以及保健的医学学科。该专业旨在培养具备扎实医学基础理论和儿科学专业知识的高级医学人才，使学生能够运用科学的方法和技术，为儿童提供全面的健康保障，预防和诊治小儿疾病。例如，新生儿先天性疾病的筛查，幼儿疫苗的接种，儿童常见疾病的诊断、治疗等。

就业方向及工作内容参考：儿科医生，主要从事儿童疾病的诊疗与健康管理。

（三）口腔医学

口腔医学　口腔医学是一门专注于研究口腔及颌面部疾病的发生、发展规律，以及诊断、治疗和预防的医学学科。该专业旨在培养具备扎实医学基础理论和口腔医学专业知识的高级医学人才，使其能够运用科学的方法和技术，为患者提供全面的口腔医疗服务，保障患者的口腔健康。例如，口腔内龋齿的充填，智齿的拔除，假牙的种植，牙齿的矫正，口腔溃疡、牙周炎等口腔疾病的诊疗等。

就业方向及工作内容参考：口腔医生，主要从事龋齿修复、正畸、种植牙等治疗工作。

（四）公共卫生与预防医学

1. 预防医学　预防医学是一门专注于研究传染病和流行病的病因、预防、筛查、控制和消灭的医学学科。该专业旨在培养具备扎实医学基础理论和预防医学专业知识的高级医学人才，使其能够运用科学的方法和技术，进行传染病和人群流行病的防控、病因调查和疾病监测等工作。例如，甲型病毒性肝炎、肺结核等传染病的预防与控制，人感染高致病性禽流感、甲型流感等疾病的病因调查，以及传染病相关知识的宣传普及等。

就业方向及工作内容参考：疾控中心专员，主要从事传染病防控、公共卫生事件处置等相关工作。

2. 妇幼保健医学　妇幼保健医学是一门以妇女和儿童的健康为中心，综合运用临床医学、预防医学、妇幼保健基础医学的基本知识与技能，保护和促进妇女儿童健康的学科。该专业主要研究妇女、儿童一生中不同时期的生理、心理和社会特点及保健需求，研究影响妇女和儿童健康的环境、心理和社会因素。其中，妇女保健包括婚检、产检、高危孕产妇的监控、生殖健康的宣传等；儿童保健包括儿童体检、疫苗接种、体弱儿的监控、新生儿筛查等。

就业方向及工作内容参考：妇幼保健医师，主要从事围生期保健、儿童疫苗接种指导等相关工作。

3. 卫生监督　卫生监督是一门以保障公众健康为核心，综合运用医学、法学、管理学等多学科知识和技能的实践性学科。该专业主要研究基础医学、卫生监督执法等方面的基本知识和技能，旨在培养具备扎实专业知识和实践能力的卫生监督执法人才，能够在食品行业、各级卫生监督机构等开展食品、餐饮的卫生监督和执法工作。

就业方向及工作内容参考：卫生监督员，主要从事食品卫生、医疗机构合规性的监督工作。

（五）中医学

1. 中医学　中医学是一门研究人体生理病理、疾病诊断与防治及养生康复等方面基本知识和技能的学科。该专业从中医的角度进行疾病的诊断和治疗，调节人体的五脏六腑，促进身心健康。中医学不仅关注疾病的治疗，还强调预防保健和康复，致力于提高患者的生活质量和健康水平。

就业方向及工作内容参考：中医内科医师，主要运用中药治疗内科疾病及进行健康调理；中医养生顾问，主要在养生机构提供体质辨识、药膳指导等健康管理服务。

2. 针灸推拿学　针灸推拿学是一门融合中医学、中药学，以及针灸、推拿医疗技术等多方面知识和技能的学科，旨在通过中医非药物疗法，对人体进行调理和治疗。该专业注重培养学生运用针灸、推拿等传统中医技法，调节人体气血、经络，达到治疗疾病、缓解疲劳、增强体质的目的。

就业方向及工作内容参考：针灸师，主要通过针刺、艾灸治疗疼痛、神经系统疾病；推拿治疗师，主要运用手法按摩调理脊柱疾病、运动损伤及儿童推拿保健。

3. 民族医学 民族医学是一门综合性学科，主要研究各民族的传统医学理论、治疗方法和保健习俗。它涵盖了藏医学、蒙医学、维医学、壮医学、哈医学、傣医学、回医学 7 个少数民族医学体系。这些医学体系各具特色，有着丰富的理论基础和实践经验，是中华民族传统医学的重要组成部分。

就业方向及工作内容参考：民族医医师，主要在民族地区运用藏医学、蒙医学等特色疗法诊疗疾病；民族药研究员，主要从事民族医药的挖掘、整理与制剂开发工作。

4. 中医康复学 中医康复学是一门融合中医学、康复医学及现代医学技术的综合性学科，旨在培养具备中医康复特色的复合型人才。该专业注重培养学生掌握中医和西医的基础理论、康复医学和中医康复学等多方面的知识和技能，使其具备运用中医康复方法和现代康复技术处理临床功能障碍性疾病的基本能力，能够在各类医疗机构从事中医康复学的临床、教学和科研工作。

就业方向及工作内容参考：中医康复师，主要在康复科运用针灸、导引等技术促进中风或骨科术后患者的功能恢复；社区康复专员，主要为老年人提供慢性病的中医康复指导。

5. 中医养生学 中医养生学是一门融合中医学、养生学及相关学科知识与技能的学科，旨在培养掌握中医学基本理论、知识和技能，以及中医养生学相关理论知识和实践技能的中医养生医学人才。该专业注重培养学生掌握一定的西医学基本理论、知识和技能，并具备良好的人文关怀精神和自然科学素养，使其能够在中医养生、治未病，以及慢性病、老年病的干预治疗和防护等领域发挥重要作用。

就业方向及工作内容参考：治未病科医师，主要在医院"治未病"中心开展体质调理、健康状态干预工作；养生机构讲师，主要教授太极拳、八段锦等传统养生功法。

6. 中医儿科学 中医儿科学是一门专注于儿童疾病的中医诊断与治疗的学科，融合了中医学、儿科学及相关学科的知识与技能。该专业旨在培养具备良好的人文、科学和职业素养以适应社会需求的全面发展的人才。该专业要求学生系统掌握中医学的基本理论、基本知识和基本技能，尤其擅长对儿科常见病症进行中医临床诊疗，并且具备继承与创新精神，能够在各类机构从事医疗、保健、科研等工作。

就业方向及工作内容参考：中医儿科医师，主要运用中药汤剂、小儿推拿手法、中药贴敷等方法治疗儿科常见病；儿童保健师，主要指导家长进行婴幼儿的中医保健。

7. 中医骨伤科学 中医骨伤科学是一门研究中医骨伤的学科。该专业旨在培养学生掌握骨伤科的基本知识和基本技能，使其在遇到相关疾病时具备相应的中医临床诊疗能力。

就业方向及工作内容参考：中医骨伤科医师，主要采用手法复位、小夹板固定等疗法治疗骨折及关节脱位；骨病康复师，主要运用中药熏蒸，或指导患者练习功法调理骨病。

（六）中西医结合

中西医临床医学 中西医临床医学专业主要研究传统中医学理论、西方现代医学技术等方面的基本知识和技能，将中医药与西医技术相结合，进行疾病的预防、临床诊断和治疗。该专业旨在培养能够熟练运用中西医结合方法进行医疗实践的高素质医学人才。例如，将中医四诊与西医生化检查、影像学检查等医学技术相结合进行疾病诊断。

就业方向及工作内容参考：中西医结合医师，主要在医疗机构中西医结合科，运用中药与西药治疗各科疾病。

（七）特种医学

法医学 法医学是一门主要研究基础医学、临床医学、法学及法医学等方面的基本知识和技能的学科。该专业旨在培养能够在公安机关、医院、司法鉴定机构和保险公司等单位从事法医学检验鉴定、医疗服务和保险服务等工作的专业人才。例如，死者的尸检，案发现场不明血迹、残留物的鉴定，事故中人身伤害程度的鉴定，医疗纠纷中过错和不良后果的鉴定等。

就业方向及工作内容参考：法医，主要进行尸检、伤情鉴定及司法证据分析等相关工作。

【思考题】

1. 你所就读或感兴趣的专业发展到硕士研究生阶段分化为哪些专业方向？

2. 除了公立或私立医院，你还知道哪些医疗机构？以上专业中哪些是可以进入医疗机构就业的？

第三节　医学门类非医学学位专业介绍

学习目标

了解医学门类下包含的非医学学位授予专业，为个人学业和职业发展规划提供相关学科内容参考，为丰富从业路径和内容多样化提供探索思路。

一、可授予理学学位的专业

（一）基础医学

1. 生物医学　生物医学主要研究生物学和基础医学等方面的基本知识和技能。其核心目标是探寻和完善人体健康知识，进而创新人体疾病的预防和诊疗手段。例如，肿瘤的免疫治疗、人体抗衰老技术的研究、遗传缺陷的纠正，以及基因工程技术的研究，如克隆、试管婴儿、人类染色体的合成等。

就业方向及工作内容参考：基因工程研究员，主要从事肿瘤免疫治疗、基因编辑（如 CRISPR）等生物医学技术研发；干细胞技术员，主要在医疗机构或实验室进行干细胞培养、分化及临床应用研究。

2. 生物医学科学　生物医学科学是研究人类健康和疾病现象的本质及其规律的自然科学。该学科重点探索人体的结构、功能和疾病发生机制，以推动疾病诊断、治疗和预防的发展。

就业方向及工作内容参考：遗传病分析师，主要通过 DNA 检测技术诊断遗传疾病并研究基因治疗策略；肿瘤研究专员，主要参与癌症发病机制的研究及靶向药物开发实验。

（二）公共卫生与预防医学

1. 食品卫生与营养学　食品卫生与营养学主要研究食物与机体的相互作用，以及食物营养成分在机体内的分布、运输、消化、代谢等方面的基本知识和技能。该学科的研究目的是进行营养指导、食品卫生的监督与检测等。例如，针对不同疾病进行临床营养食谱的编写，以及对食品内细菌、霉菌的检测，对营业餐馆卫生的监督管理等。

就业方向及工作内容参考：临床营养师，主要为患者制订个性化膳食方案，如糖尿病营养管理；食品安全检测员，主要在食品企业或监管机构从事微生物污染检测、添加剂合规性判定等相关工作。

2. 全球健康学　全球健康学主要研究全球健康学和全球卫生学等方面的基本知识和技能。该学科致力于适应全球卫生合作与发展的需求，保障国家安全与国民健康。其研究内容包括全球健康学领域的理论研究、政策评估、国际卫生资源整合及疾病控制等。

就业方向及工作内容参考：国际卫生项目专员，主要从事协调跨国疾病防控（如疟疾、艾滋病）及卫生资源分配等相关工作。

3. 运动与公共健康　运动与公共健康专业致力于培养适应中国特色社会主义现代化建设及社会经济发展需求的德、智、体、美、劳全面发展的人才。该专业紧密围绕"健康中国"国家战略，使学生系统掌握预防医学与体育学的基本理论、知识和技能。通过学习，学生能够熟练运用运动与健康相关知识，胜任健康医疗服务业、全民健身服务业、社区卫生服务中心、街道基层社区服务站点、康养中心、卫生健康管理部门及相关机构的工作，成为具备实践能力的实用型人才。

就业方向及工作内容参考：健康管理师，主要在社区从事运动处方设计、指导慢性病患者运动康复等相关工作；公共健康顾问，主要为企业或政府提供健身政策与健康促进方案。

（三）药学

1. 药学　药学主要研究药剂学、药理学、药物化学、药物合成、药物分析等方面的基本知识和技能。通过这些知识和技能的学习，药学专业人才能够从事药品的研发、生产、加工、质检、销售和管理等工作。例如，中成药和西药的研发、感冒清热颗粒等颗粒冲剂的加工、药物质量的检验鉴定，以及药品的销售管理等。

就业方向及工作内容参考：药剂师，主要在医院药房从事处方审核、合理用药指导等相关工作；药物研发员，主要在药企参与新药合成、剂型改良及药理实验等相关工作。

2. 药物制剂　药物制剂主要研究药学、生物药剂学、工业药剂学、药物制剂工程等方面的基本知识和技能。通过学习，药学专业人才能够从事药物制剂的研发、生产、分析和质量检测等工作。常见的药物剂型有糖衣片、肠溶片、胶囊、软膏、喷雾剂、注射剂等。

就业方向及工作内容参考：制剂工程师，主要从事片剂、胶囊等剂型的生产工艺设计与质量控制等相关工作。

3. 临床药学　临床药学主要研究药物在人体内的代谢过程，并通过科学的方法确定药物达到最佳疗效时的用量和浓度，从而实现药物治疗的合理性和高效性。该专业的药学人才主要从事临床合理用药指导、临床药物不良反应监测、新药评价及药品再评价，以及临床药物治疗方案的设计等工作。

就业方向及工作内容参考：临床药师，主要从事患者用药反应监测、药物治疗方案优化等相关工作。

4. 药事管理　药事管理是一门跨学科专业，主要研究药学、法学、管理学、经济学，以及药事法规等方面的基本知识和技能。通过深入学习，学生能够掌握药事活动的基本规律和药品管理的法律法规，从而胜任药品研制、生产、流通、使用等环节的管理和监督工作。例如，开展药品质量的监督管理，参与药品价格的合理调控，以及对医药市场行为和特征进行调查分析等。

就业方向及工作内容参考：药品监管专员，主要从事药品生产流通合规性监督及药品不良反应事件处理等相关工作。

5. 药物分析　药物分析是一门运用化学、物理学、生物学及微生物学等多学科方法和技术的学科，主要研究化学结构明确的合成药物或天然药物及其制剂的质量等。其研究内容涵盖药物成品的化学检验、药物生产过程的质量控制、药物贮存过程的质量考察、临床药物分析，以及体内药物分析等。例如，兴奋剂的检测和毒品成分的化验分析等，都是药物分析的重要应用领域。

就业方向及工作内容参考：质检分析师，主要使用高效液相色谱法（HPLC）等检测药品纯度与含量。

6. 药物化学　药物化学主要从分子水平上研究药物在体内的作用机制。其研究内容包括药物的化学结构与活性之间的关系、药物的物理化学性质、药物与受体的相互作用，以及药物在体内的吸收、转运、分布和代谢等。此外，药物化学还涉及药物成分的化学分析、药物质量的控制，以及药物效力和毒性的检验等工作。

就业方向及工作内容参考：药物合成研究员，主要通过化学修饰来优化先导化合物活性。

7. 海洋药学　海洋药学是以海洋生物和海洋微生物为药源，研究其开发与应用的专业领域。该领域主要探究海洋药源的分布特征、储量评估、药理活性及临床应用，同时系统地研究海洋生物活性物质的化学结构与功能特性。在专业培养方面，学生需要掌握海洋药物研发、规模化生产、质量监控，以及工艺优化等核心知识与实践技能。常见的海洋药物资源包括牡蛎、海胆、海参、海马、龟甲等。

就业方向及工作内容参考：海洋药物研发员，主要从海洋生物中提取活性成分研发新药。

8. 化妆品科学与技术　化妆品科学与技术专业旨在培养面向化妆品行业的应用型技术人才，要求学生具备化学学科的基本知识与理论，系统掌握化妆品、医药、农药、香精香料、颜料染料、电子化学品、化工助剂等精细化学品的专业知识。学生应具有较强的创新意识、创新能力与实践能力，能够胜任化妆品配方设计与工艺开发、化妆品分析检测、化妆品安全与功效评价，以及精细化工产品研发、生产技术管理、产品质量控制、技术咨询与产品营销等相关领域的技术工作。

就业方向及工作内容参考：化妆品配方师，主要从事护肤品配方设计及其安全性与功效的评估工作。

（四）中药学

1. 中药学　中药学专业主要研究领域包括中医学、中药学、中药药理学、毒理学及中药研制等基础理论与专业技能。该专业培养学生掌握中药鉴定、中药分析、中药炮制、中药制剂制备及中药调剂等专业能力。例如，中成药（如牛黄清心丸）的成分分析与质量控制，软膏、丸剂、糖浆等中药制剂的研发，川乌、草乌等毒性中药材的炮制减毒工艺，以及中药处方的调剂、抓取与煎煮等。

就业方向及工作内容参考：中药师，主要在医院负责中药调剂、煎煮及膏方制备等工作；中药质检员，主要通过显微鉴定、色谱分析控制中药材质量。

2. 中药资源与开发　中药资源与开发专业主要研究中药学、中药资源学等方面的基本知识与技能。该专业培养学生掌握中药资源的调查分析、中药材的栽培生产、中药资源的综合开发利用和保护更新等专业能力。例如，中药资源种类、数量及分布的系统调查，中药材（如当归、人参）的栽培与养护，中药材新品种的选育与开发，中药新药的研制等。

就业方向及工作内容参考：中药材栽培师，主要指导人参、黄芪等道地药材的种植与采收；道地药材培育师，主要负责人参、石斛等珍稀药材的生态种植工作。

3. 民族药学　民族药学包括藏药学、蒙药学等少数民族药学，主要研究民族医学、民族药学等方面的基本知识和技能，涵盖少数民族药材的鉴别、炮制、药理分析及临床应用等内容。该专业培养学生掌握民族药材的品种鉴定与品质评价、民族药炮制、民族药制剂制备、常见病的诊疗与配药、民族药质量分析及成药研发与生产等技能。常见的民族药有藏红花、诃子、牛乳、马奶酒、龙骨、唐古特红景天等。

就业方向及工作内容参考：民族药研发员，主要负责民族药的药理作用研究，为民族药的新药研发提供科学依据；民族医药顾问，主要从事少数民族药材的研究与开发；民族药制剂工程师，主要负责民族药制剂的制备工作。

4. 中药制药　中药制药主要研究药理学、药剂学、中药分析及制药工程等领域的知识与技能。学生未来可以从事中药材加工、新药研发、药物制备、制剂生产、药品质量评价及药物有效性与安全性研究等相关工作。例如，中药材的粉碎、干燥、提取，颗粒、药丸、糖浆等中药制剂的生产，中药材质量、品级的筛选评价等。

就业方向及工作内容参考：中药制剂工程师，主要从事颗粒剂、丸剂等中成药生产工艺的研发；中成药生产主管，主要从事良好生产规范（GMP）车间智能化生产流程的管理。

5. 中草药栽培与鉴定　中草药栽培与鉴定主要研究中草药资源的分布、栽培、采收、加工及鉴定等方面的基本知识与技能。学生未来可以从事中药材栽培、中药制药、中药检验和中药材管理等相关工作。例如，人参、白芍、柴胡等中药材的种植与养护，中药材粉碎、炮制等加工技术，中药材质量、品级的鉴定等。

就业方向及工作内容参考：药材鉴定师，主要从事中药材真伪与等级的鉴别；中药材良好农业规范（GAP）认证员，主要从事种植基地规范化认证的指导。

（五）医学技术

1. 医学检验技术　医学检验技术主要研究基础医学、临床医学和医学检验等方面的基本知识与技能。学生未来主要在各级医疗机构检验科、血液中心、疾病预防控制中心、卫生监督部门、第三方医学检验机构等单位负责医学检验、卫生检验等相关工作。例如，血液成分分析（血糖、血红蛋白等生化指标检测）、免疫学检验（传染病标志物、肿瘤标志物等）、分子生物学检验（亲子鉴定、遗传病筛查等）、食品卫生检测（微生物污染、添加剂含量等）、环境卫生监测、动植物检疫等。

就业方向及工作内容参考：检验科技师，在各级医疗机构的检验科工作，负责血液、体液等常规检验项目的检测工作；分子诊断技师，主要通过操作 NGS 平台开展肿瘤基因的检测工作；卫生检验技师，在疾病预防控制中心、卫生监督部门、第三方医学检验机构等，开展食品卫生检测（微生物污染、添加剂含量等）、环境卫生监测（空气、水质检测等）、动植物检疫等工作。

2. 医学实验技术　医学实验技术主要研究基础医学、临床医学、临床生物化学、医学实验技术等方面的基本知识与技能。学生未来主要从事临床医学实验研究和生物制品研发等相关工作。例如，新药批量生产前的动物实验、实验动物的培育与管理（如实验用小白鼠、大鼠等模式动物）、生物制剂研发（如疫苗、抗体、血清制品）等。

就业方向及工作内容参考：实验动物技术员，主要管理无特殊病原体（SPF）小鼠模型并协助进行新药动物实验；病理实验技师，主要从事组织切片制作及癌症辅助诊断工作。

3. 医学影像技术　医学影像技术主要研究基础医学、临床医学、医学影像学等方面的基本知识与技能。通过学习，学生将具备常见疾病的影像学诊断能力，能够运用各种影像设备开展疾病检查、辅助诊断、治疗方案制定和疗效评估等工作，未来可在各级医疗机构影像科、放疗科及介入治疗中心从事医学影像检查、影像诊断辅助和放射治疗等技术工作。

就业方向及工作内容参考：影像科技师，主要操作 CT、MRI、X 线、超声等医学影像设备，完成各种影像检查工作；放射治疗技师，主要操作螺旋断层放射治疗系统（TOMO）、直线加速器等精准放疗设备，根据患者的治疗计划，精确执行放射治疗操作；介入治疗技师，在介入治疗中心，协助介入医师完成各种介入手术。

4. 眼视光学　眼视光学主要研究眼科学、眼视光学、现代光学技术等方面的基本知识与技能。学生能够熟练开展包括视力检测、屈光检查（近视、远视、散光等）、双眼视功能评估等常规检查，具备验光配镜、视觉训练等非手术矫治能力，同时掌握常见眼病的预防、诊断与基础治疗技术。在临床实践中，可参与屈光手术（如近视激光矫正）的术前评估与术后管理，开展青少年近视防控、老年人老视矫正等特色诊疗服务，并能进行眼健康科普教育等工作。

就业方向及工作内容参考：视光师，主要从事近视防控、角膜接触镜验配及视功能训练工作；角膜塑形镜验配师，主要从事青少年近视防控干预和塑形镜的验配工作。

5. 康复治疗学　康复治疗学主要研究基础医学、临床医学、康复治疗学、康复预防与评价等方面的基本知识与技能。学生未来主要从事康复治疗、康复评定和预防保健等相关工作。例如，为骨关节损伤患者（如关节活动训练）、神经系统疾病患者（如中风后瘫痪康复）、运动损伤患者（如运动员伤后功能恢复）等提供专业康复服务。

就业方向及工作内容参考：物理治疗师，主要运用电疗、运动疗法促进中风患者的功能恢复；神经康复治疗师，主要运用神经生理疗法（Bobath 技术）治疗脑卒中。

6. 口腔医学技术 口腔医学技术主要研究基础医学、口腔医学和口腔医学技术等方面的基本知识与技能。学生能够熟练开展口腔修复体（如各类义齿）的设计与制作，参与错颌畸形的矫治（如正畸矫治器的制作与调试），进行牙齿缺损的修复（如嵌体、冠桥修复），以及协助完成口腔美容治疗等专业技术工作。例如，口腔内错牙合畸形的矫正、义齿的加工和安装、断齿的修复等。

就业方向及工作内容参考：义齿制作师，主要从事全瓷牙、隐形矫治器等修复体的设计和加工工作；种植牙工程师，主要从事种植导板与个性化基台的制作工作。

7. 卫生检验与检疫 卫生检验与检疫主要研究预防医学、卫生理化检验及生物学检验等方面的基本知识与技能。学生未来主要在各级疾病预防控制中心、医院检验科、海关及检验检疫机构、第三方检测实验室等单位，从事公共卫生检测、进出口商品检验、食品药品质量监控等工作。

就业方向及工作内容参考：海关检疫员，主要从事进出口食品中病原微生物与污染物的检测工作；核生化救援员，主要参与突发公共卫生事件的处置工作。

8. 听力与言语康复学 听力与言语康复学主要研究临床听力诊断、听力康复、言语康复等方面的基本知识与技能。学生未来主要在各级医疗单位、康复机构、特殊教育机构等进行听觉康复治疗等相关工作。例如，听力障碍、语言障碍的诊断、治疗和康复训练，言语障碍的程度评估和矫治，听障人群的教育和心理疏导等。

就业方向及工作内容参考：言语治疗师，主要通过发音训练改善儿童语言发育迟缓；人工耳蜗调机师，主要从事植入设备参数配置的优化工作。

9. 康复物理治疗 康复物理治疗专业是为了适应经济、社会、文化和科技发展的需要而设置的专业。学生通过系统学习物理治疗学、基础医学及相关自然科学知识，具备对常见疾病和功能障碍的康复评定与物理治疗技能，以及康复预防和健康促进的专业素养，同时还具有较强的医患沟通能力和良好的职业道德。

就业方向及工作内容参考：运动损伤康复师，主要从事职业运动员的损伤康复服务工作；疼痛管理师，主要运用冲击波治疗慢性疼痛。

10. 康复作业治疗 康复作业治疗专业致力于培养德才兼备的复合型康复医学人才。该专业以中西医结合为特色，培养学生系统地掌握作业治疗学、基础医学及相关自然科学知识。通过专业培养，学生将具备运用作业治疗方法对各类功能障碍进行评估与康复干预的能力，具有初步的科学研究素养，同时还具有较强的医患沟通能力。

就业方向及工作内容参考：康复作业治疗师，主要通过日常活动训练恢复患者肢体功能；职业能力评估师，主要帮助工伤患者重返工作岗位。

11. 生物医药数据科学 生物医学数据科学专业旨在培养具有扎实的数理基础、大数据技术基础、数据科学与生物医学交叉学科基础，具备在生物医学、医疗卫生领域从事大数据分析及解决实际问题能力的复合型医工人才。学生未来主要在医疗卫生机构从事临床数据分析与智慧医疗系统开发，或在医药企业参与创新药物研发的数据建模与仿真，或在高端医疗装备制造企业从事智能诊疗设备研发，或在科研院所开展医学人工智能相关研究等工作。

就业方向及工作内容参考：医疗数据分析师，主要利用人工智能（AI）模型预测疾病风险或优化诊疗流程；智能诊疗系统架构师，主要从事辅助诊断知识图谱的搭建工作。

（六）护理学

1. 护理学 护理学主要研究基础医学、护理学、预防保健等方面的基本知识与技能。学生未来主要在护理领域内从事临床护理、预防保健、护理管理、护理教学等相关工作。例如，医院内的临床护理、老年照护、母婴护理等。

就业方向及工作内容参考：专科护士，主要在重症监护病房（ICU）、手术室等科室执行高级护理操作；护理信息化专员，主要从事护理信息系统的升级工作。

2. 助产学　助产学专业致力于培养掌握护理学和助产学的基础理论、基本知识和基本技能，具有国际视野、终身学习能力和创新精神，并具备良好职业素质和高度责任心的高级助产专门人才。学生未来将在各类医疗卫生保健机构中从事临床助产、围生期护理，以及母婴保健工作。例如，在各级医院妇产科从事临床助产工作，或在妇幼保健机构开展围生期保健服务，或在社区卫生服务中心提供母婴健康管理服务，或在医学院校参与助产专业教学。

就业方向及工作内容参考：助产士，主要在产房中为孕妇提供分娩助产服务，以及负责产妇与新生儿生命体征的监护工作；高危妊娠管理护士，主要从事妊娠并发症孕产妇的监护工作。

二、可授予工学学位的专业

（一）中药学

中药制药　中药制药主要研究药理学、药剂学、中药分析及制药工程等领域的知识与技能。学生未来主要从事中药材加工、中药新药研发、中药药物制备、中药制剂生产、药品质量评价、药物有效性与安全性评价等相关工作。例如，中药材的粉碎、干燥、提取，颗粒、药丸、糖浆等中药制剂的生产，中药材质量、品级的筛选评价等。

就业方向及工作内容参考：中药制剂工程师，主要负责中药颗粒、丸剂等剂型的生产工艺设计与优化，确保符合 GMP 标准；中药质量控制专员，主要运用色谱、光谱技术检测中药成分含量，把控药品质量与安全性；中药新药研发员，主要参与中药复方筛选、药理活性评价及临床试验方案设计等工作。

（二）医学技术

1. 智能医学工程　智能医学工程是医、理、工高度交叉的学科，主要研究内容包括智能药物研发、医疗机器人、智能诊疗、智能影像识别、智能健康数据管理等。该专业旨在建立一个跨学科、多元化的教学和科研平台，以促进各学科的交叉融合，进而培养出适应时代发展的高素质复合型人才。

就业方向及工作内容参考：智能医疗设备研发工程师，主要从事手术机器人、可穿戴健康监测设备等智能化医疗硬件的设计工作；健康大数据分析师，主要从事医疗数据挖掘，构建疾病预测模型，并设计个性化健康管理方案。

2. 智能影像工程　智能影像工程是医学影像学与计算机科学密切结合的学科。随着计算机和软件技术的发展，人工智能和大数据分析与医学影像学的结合展现出广阔的发展前景。该专业致力于培养具备临床医学基础知识，掌握医学影像诊断学、医学影像技术、医学影像工程和人工智能领域知识的医工高度交叉的复合型创新人才，主要服务于高端医学影像设备的智能化研究、开发、管理与使用。

就业方向及工作内容参考：智能成像设备工程师，主要研发搭载 AI 算法的数字 X 射线摄影（DR）、超声等影像设备，提高成像效率；医学影像 AI 训练师，主要进行 CT/MRI 等影像数据标注，提高 AI 辅助诊断系统的准确率。

3. 医工学　医工学专业致力于培养掌握深厚的数理基础、广泛的临床医学知识和前沿的工程技术等综合知识，具有整合思维和解决复杂工程问题的能力，能够与企业、科研机构研发人员无障碍沟通，清晰准确地表达临床需求，助推工业技术和医疗需求完美契合的高素质复合型创新人才。

就业方向及工作内容参考：医疗器械注册专员，主要负责产品注册申报，协调临床试验与法规合规性审查等工作；高端医疗装备项目经理，主导高端医疗装备（如质子治疗设备、高端影像设备等）的研发项目，负责医疗装备的产业化工作。

【思考题】

1. 眼视光医学与眼视光学的区别有哪些？

2. 为适应医疗健康领域的发展需求，涌现了哪些新兴专业？这些专业分别适用于当前医疗场景中的哪些具体应用？

第 四 章

职业环境探索

第一节　我国卫生健康事业现状

一、我国卫生资源现状

国家卫生健康委员会发布的《2023年我国卫生健康事业发展统计公报》（以下简称《公报》）全面展现了我国卫生健康事业高质量发展的新成就。《公报》数据显示，我国医疗卫生事业呈现以下发展态势：一是政府医疗卫生投入不断增加；二是医疗卫生资源提质扩容；三是卫生服务体系不断健全；四是健康中国建设稳步推进。

（一）医疗卫生机构总数

根据《公报》最新数据，截至2023年底，全国医疗卫生机构总数达到1070785个，较上年增加37867个。其中医院38355个，较上年增加1379个；基层医疗卫生机构1016238个，较上年增加36470个；专业公共卫生机构12121个。

在医院构成方面，公立医院11890个，占比31%；民营医院26465个，占比69%。从医院等级来看，三级医院3855个，占比10%；二级医院11946个，占比31%；一级医院9302个，占比24%。按床位规模划分，100张以下床位的医院22586个，占比59%；800张以上床位的医院2311个，占比6%。

在基层医疗卫生机构中，诊所和医务室占比31.4%，村卫生室占比57%。这些数据表明，我国医疗卫生资源持续向基层下沉，小型医疗机构占比较高，分级诊疗体系建设取得了明显成效。

我国在医疗中心建设方面取得重要进展，目前已建成覆盖13个专科领域的国家医学中心体系。根据最新统计数据，全国共设立13个国家医学中心和若干儿童类别的国家区域医疗中心（详见表4-1）。通过构建国家医学中心、国家区域医疗中心、省级区域医疗中心三级医疗中心网络，有效加强了临床重点专科建设，显著改善了群众跨区域就医的状况。特别是国家区域医疗中心的建设，大大提升了各地区对重大疾病和疑难复杂疾病的诊疗救治能力。

表 4-1　国家区域医疗中心

序号	国家医学中心	依托建设医院
1	国家心血管病中心	中国医学科学院阜外医院
2	国家癌症中心	中国医学科学院肿瘤医院
3	国家老年医学中心	北京医院
4	国家儿童医学中心	首都医科大学附属北京儿童医院、上海交通大学医学院附属上海儿童医学中心、复旦大学附属儿科医院
5	国家创伤医学中心	北京大学人民医院
6	国家呼吸医学中心	中日友好医院、广州医科大学附属第一医院
7	国家重大公共卫生事件医学中心	华中科技大学同济医学院附属同济医院
8	国家口腔医学中心	北京大学口腔医院、四川大学华西口腔医院、上海交通大学医学院附属第九人民医院
9	国家神经疾病医学中心	复旦大学附属华山医院、首都医科大学宣武医院、首都医科大学附属北京天坛医院
10	国家传染病医学中心	复旦大学附属华山医院、首都医科大学附属北京地坛医院、浙江大学医学院附属第一医院
11	国家中西医结合医学中心	中日友好医院
12	国家精神疾病医学中心	北京大学第六医院、中南大学湘雅二医院、首都医科大学附属北京安定医院、上海市精神卫生中心
13	国家骨科医学中心	北京积水潭医院、上海市第六人民医院

（二）床位数

截至 2023 年底，全国医疗卫生机构床位总数达到 1017.4 万张，其分布特点为：医院床位 800.5 万张，占总床位数的 78.7%；基层医疗卫生机构床位 182 万张，占比 17.9%。

（三）卫生人员总数

截至 2023 年底，全国卫生人员总量达 1523.7 万人，较上年净增 82.7 万人，同比增长 5.7%。每万人口卫生人员配备数为 10.8 人。卫生人员机构分布中，医院卫生人员为 914 万人，占比 60%；基层医疗卫生机构卫生人员为 495.3 万人，占比 33%。（表 4-2）

表 4-2　全国各类医疗卫生机构人员数（万人）

机构类别	人员数		卫生技术人员	
	2022 年	2023 年	2022 年	2023 年
总计	1441.1	1523.7	1165.8	1248.8
医院	874.8	913.9	735.3	772.3
公立医院	667.2	689.2	571.7	593.5
民营医院	207.6	224.7	163.6	178.8
基层医疗卫生机构	455.1	495.3	345.0	387.7
#社区卫生服务中心	58.8	62.7	50.6	54.3

续表

机构类别	人员数		卫生技术人员	
	2022 年	2023 年	2022 年	2023 年
社区卫生服务站	12.9	15.1	11.7	13.8
乡镇卫生院	153.1	160.5	132.6	140.4
专业公共卫生机构	97.9	100.6	78.0	80.8
#疾病预防控制中心	22.4	24.0	16.9	18.1
妇幼保健机构	56.1	57.7	47.2	48.7
卫生监督所（中心）	7.0	6.5	5.5	5.3
其他机构	13.4	14.0	7.5	8.0

注：# 表示所引数据为中位数。

（四）卫生总费用

2023 年，全国卫生总费用初步核算约为 9 万亿元，其中政府卫生支出约 2.4 万亿元，占比 26.7%；社会卫生支出约 4 万亿元，占比 46.0%；个人卫生支出约 2.4 万亿元，占比 27.3%。人均卫生总费用约为 0.6 万元，卫生总费用占 GDP 的比重为 7.2%。（表 4-3）

表 4-3　全国卫生总费用

指标	2022 年	2023 年
卫生总费用（亿元）	85327.5	90575.8
政府卫生支出	24040.9	24147.9
社会卫生支出	38345.7	41676.8
个人卫生支出	22940.9	24751.1
卫生总费用构成（%）	100.0	100.0
政府卫生支出	28.2	26.7
社会卫生支出	44.9	46.0
个人卫生支出	26.9	27.3
卫生总费用占 GDP 比重（%）	7.1	7.2
人均卫生总费用（元）	6044.1	6425.3

注：2023 年为初步核算数。

二、我国医疗服务现状

目前，我国医疗服务体系不断完善，医疗服务质量和效率持续提升。近年来，我国在医疗服务方面取得了显著进展，特别是在提升医疗服务质量、加强医疗资源均衡布局、优化医疗服务流程等方面成效显著。

（一）医疗服务需求持续增长

2023 年，全国医疗卫生机构总诊疗人次达 95.5 亿，比上年增加 11.3 亿人次，增长 13.5%。2023 年，我国居民平均到医疗卫生机构就诊 6.8 次。以上数据表明，人民群众的医疗服务需求在不断释放，医疗服务供给效率也在逐步提高。

2023 年总诊疗量中，医院诊疗 42.6 亿人次，占比 44.6%；基层医疗卫生机构诊疗 49.4 亿人次，占比 51.8%；其他医疗卫生机构诊疗 3.4 亿人次，占比 3.6%。与上年比较，医院诊疗增加 4.4 亿人次，基层医疗卫生机构诊疗增加 6.8 亿人次。（表 4-4）

表 4-4　全国医疗服务工作量

机构类别	诊疗人次（亿人次）		入院人次（万人次）	
	2022 年	2023 年	2022 年	2023 年
医疗卫生机构合计	84.2	95.5	24686.2	30187.3
医院	38.2	42.6	20098.6	24500.1
公立医院	31.9	35.6	16304.1	20006.7
民营医院	6.3	7.0	3794.5	4493.4
医院中				
三级医院	22.3	26.3	11634.5	14833.6
二级医院	12.0	12.2	6521.0	7531.6
一级医院	2.1	2.5	1105.5	1271.8
基层医疗卫生机构	42.7	49.4	3619.1	4545.1
其他机构	3.3	3.4	968.6	1142.0
合计中非公医疗卫生机构	19.7	23.1	3867.4	4576.7

（二）医院医师工作情况

2023 年，医院医师日均担负诊疗 6.6 人次、住院 2.3 床日，其中公立医院医师日均担负诊疗 7.1 人次、住院 2.3 床日。整体来看，我国医疗服务体系正在不断优化，医疗服务质量和效率得到提升，能够更好地满足人民群众的健康服务需求。

三、我国基层卫生服务现状

截至 2023 年底，全国共有社区卫生服务中心（站）3.7 万个、乡镇卫生院 3.4 万个、村卫生室 58.2 万个。社区卫生服务中心（站）诊疗 10.4 亿人次，较上年增加 2.1 亿人次；乡镇卫生院诊疗 13.1 亿人次，较上年增加 1.0 亿人次；村卫生室诊疗 14.0 亿人次，较上年增加 1.2 亿人次。以上数据表明，我国基层医疗卫生机构的服务能力持续提升，群众看病就医的条件和可及性进一步改善。

（一）农村卫生

近年来，我国各地区依据中央政策规划，立足于乡村形态、人口结构、地理环境、经济社会发展，以及卫生健康需求等方面的特点，因地制宜地优化农村医疗卫生资源布局。在这一过程中，一方面，各地区努力避免基层医疗网点出现"空白"，确保农村地区医疗服务的可及性；另一方面，也注重防范因人口大量外迁、医疗需求萎缩而导致的资源浪费问题。通过这些举措，我国正加速推动农村医疗从注重机构全覆盖向更加注重服务全覆盖的转变。在此背景下，我国乡村医疗卫生机构数量呈现出持续缩减的态势，但国内县乡村三级医疗卫生体系网络已基本健全，农村医疗保障水平也在持续提升。

截至 2023 年底，全国共有县级（含县级市）医院 18133 个、县级（含县级市）妇幼保健机构 1869 个、县级（含县级市）疾病预防控制中心 2007 个、县级（含县级市）卫生监督所 1712 个。四类县级（含县级市）医疗卫生机构共有卫生人员 382.3 万人。

截至 2023 年底，全国共有 3.4 万个乡镇卫生院，床位 150.5 万张，卫生人员 160.5 万人。与上年相比，乡镇卫生院减少 164 个，床位增加 4.9 万张，人员增加 7.5 万人（表 4-5）。乡镇卫生院数量减少的主要原因是行政区划调整，部分乡镇卫生院合并。

表 4-5　全国乡镇卫生院医疗服务情况

指标	2022 年	2023 年
乡镇卫生院数（个）	33917	33753
床位数（万张）	145.6	150.5
卫生人员数（万人）	153.1	160.5
#卫生技术人员（万人）	132.6	140.4
#执业（助理）医师（万人）	53.7	57.2
诊疗人次（亿人次）	12.1	13.1
入院人次数（万人次）	3239.0	3992.1
医师日均担负诊疗人次（人次）	9.1	9.2
医师日均担负住院床日（日）	1.2	1.3
病床使用率（%）	46.9	53.3
出院者平均住院日（日）	6.5	6.4

注：# 表示所引数据为中位数。

（二）社区卫生

我国持续加强社区医疗卫生服务体系建设，不断提高基层防病治病和健康管理能力，推进分级诊疗制度落实。

目前，75% 以上的乡镇卫生院和社区卫生服务中心的服务能力已达到基本标准，这表明基层医疗服务能力得到了显著提升。

截至 2023 年底，全国共有社区卫生服务中心（站）37177 个，其中社区卫生服务中心 10070 个、社区卫生服务站 27107 个。与上年相比，社区卫生服务中心减少 283 个，社区卫生服务站增加 1012 个。社区卫生服务中心人员 62.7 万人，平均每个中心 62 人；社区卫生服务站人员 15.1 万人，平均每站 6 人。社区卫生服务中心（站）人员数比上年增加 6 万人，增长率为 8.4%。（表 4-6）

表 4-6　全国社区卫生服务情况

指标	2022 年	2023 年
社区卫生服务中心数（个）	10353	10070
床位数（万张）	25.1	27.4
卫生人员数（万人）	58.8	62.7
#卫生技术人员（万人）	50.6	54.3
#执业（助理）医师（万人）	20.1	21.6
诊疗人次（亿人次）	6.9	8.3
入院人次数（万人次）	333.8	480.4
医师日均担负诊疗人次（人次）	13.9	15.5
医师日均担负住院床日（日）	0.5	0.6

续表

指标	2022 年	2023 年
病床使用率（%）	41.1	50.2
出院者平均住院日	9.9	8.7
社区卫生服务站数（个）	26095	27107
卫生人员数（万人）	12.9	15.1
#卫生技术人员（万人）	11.7	13.8
#执业（助理）医师（万人）	5.3	6.2
诊疗人次（亿人次）	1.4	2.1
医师日均担负诊疗人次（人次）	11.0	13.7

注：#表示所引数据为中位数。

四、我国中医药服务现状

　　近年来，在中医不断发展、国家政策支持、居民收入水平增长，以及人民健康意识增强等因素的推动下，我国中医医疗服务市场规模逐年增长。2023 年我国中医医疗服务市场规模约 66741 亿元，同比增长 6.64%。

　　截至 2023 年底，我国将 14 个中医院纳入国家医学中心创建单位，布局建设 27 个中医类国家区域医疗中心，推进 62 个中西医协同"旗舰"医院、138 个中医特色重点医院建设，同时强化基层中医药服务能力，支持 440 个县级中医医院开展中医特色优势专科等方面建设，培养 2 万余名中医馆骨干人才。

　　2023 年，全国中医类医疗卫生机构总诊疗人次达 15.4 亿人次，比上年增加 3.1 亿人次，增长率为25.3%。（表 4-7）

表 4-7　全国中医类医疗卫生机构医疗服务量

指标	诊疗人次（万人次）		出院人次数（万人次）	
	2022 年	2023 年	2022 年	2023 年
中医类总计	122504.6	153500.8	3861.3	4981.0
中医类医院	69181.1	78633.2	3178.9	4023.1
中医医院	59937.2	67867.5	2782.8	3501.4
中西医结合医院	7717.2	9183.1	318.9	419.6
民族医医院	1526.7	1582.6	77.2	102.1
中医类门诊部	3508.4	4532.7	0.4	1.1
中医门诊部	3128.5	4001.3	0.1	0.5
中西医结合门诊部	374.2	516.6	0.2	0.4
民族医门诊部	5.6	14.9	0.1	0.2
中医类诊所	17704.5	22709.6	—	—
中医诊所	14602.1	18722.8	—	—
中西医结合诊所	2999.8	3858.3	—	—
民族医诊所	102.6	128.5	—	—

指标	诊疗人次（万人次）		出院人次数（万人次）	
	2022 年	2023 年	2022 年	2023 年
非中医类医疗卫生机构中医类临床科室	32110.7	47625.3	681.9	956.9
中医类服务量占医疗服务总量（不含村卫生室）的比例（%）	17.2	18.8	15.8	16.5

【思考题】

1. 请简述我国卫生健康事业现状。

2. 请简述我国中医药服务现状。

第二节　卫生健康行业政策环境

学习目标

1. 熟悉我国卫生健康行业政策环境，充分了解职业与职业环境，制订合理的职业规划。

2. 了解我国医保支付政策环境、药品供应监管环境、中医药行业政策环境的基本现状。

一、医保支付政策环境

医保支付方式是指参保人在医院就医购药后，医保基金把医疗费用支付给医疗机构的方式。医保支付方式的改革，是近年来党和国家在医保领域推行的一项重要改革举措。2024 年，国家医保局发布了按病组（DRG）和病种分值（DIP）付费2.0 版的分组方案。这是我国医保支付方式改革持续推进的重要成果，标志着我国医保支付方式从"按项目付费"向"按病种付费"转变的深化。

（一）医保支付政策推进

一直以来，我国传统的医保支付方式是按项目付费，即根据诊疗过程中用到的所有药品、医疗服务项目、医用耗材，用多少结算多少，患者和医保基金根据实际费用分别承担各自需要支付的部分。这种医保支付方式执行起来相对容易，也较为符合过去我国医药卫生体制的实际情况。然而，随着人民群众生活水平的不断提高，看病就医的刚性需求逐渐释放，传统支付方式的弊端也越来越明显，容易滋生"大处方""大检查"等过度医疗行为。这不仅造成医疗资源的浪费，还让参保人多花钱、医保基金多支出。

党中央、国务院高度重视医保支付方式改革工作，《中共中央 国务院关于深化医疗保障制度改革的意见》明确了医保待遇、筹资、支付、监管四项机制。支付机制是提高医保基金使用效能的关键机制。事实上，有关医保支付方式改革的实践探索一直未停步，从最初单一的按项目付费逐渐发展成为多元复合式医保支付方式。针对不同疾病、不同医疗服务特点，分类推进医保支付方式改革。对住院医疗服务，探索按病种、按疾病诊断相关分组付费；对长期、慢性病住院医疗服务探索按床日付费；对基层医疗服务，积极探索按人头付费与慢性病管理相结合等。

随着医疗技术的发展、临床路径的开展，以及医保基金精细化管理的要求，探索创新更加科学、更加精细化、更加规范化的医保支付方式势在必行。从 2019 年起，我国启动以 DRG/DIP 为主的支付方式改革试点。2020 年《中共中央 国务院关于深化医疗保障制度改革的意见》强调要建立管用高效的医保支付机制，推行以按病种付费为主的多元复合式医保支付方式，推广 DRG 付费。到 2021 年，试点地区均进入实际付费阶段，形成了全国统一的 DRG 核心分组与 DIP 核心病种，完善了技术规范及经办规程。

2022 年起，在总结试点经验的基础上，国家医保局以全 DRG/DIP 付费为目标，启动了 2022—2024 年支付方式改革三年行动计划。截至 2023 年底，全国超九成的医保统筹地区已经开展 DRG/DIP 支付方式改革，其中 190 个统筹地区开展了 DRG 付费，192 个统筹地区开展了 DIP 付费，天津、上海两个直辖市兼有 DRG 和 DIP 付费。26 个省份已实现省域内所有统筹地区全覆盖。

（二）DRG 与 DIP

1. DRG　按疾病诊断相关分组付费（Diagnosis-Related Group，DRG）是一种医疗保险支付方式，其核心是根据患者的病情、治疗方式、病程等因素将患者划分为相似的病例组，以确定每组病例的平均费用，并根据该费用水平对医院进行支付。

DRG 系统通常由医疗保险机构或政府机构制定，以确保医疗保险费用的公正、透明和可预测。DRG 系统不仅可以用于医疗保险支付，还可以用于医疗保险计划设计、医院绩效评估和医疗质量控制等。

DRG 系统的主要特点是将同类疾病或手术进行分类，对于每一类疾病或手术，按照相同的付费标准进行报销，而不是按照每位患者的实际医疗费用进行报销。DRG 系统的分类标准通常包括疾病诊断、治疗方法、手术类型、年龄、性别等因素。这些因素被综合考虑后，可以将患者划分为具有相似医疗需求和相似费用的病例组，从而实现医疗保险支付的公平性和合理性。

（1）DRG 的主要组成部分

主要诊断：患者入院时确定的主要疾病或医学问题，是 DRG 分类的最重要因素。

次要诊断：除主要诊断外，患者入院时可能存在的其他诊断。

手术操作：患者入院时进行的手术操作，也是 DRG 分类的重要因素之一。

年龄：患者年龄对 DRG 分类也有一定影响。

性别：患者性别对 DRG 分类的影响不大。

出院状态：患者出院时的情况，如是否需要转院、是否需要接受康复治疗等。

难度因素：DRG 还考虑了患者病情的严重程度、治疗难度和资源使用情况等因素，以确定相应的价格。这些难度因素可以通过采用疾病的严重程度分类（如重症监护室分级）或疾病的复杂度分类（如手术的难度、疾病的慢性程度等）来确定。

资源利用：DRG 考虑了患者在住院期间所使用的资源情况，如床位、医疗器械、药品、护理和实验室检查等。这些因素可以帮助确定相应的价格。

时间因素：DRG 还考虑了患者在医院的住院时间。这对于估计医院成本和资源使用情况至关重要。

地理因素：不同地区的医疗服务成本有所不同，因此 DRG 可能还考虑了地理因素，以确定在不同地区的价格差异。

特殊因素：DRG 还可能考虑一些特殊因素，如患者的民族、文化背景、职业等因素，以及医院的规模、设备和技术水平等因素，以确定相应的价格。

风险因素：DRG 还可能考虑患者的住院风险，如住院期间可能发生的并发症、手术风险等，以及治疗的安全性和有效性等因素，以确定相应的价格。

医保政策：DRG 也受医保政策的影响，如医保支付限制、药品和诊疗项目的报销政策等。

（2）计算方式和原理　DRG 的计算方式是将患者入院的主要诊断、手术操作、年龄、性别、治疗时间等因素综合考虑，通过匹配对应的 DRG 组，来确定患者的医疗服务费用。DRG 的计算原理主要包括以下几个方面。

确定患者的主要诊断：主要诊断是指导致患者入院的原因。这通常是根据疾病分类编码（International Classification of Diseases，ICD）来确定的。

确定患者的手术操作：手术操作是指患者在入院期间进行的外科手术或其他相关治疗操作。这通常是根据 ICD 编码和医疗程序术语编码（Current Procedural Terminology，CPT）来确定的。

确定患者的年龄、性别等个人特征：患者的年龄、性别等因素会影响其治疗费用。

将患者归入相应的 DRG 组：根据以上因素，将患者归入与其临床情况相似的 DRG 组中。每个DRG 组对应一个固定的费用，这个费用是根据历史数据和统计分析得出的。

确定患者的医疗服务费用：将患者归入 DRG 组后，就可以根据该组的平均费用确定患者的医疗服务费用。

（3）分类和层级结构　DRG 分类结构可以分为三个层级。

第一层级：主要诊断类别（Major Diagnostic Category，MDC），是 DRG 分类结构的最高层级。这个层级将患者的疾病归类为 25 个主要诊断类别，每个类别涵盖一组相关的疾病和医学问题。这些主要诊断类别包括但不限于以下系统或器官功能相关的疾病组，如神经系统、呼吸系统、心血管系统、泌尿生殖系统等。

第二层级：DRG 组，即根据患者的主要诊断和手术进行分组，共分为 470 个 DRG 组。DRG 组与特定的疾病或手术相关，如心脏手术、肾脏疾病等。

第三层级：DRG 细分组，是 DRG 的最底层，通过考虑患者年龄、合并症等因素进行细分。DRG细分组的数量因各个 DRG 组而异，可能有数十个或数百个。

（4）优势与局限性

1）优势

提高医疗质量：DRG 可以激励医生和医院提供更好的医疗服务，因为医院可以根据患者的疾病情况得到更多的收入。这也可以促使医生更加关注患者的康复过程，提高医疗质量。

降低医疗费用：DRG 可以减少不必要的医疗费用的增加。因为医院只能根据诊断和治疗情况收取固定费用，所以会更加关注医疗资源的合理利用，避免过度治疗和不必要的医疗检查。

加强医疗管理：DRG 可以帮助医疗机构进行管理，从而提高效率和透明度。医院可以根据 DRG 的分类进行资源配置和管理，更好地掌握医院的经济状况和治疗效果。

加强医保控制：DRG 也可以帮助医保部门进行医疗费用的管理和控制。医保部门可以通过 DRG 制定更加精确有效的支付标准，避免医院和医生在治疗过程中的浪费和不必要的费用增加。

提高医疗资源利用率：DRG 可以帮助医疗机构更好地利用医疗资源，使得不同病种得到合理的治疗和资源分配。因为医院只能收取固定的费用，所以会更加关注医疗资源的合理利用，避免资源的浪费和重复使用。

促进医学研究和发展：DRG 可以为医学研究和发展提供更多的数据和信息。通过 DRG 分类和支付方式，医学研究人员可以更加深入地了解不同疾病的治疗和康复情况，进一步优化医疗服务和治疗方案。

改善医患关系：DRG 可以减少医患之间的矛盾和纠纷。因为 DRG 可以避免医生为了增加医疗费用而不必要地延长患者的住院时间或者增加不必要的治疗措施，从而避免医患之间的利益冲突。

促进医疗卫生行业的规范化和标准化：DRG 可以促进医疗卫生行业的规范化和标准化，因为 DRG

可以制定一些明确的规则和标准，使得医院和医生可以更加清晰地了解医疗行业的标准和规范，从而提高医疗服务的质量和效率。

2）局限性

①DRG系统的设计侧重于住院治疗，而不是门诊治疗。因此，对于一些需要长期门诊治疗的患者，DRG系统可能不太适用。例如，一些需要进行长期康复治疗的患者，其治疗过程可能需要数月或数年，这样的治疗难以按照DRG系统的单次付费方式计算。

②DRG系统对患者的个体差异不敏感。因为DRG系统是根据患者的疾病诊断、治疗方式等因素进行分组的，忽略了患者的个体差异。这就意味着，患者的具体治疗过程可能没有得到充分考虑，导致了一些治疗上的差异。

③DRG系统在一定程度上可能会导致"过度治疗"的问题。因为DRG系统是按照病种和治疗方式来划分费用的，所以有些医院或医生可能会利用这一点，采取过度治疗的方式，从而获取更高的费用。这种现象可能会增加医疗费用，而并没有给患者带来实质性的好处。

④DRG系统可能会导致医院在治疗选择上受到限制。因为DRG系统是按照病种和治疗方式来划分费用的，有些医院可能会根据这一划分方式，选择一些费用较低的治疗方式，而不是更好的治疗方式。这种现象可能会对患者的治疗效果造成影响。

2. DIP　医保DIP付费方式是一种按病种分值付费的医保支付方式，是我国原创的一种医保改革创新。DIP是基于大数据技术，对不同病种完成分组和分值赋值，然后根据医疗机构的病种分值和点值来进行医保基金支付的一种方式。DIP是深化医保支付方式改革的重要组成部分，是符合我国国情的一种原创付费方式。DIP以大数据为支撑，把点数法和区域总额预算结合起来，引导医疗卫生资源合理配置，体现医务人员劳务价值，保障参保人员的基本医疗需求，推进医保基金平稳高效运行。

（1）主要内容　①完善协议管理，建立健全医保经办机构与定点医疗机构协商谈判机制。②按照全国统一的业务和技术标准，加强数据治理，为DIP业务的开展提供支撑。③实施区域总额预算管理，合理制定DIP支付预算总额。④确定统筹地区病种分值和医疗机构等级系数。⑤开展审核及月度预结算，也可按月结算。⑥开展年度清算，计算各定点医疗机构DIP年度医保基金支付金额。⑦强化DIP全流程监测，加强考核评价。

（2）主要特点　DIP付费方式有利于实现医保基金总额控制和合理使用。它是在区域总额预算的基础上，对不同病种完成分值赋值，然后根据医疗机构的病种分值和点值来进行医保基金支付的一种方式。这样可以避免按费用比例支付或按项目支付等传统支付方式带来的过度医疗、无效医疗、不合理医疗等问题，也可以避免按病种付费等单一支付方式带来的欠费、套利、挤出等问题。

DIP付费方式有利于激励医疗机构提高服务质量和效率。它依据病种的临床特征、诊疗规范、成本结构等因素，客观地拟合医疗服务的成本和价值，建立起医疗服务的度量衡体系，从而科学、精准地支撑医保基金支付。这样可以激励医疗机构优化诊疗流程、控制成本、提高运营效率。

（三）政策推进效果

1. 患者医疗费用负担减轻，就医便利性提高　DRG/DIP付费后，一些地区患者的次均医疗费用、住院时间、个人负担部分明显降低。一些地区落实基层病种"同病同质同价"后，基层医疗机构收治患者的积极性提高了，而高等级医疗机构收治此类患者的积极性下降了，促进了分级诊疗，也方便了患者就近就医，节约了交通、住宿等社会成本。

2. 医疗机构运营向精细化转变　DRG/DIP付费后，医疗机构对医保收入有了合理预期，主动控成本、强管理，向内部改革要效益的动力增强，时间消耗指数、费用消耗指数下降。医院CMI值（即病例组合指数，指数值越高表明医院治疗病例的技术难度越高）得到提高，三、四级手术比例明显增加，患者收治更符合功能定位，腾挪了发展空间。

3. 医保基金使用效能提升 经过支付方式改革等措施的综合发力，部分改革城市的住院率有所下降，医保基金实现了收支平衡。以往，一些城市每到年底，医疗机构总是反映医保总额不足，导致患者住院困难。支付方式改革后，医保与医院建立了协商谈判机制，形成了以医疗服务结果为导向的合理支付模式，既保证了不需要住院的患者不再低标准入院，又确保了确实需要住院的患者能够顺利住院。

当然，医疗问题非常复杂，医疗技术也在快速进步。医保支付政策肯定存在与医疗实际不匹配、落后于临床发展的情况。为此，国家医保局认真研究分析，积极回应地方和临床需求，持续对 DRG/DIP 分组方案进行优化调整，目前已经组织专家研究制定了 DRG 2.0 版和 DIP 2.0 版，以确保医保支付方式更加科学、合理，更好地促进医疗、医保、医药协同发展和治理。

二、药品、器械供应环境

（一）药品零差价

药品零差价是指医疗机构或药店在销售药品时，以购入价直接卖给患者。这些医疗机构或药店通常会获得政府的补贴。在药品零差价政策下，医疗机构与药店出售相同药品的价格应保持一致。随着医疗改革的深入，药品集中采购政策在全国范围内逐步推广。这一政策旨在通过政府主导的大规模采购，降低药品价格，从而减轻患者的经济负担。

制定"药品零差价"政策的直接目标是减少药品销售过程中过多的中间流通环节，从而降低虚高的药价。然而，药价高的根源并不完全在于此，流通环节过多只是导致药价虚高的原因之一。

（二）器械集中采购

随着医疗领域改革工作的推进，大家对"带量集采"越来越熟悉。带量集采不仅包括常见病、慢性病治疗所需的药品，还涉及心脏支架、人工关节等医用耗材。

以骨科为例，目前骨科常用的创伤类、脊柱类、关节类、运动医学类高值耗材已实现全覆盖。这些高值耗材的手术方式包括开放手术和微创手术，操作难度较大，需要医生不断学习和掌握新技术，因此对相关耗材的需求也很大。此外，骨科耗材单价较高。例如，人工关节，最初一套的价格可能在 3 万元到 5 万元之间。

经过三四年的时间，通过国家集采及联盟集采的方式，骨科高值医用耗材已实现完全覆盖。医药集采通过集中采购和价格谈判等方式，能够有效降低药品和耗材价格，减轻患者的经济负担。同时，由于采购量的增加，医疗器械生产企业能够获得更大的市场份额，从而实现规模经济，进一步降低成本。

集采能够有效地整合医疗机构的采购需求，避免资源的浪费和重复采购。同时，通过价格谈判和竞争机制，能够促进药品生产企业的优胜劣汰，推动医药产业的健康发展。医药集采的实施，需要药品生产企业具备一定的研发能力和市场竞争力。因此，这将促使药品生产企业加大研发投入，提高创新能力，推动医药行业的技术进步和产业升级。

2024 年 6 月，国务院办公厅印发了《深化医药卫生体制改革 2024 年重点工作任务》（以下简称《任务》）。《任务》提出，要推进药品和医用耗材集中带量采购提质扩面。开展新批次国家集采，对协议期满的批次及时开展接续工作。2024 年各省份至少开展一批省级（含省际联盟）药品和医用耗材集采，实现国家和省级集采药品数合计达到 500 个、医用耗材集采接续推进的目标；加强集采中选药品和医用耗材的质量监管；完善提升医药集采平台功能，加强网上采购监督，提高药品和医用耗材网采率。

三、中医药行业政策环境

中医药作为中华民族传统文化的重要组成部分，在疾病预防、治疗、康复等方面具有独特优势，受到广泛关注。近年来，中国中医药行业受到各级政府的高度重视和国家产业政策的重点支持。国家陆续出台了多项政策，鼓励中医药行业发展与创新，如《中药饮片标签撰写指导原则（试行）》《"十四五"中医药文化弘扬工程实施方案》《中医药振兴发展重大工程实施方案》等。这些政策为中医药行业的发展提供了明确、广阔的市场前景，为企业创造了良好的生产经营环境。2022年，国务院印发了《"十四五"中医药发展规划》，明确了"十四五"期间中医药发展的目标任务和重点措施。在国家利好政策的支持下，我国中医药产业呈现出蓬勃发展的态势。数据显示，2023年中医药市场规模从2022年的近4500亿元增至4800亿元，2024年有望突破5000亿元。

【思考题】

1. 请简要阐述DRG、DIP医保支付方式的意义。
2. 请简要阐述我国医疗药品供应政策现状。

第三节　卫生健康行业社会环境

学习目标

1. 熟悉我国卫生健康行业社会环境，充分了解职业与职业环境，制订合理的职业规划。
2. 了解我国人口结构变化环境、数字医疗发展环境、人民健康需求环境的基本现状。

一、人口结构变化环境

（一）老龄化加速

国家统计局数据显示，截至2023年底，我国60岁及以上人口达29697万人，占全国人口的21.1%；其中65岁及以上人口达21676万人，占全国人口的15.4%。另据央视新闻报道，到2035年左右，我国60岁及以上老年人口将突破4亿，占比将超过30%，届时我国将进入重度老龄化阶段。

老龄化是全社会面临的挑战，同时也是市场发展的重要机遇。2024年1月，国务院办公厅在《关于发展银发经济增进老年人福祉的意见》中指出，银发经济涉及面广、产业链长、业态多元、潜力巨大。老龄化催生的医疗和养老需求在未来30年将稳步增长。在全球经济和各行业发展中，很难再找到一个行业能与满足老龄化需求的行业相媲美。在当前充满不确定性的宏观环境下，银发经济受经济周期影响有限，并能始终保持稳健增长态势。

具体来看，在老龄化趋势下，医疗与养老相结合的需求增加，这或许正是未来重要的发展趋势和市场增长点。我国目前存在多种医养结合模式，包括：医中有养——医疗机构转型或增设老年康复护理或养老机构；养中有医——养老机构根据老年人的需求设立医务室；医养合作——医疗机构与养老机构开展合作；社区辐射——依托基层医疗机构或社区护理站提供服务等。

从医疗视角来看，基层医疗机构仍是医养结合的短板。我国养老已形成"9073"的格局，即90%左右的老年人居家养老，7%左右的老年人依托社区支持养老，3%的老年人入住机构养老。在大多数老年人选择居家和社区养老的情况下，基层医疗卫生机构成为医养结合的主阵地。然而，目前社区医结合服务供需矛盾突出，居家老人数量较多，基层医疗机构提供的服务还不够充分，同时其自身也面临资金、服务、人才等方面的挑战。

人口老龄化是医疗保障体系面临的一道重大命题。面对人口老龄化，我国医疗保障体系需要从以治病为中心向以健康为中心转变。进入21世纪，随着中国人口老龄化和疾病谱的变化，慢性病已经成为威胁老龄人口健康的主要因素。以慢性病为主要病症的老龄人口消耗了绝大部分的医疗资源，因此，以健康为中心是应对疾病谱变化和人口老龄化的必然选择。然而，由于"以治病为中心"的医疗卫生体制整体导向与老龄人口对"寿命长、能自理、心智明、无疾终"的健康长寿需求不相适应，"重治疗、轻预防""重过程、轻治愈""重治病、轻健康"的医疗、医保、医药问题仍然突出。

（二）社会生育意愿下降

近年来，我国新生儿出生数量呈快速下降趋势，从2016年的1846万降至2023年的902万，创下历史新低。值得注意的是，这一数据是在我国实施二孩、三孩生育政策之后的结果。然而，令人担忧的是，2023年我国的总和生育率仅为1.0，远低于发达国家的平均水平（1.5），甚至低于日本的生育率（1.3）。实际上，新生儿数量的快速下降将导致人口年龄结构失衡，即老年人口数量不断增加，而年轻人口数量却在减少。从长远来看，这不仅会影响我国年轻劳动力数量，还将给国内的消费需求、养老金发放，以及人口代际更替等方面带来一系列问题。

年轻人的生育意愿受到多种因素的制约，主要表现为"不敢生""没能力生"。其主要原因包括住房、教育、医疗和养老这四大问题。如果能够解决这些问题，我国新生儿数量有望迎来快速增长，这是我们期待的结果。首先，国内各地房价居高不下，导致许多年轻人买不起房，难以结婚，更别提生育下一代了。即便年轻人通过贷款购房，长期的房贷压力也会使他们选择少生或不生。因此，高房价对国内居民的生育率产生了不利影响。其次，教育和医疗支出也是制约年轻人生育意愿的重要因素。孩子上学和看病的费用居高不下，为了让孩子接受更好的教育，家长需要投入大量资金。同时，医疗费用的上涨也增加了生育的经济负担。

随着中国人口结构的变化、生育政策的调整，以及年轻人生育态度的转变，分娩量减少已成为不争的事实。这一变化直接导致了医院产科业务量的下降，进而影响医院的运营决策，产科医生的职业前景也面临严峻考验。妇产科关停潮对社会产生了深远的影响。对于孕产妇来说，这可能意味着她们需要到更远的医院就医，增加了就医的不便和经济负担。对于医疗行业来说，这可能加速产科医生的流失，影响医疗服务的连续性和质量。如何适应时代变迁，调整医疗服务模式，成为当前产科医生必须思考的重要问题。产科医生的呼吁并非孤立的现象，而是整个社会生育形势的反映。妇产科的困境，不仅仅是医疗领域的挑战，更是为了引起社会对生育意愿下降的深刻反思，促进社会的可持续发展。

二、数字医疗发展环境

数字医疗是指将现代数字信息技术应用于整个医疗过程的一种新型医疗方式，也是公共医疗的发展方向和管理目标。美国斯坦福数字健康中心认为，数字医疗包含以下5类数字医疗技术：人工智能、机器学习（包括深度学习、影像处理及高级分析等人工智能算法）；医疗信息化、基础设施及数据管理系统（如电子健康记录系统）；移动应用和网络应用（如SaaS平台、基于云的软件工具和社交应用）；新兴临床护理模式（如远程医疗、患者参与和医患互动等）；物联网硬件设备（如可穿戴设备、传感器等）。近年来，国家一直在鼓励和支持各方加大5G、大数据和人工智能等新一代信息技术在医疗行业的布局。"数字中国"建设的持续推进和人工智能的不断发展，将进一步推动医疗行业的数字化转型，提升数字医疗服务水平。

在数字经济不断推进的背景下，以5G、人工智能、云计算、大数据等为代表的数字技术发展迅速，并带动中国数字医疗市场规模快速增长。中商产业研究院发布的《2022—2027年中国数字医疗行业市场分析及投资风险趋势预测研究报告》显示，2022年中国数字医疗市场规模达1954亿元，近五年的年均复合增长率为30.73%。

随着技术基础设施的不断进步，信息技术与传统卫生健康行业的融合不断深化，推动了数字医疗服务的产品及服务模式的创新和升级。通过应用信息技术，不同级别的医院和医生能够实现顺畅的沟通与协作，患者也可以跨地区获得高质量的医疗健康服务。随着互联网的不断普及和人们健康意识的增强，数字医疗服务正被越来越多的用户认可和使用。近年来，我国政府相关部门陆续出台了支持数字医疗行业发展的相关政策，"互联网＋医疗"政策也逐渐明确和完善，为数字医疗行业的发展提供了有力支持，行业迎来了政策红利期。2022年5月，国家药品监督管理局发布的《药品监管网络安全与信息化建设"十四五"规划》提出，推动药品产业数字化、智能化转型升级，实现业务系统的全面云化部署，筑牢"物联、数联、智联"的药品智慧监管数字底座。

（一）远程医疗

远程医疗（Telemedicine）是指利用通信技术和计算机多媒体技术远距离提供医疗服务的活动，其本质是通过信息技术实现医疗技术和医疗服务的远距离对接、协同与共享。最早的远程医疗应用可以追溯到1935年，当时通过无线电台为远航船舶上的海员及乘客提供应急医疗咨询服务。通过信息技术与网络技术和医疗活动的紧密结合，远程医疗实现了医疗信息在不同地区、不同级别的医疗机构和医务人员之间的共享与交流。这使得边远、贫困地区在本地医疗技术和医疗水平相对落后的情况下，也能获得高级别医院和高水平医师的医疗服务指导，同时也为解决边远、基层地区的医疗资源不足问题提供了一条较好的途径。

由于我国幅员辽阔，各地医疗水平参差不齐，优质医疗资源主要集中在大城市的大医院，边远地区和基层医疗资源不足等问题突出。远程医疗作为解决这些问题的重要手段，受到我国政府、社会和公众的广泛关注。我国卫生健康行政部门先后印发了《关于推进医疗机构远程医疗服务的意见》和《远程医疗服务管理规范（试行）》。这些规范性文件对于引导、促进和规范远程医疗的发展发挥了重要作用。

时至今日，作为最初的医疗数字化形式，远程医疗仍在广泛应用并持续发挥作用。然而，随着互联网医疗、人工智能医疗等新兴技术的兴起，人们对远程医疗的关注已大不如前。

（二）互联网医疗

互联网医疗作为互联网技术和医疗技术结合的产物，已经成为人们保障健康的重要手段之一。它突破了传统远程医疗对医疗机构的限制，让医务人员能够通过互联网在医疗机构为不特定的患者提供服务（目前仍限于常见病、慢性病复诊患者）。对医疗数字化而言，这无疑是一次重大突破和飞跃。近年来，我国互联网医疗发展迅速。作为互联网与医疗交叉融合的前沿新事物、新业态，互联网医疗的概念和内涵始终处于动态调整过程中，目前仍未有权威的定义。由于缺乏官方明确定义，而在现实中互联网与医疗相关的交叉融合行为需要统一的称谓，因此不同的专家和学者从理论或实践的角度尝试对互联网医疗做出界定。早期曾将互联网医疗定义为以穿戴设备和互联网平台为载体，以信息技术为手段开展的医疗服务活动，包括互联网诊疗活动、互联网健康保健咨询服务、互联网诊疗辅助服务等。随着《互联网诊疗管理办法（试行）》和《互联网医院管理办法（试行）》的颁布施行，互联网医疗被明确划分为互联网诊疗和互联网医院诊疗两个方面。

从医疗数字化进程来看，互联网医疗合法性的确定是对远程医疗的重点突破。医疗作为与人的生命健康密切相关的特殊行业，一直受到严格监管。由于互联网医疗突破了传统远程医疗中两个或多个医疗机构之间进行医疗服务的限制，实现了医务人员通过互联网直接面对患者开展医疗服务，其合法性曾一度饱受争议，甚至在一定程度上限制了互联网医疗的发展。随着《中华人民共和国医师法》的颁布实施，我国首次在法律层面明确了互联网医疗的地位，终止了长期以来关于互联网诊疗是否属于亲自诊疗范畴、是否合法的争议。这一法律层面的明确，为医疗数字化打开了法治的大门，为互联网医疗的发展提供了合法性基础，对于互联网医疗及医疗数字化具有里程碑式的意义。

（三）人工智能医疗

进入 21 世纪后，得益于算法的进步、计算能力的快速发展，以及互联网提供的海量数据，人工智能领域实现了快速发展。医疗是人工智能应用最为深入的领域之一。早在 20 世纪 70 年代，美国匹兹堡大学的研究人员就开发了用于诊断内科复杂病症的软件"快捷医疗参考"。2014 年，IBM 与美国的安德森癌症中心、斯隆–凯特琳医院、克利夫兰诊所等合作打造的超级电脑医生"沃森"登上了医疗舞台。

虽然我国医学人工智能起步较晚，但发展迅速。特别是在新冠病毒疫情防控期间，我国人工智能医疗辅助诊断发展迅猛，多款医学人工智能产品成功上市，完成了从跟跑向并跑的转变，已经处于医学人工智能开发应用的第一梯队。如果将远程医疗和互联网医疗比作医疗服务提供者的"千里眼"和"顺风耳"，那么人工智能医疗则为医疗服务提供方提供了超强的网络虚拟大脑。人工智能对医疗的赋能能力，将超越以往任何时代，也将为医疗数字化进程注入强大的助推与引导力量。

三、人民健康需求环境

人民健康是社会文明进步的基础，也是民族昌盛和国家富强的重要标志。党的十八大以来，党中央把维护人民健康摆在更加突出的位置，发出了建设健康中国的号召。习近平总书记指出，要把人民健康放在优先发展的战略地位，以普及健康生活、优化健康服务、完善健康保障、建设健康环境、发展健康产业为重点，加快推进健康中国建设，努力全方位、全周期保障人民健康，为实现"两个一百年"奋斗目标、实现中华民族伟大复兴的中国梦打下坚实的健康基础。

医疗卫生服务体系承载着维护人民群众生命安全和身体健康的重要功能。党的十八大以来，以习近平同志为核心的党中央把保障人民健康放在优先发展的战略位置，高度重视医疗卫生服务体系改革发展，强化城乡三级医疗卫生服务网络建设。我国医疗卫生服务的公平性和可及性显著提高，服务质量和效率持续改善，人民群众看病就医的负担不断减轻，主要健康指标居于中高收入国家前列。党的二十大报告指出，我国已建成世界上规模最大的医疗卫生体系。

进一步完善医疗卫生服务体系，要坚持以人民健康为中心，坚持预防为主，坚持医疗卫生事业的公益性，推动医疗卫生发展方式转向更加注重内涵式发展、服务模式转向更加注重系统连续、管理手段转向更加注重科学化治理，建设中国特色优质高效的医疗卫生服务体系，不断增强人民群众获得感、幸福感、安全感。

（一）"治未病"需求

治未病是满足人民健康新需求的必然要求。治未病理念包含未病先防和既病防变两个方面，强调通过预防保健，防止疾病的发生、发展与传变。中医药在治未病方面具有独特优势，包括食疗、膏方、针灸、推拿、拔罐、穴位敷贴等手段。随着经济社会发展水平和人民生活水平的不断提高，人民群众不但要求看得上病、看得好病，更希望不生病、少生病。因此，医疗健康服务体系必须从防治分离的碎片化状态，转变为预防、治疗、康复一体化的新模式，全方位、全周期保障人民健康。据统计，我国 98%以上的三级公立中医医院和 89%以上的二级公立中医医院设置了"治未病科"。中医医院综合服务能力稳步提升，彰显了中医药治未病的特色优势，满足了人民群众多层次、多样化的健康需求。

（二）健康养老需求

当今世界经济社会发展环境已发生巨大变化，出现了诸多新理念、新方法、新技术，尤其是积极老龄观、整合照护理念等思想观念广泛传播、影响深入，逐步成为引导健康养老服务科学发展的共识，同时数字技术的加速发展，正在为健康养老服务发展注入新动能、提供新模式。这些新形势、新趋势为助推健康养老服务摆脱困境、实现高质量发展，创造了机遇、提供了条件。深入研究健康养老服务发展面临的新形势、新趋势，引导健康养老服务加快转型发展，对于推进健康养老服务高质量发展、积极应对人口老龄化，意义重大。

（三）慢病管理需求

慢性病主要是指以心脑血管疾病（如高血压、脑血管疾病）、糖尿病、恶性肿瘤、慢性阻塞性肺疾病、精神异常等为代表的一组疾病，具有病程较长、病因复杂、健康损害和社会危害性较大的特征。慢病管理是一项系统工程，涉及预防、诊断、治疗、康复等多个环节。当前，慢病管理存在诸多问题，如慢病知识普及率低、医疗资源分布不均、医疗服务水平参差不齐等。因此，慢病管理需求十分迫切，需要政府、医疗机构、社会和个人共同努力推进慢病管理工作。

【思考题】

1.针对人口老龄化趋势，医疗行业会发生哪些变化？

2.请谈谈数字医疗在大数据、人工智能背景下的具体内涵。

第四节　医生职业发展通道

学习目标

1.掌握我国医生专业发展通道与医生管理发展通道。

2.了解职业成长发展路径，制订合理的职业规划。

一、职称专业发展通道

医疗系列职称是医生的职称主序列，是医生职业发展的重要标志。医疗系列职称分为四个级别，即住院医师、主治医师、副主任医师和主任医师。其中，住院医师为初级职称，主治医师为中级职称，副主任医师和主任医师均为高级职称，分别对应副高级和正高级职称。职称越高，医生在本科室乃至医院的地位越高，相应的待遇也会提高。从住院医师晋升至主治医师，通常需要经过严格的培训和考核，时间短则5年，长则10年甚至更久，具体取决于个人的专业能力、工作表现及所在单位的晋升政策。

（一）住院医师

如果是本科毕业直接工作，第二年可以参加执业医师资格考试，取得执业医师资格后，医院聘其为住院医师，并给予注册医师执业证。具有处方权的医生必须具有执业医师资格＋注册医师执业证。医学院校学生毕业后通常从住院医师做起，在各个科室轮转，积累临床经验。住院医师工作满5年，才能获聘为主治医师。一般在第四年可以参加主治医师资格考试，考试通过后才能获聘为主治医师。

目前，医学专业学位的医学研究生实行"四证合一"，即硕士研究生毕业证＋硕士学位证＋医师资格证＋住院医师规范化培训合格证。科研学位的医学研究生只有硕士研究生毕业证和硕士学位证。专业学位的研究生入学第二年可以参加执业医师资格考试，考核通过后可以获得执业医师资格证。研究生一年级在学习基础课程的同时，同步进入住院医师规范化培训阶段，需要完成各个科室的轮转，规培考核通过后颁发住院医师规范化培训合格证。医学专业学位研究生在这个阶段的职责相当于住院医师。

（二）主治医师

经过一定年限的临床实践和考核，住院医师可晋升为主治医师，负责一定范围内的医疗工作，并开始具备一定的专科专长。目前，我国各大医院的主治医师评聘条件一般有以下几项要求。

1.本科毕业5年，获得住院医师规范化培训合格证书，通过医师中级职称（主治医师）考试，达到相应临床工作量及科研论文要求，予以评聘。

2.硕士研究生毕业2年，获得住院医师规范化培训合格证书，通过医师中级职称（主治医师）考试，达到相应临床工作量及科研论文要求，予以评聘。

3.博士研究生毕业，获得住院医师规范化培训合格证书（有的医院不要求），通过医师中级职称（主治医师）考试，聘任为主治医师。

（三）副主任医师

主治医师从事本专业医疗工作满5年，或博士研究生从事本专业医疗工作满2年，达到相应临床工作量及科研论文要求，参加人事部门组织的评审，择优聘任。

副主任医师属于高级职称序列，一般称为专家。在项目获取、干部任用等方面具有较大空间。在学术和临床能力上进一步提升，可承担更复杂的病例和指导下级医生。

（四）主任医师

副主任医师工作满5年，达到相应临床工作量及科研论文要求，参加人事部门组织的评审，择优评聘。

主任医师为医疗最高职称，代表医生在专业领域的最高水平，承担重要的学科建设任务和人才培养工作。

二、职能管理发展通道

医生专业管理通道包括医疗组组长、科主任、院长等职务。

（一）医疗组组长

医疗组组长的核心职责是全面负责医疗组的工作，包括下级医师的工作安排、带教下级医师、严格执行手术分级管理规定、保障医疗质量与安全、处理医疗纠纷等。医疗组长是患者医疗质量和安全的第一责任人，也是医疗组绩效管理的第一责任人。具体来说，医疗组组长需要负责的工作包括：安排下级医师的工作，并负责带教他们，确保他们能够熟练掌握医疗技能；保障医疗质量和安全，严格执行手术分级管理规定，确保所有医疗行为符合规范；进行医疗组的绩效管理，根据医疗质量、效率、费用对医疗组组员进行绩效考核与动态评估。

医疗组组长在医疗团队中扮演着至关重要的角色。他们是医疗质量和安全的第一道防线，确保所有医疗行为都符合规范和标准。他们的专业能力和责任心直接影响到整个医疗团队的工作效率和患者满意度。在紧急情况下，医疗组组长需要迅速做出决策，确保患者得到及时有效的治疗。

（二）科主任

科主任是指医院某科室的行政负责人，全面负责本科室的工作，对医疗、保健业务的开展，医疗、保健质量的提升，科室管理，职工队伍整体素质的提高，以及医院文明建设负有直接领导责任。

科主任负责管理和监督本科室的医生、护士和其他工作人员，确保他们按照医院规定和标准提供医疗服务。根据医院目标和政策，科主任需要制订本科室的发展计划和年度工作计划，并定期对工作进行总结和评估。科主任需要协调本科室的医生、护士和其他工作人员，为患者提供全面、有效的医疗服务，包括患者接待、治疗方案制定、病情观察等。科主任需要与医院其他科室、上级领导和患者进行良好的沟通和协调，确保本科室工作得到各方面的支持和配合。

总之，科主任是一个具有挑战性和高度责任感的职位，需要具备丰富的专业知识和技能，以及出色的领导和管理能力，才能带领科室实现更高水平的发展。

三、非临床类职能管理

非临床类职能部门通常包括医院党政管理部门、人事财务部门、后勤保障部门等，这些部门的人员构成一般包括部门干事、副科长（副主任）、科长（主任）等。其晋升发展主要依据工作年限、工作表现、岗位匹配度，以及胜任力等因素。

【思考题】
1. 请简述医生的职业发展通道有哪几类。
2. 请结合实际案例，谈谈主任医师的成长晋升需要哪些条件。

第五节 职业人物访谈

学习目标

了解职业人物访谈的概念和作用，并能够根据所学独立开展职业人物访谈。

一、职业人物访谈的概念和作用

职业人物访谈是通过与一定数量的职场人（通常是自己感兴趣的职业从业者）交流而获取关于一个行业、职业和单位"内部"信息的一种生涯体验活动，也是一种职业生涯探索行为。

职业人物访谈是大学生职业选择和职业定向的一个重要平台，也是在校期间职业生涯规划的重要环节，更是获取职业信息的有效渠道。职业人物访谈能帮助求职者（尤其是在校大学生）了解和认识社会需求、职业需求、职业环境和基本状况，检验和印证通过其他渠道获取的信息，并获取一些无法通过大众传媒和一般出版物获得的信息，如潜在的入职标准、核心素质要求、晋升路径和工作者的内心感受等。通过职业人物访谈，在校大学生能够正确认识自己的优势和不足，从而制订更加合理的大学学习、生活和实习实践计划。

二、医学生职业人物访谈的对象

职业人物的职业应是自己向往的，或者自己有意愿了解并尝试的。通过开展访谈，可以进一步了解目标职业的情况。但需要注意的是，职业人物访谈不应被视为获得"雇主"面试机会的途径。在选择职业人物时，应确保其结构合理，既要考虑自身爱好与专业的相关度，也要考虑职位与年龄的分布，从而确保访谈对象既具备代表性，又具备针对性。职业人物的选择应涵盖初入职场的人士、工作了一定年限的中高层人士，以及管理层或人事部门的人员。在选择访谈对象时，可以将各个层次的人员都纳入其中，以便全面了解目标职业。

医学生开展职业人物访谈时，可以参考医学生的主要就业领域，如各级医疗机构的临床医生、卫生健康管理部门的工作人员，以及医药领域的科研人员等。在选择一线医生作为访谈对象时，可以根据科室进行细分，如内科、外科、妇科、儿科等，因为不同科室面临的工作任务和挑战各不相同。此外，还可以根据所服务的医疗机构的级别进行划分，如三甲医院医生、社区卫生院医生、乡村医生等。

除了医生职业外，医学生的就业选择其实是非常丰富的。上述提到的医疗机构管理人员、科研机构研究员，以及医科院系教师等，都可以成为医学生了解未来职业方向的职业人物访谈对象。

三、职业访谈人物示例

职业人物访谈需结合目标职业信息设计访谈提纲和问题。对职业人物的访谈可以围绕以下要点进行：行业、单位名称、职业（职位）、工作的性质和类型、主要内容、工作地点、工作时间、任职资格、所需技能、市场前景、行业相关信息、工作环境、工作强度、福利薪酬、工作感受、员工满意度等。

访谈的具体问题应根据访谈者和职业人物的具体情况来设计。并不是每一个访谈对象都需要问到提前准备好的所有问题，而是应根据不同的访谈对象有所侧重。设计的问题可以是封闭式问题，也可以是开放式问题，但应以开放式问题为主、封闭式问题为辅。这样既能节约时间，又能得到更深入、更全面的答案。

（一）开展职业人物访谈的主要内容

1. 工作性质、任务或内容。

2. 工作环境与就业地点。

3. 所需教育、培训或经验。

4. 所需个人资格与技能。

5. 收入或薪酬范围、福利待遇。

6. 工作时间和生活状态。

7. 相关职业和就业机会。

8. 未来展望。

（二）访谈具体参考问题

1. 您是如何选择现在的工作的？您最看重的是什么？您是否获得了您想要的？

2. 您是如何找到这份工作的？

3. 在这个岗位上，您每天都做些什么？能否描述一下一个典型的工作日？

4. 近年来，这项工作因科技、市场、竞争等大环境发生了什么变化吗？您如何看待该行业未来的变化趋势？

5. 为了找到这份工作，您在校期间做了哪些准备和努力？（适用于新入职场 2 年以内、刚离开校园不久的访谈对象）

6. 目前，行业内要求从事这份工作的人通常具备什么样的教育背景？对学历、专业、学校等有什么具体要求吗？

7. 您认为专业背景（或实习经历等）对从事这项工作重要吗？××专业的毕业生是否更适合这个职业？

8. 您认为做好这份工作应该具备哪些知识、技能和经验？

9. 您认为什么样的个人品质、性格和能力对做好这份工作是重要的？与其他工作相比，这项工作对个人品质、性格和能力的要求有何不同？

10. 对职场人士来说，您觉得在 ×× 和 ×× 两个城市工作的主要差异是什么？

11. 在工作中，您曾经遇到过什么样的困难？您是怎么解决的？最后达到什么效果？

12. 您个人职业生涯中的主要成就是什么？

13. 在未来的 6～12 个月中，您会面临哪些主要挑战？您将如何应对？主要障碍有哪些？

14. 您所在行业的职业发展路径是怎样的？

15. 就您的工作而言，您最喜欢什么，最不喜欢什么？

16. 您认为这份工作的哪个部分最让您满意，哪部分最有挑战性？

17. 您认为本行业初级和中级职位的待遇和福利大概是什么样的？

18. 您认为本行业未来潜在的有利因素和不利因素分别是什么？

19. 针对医学专业就业，您有什么建议给在校同学？

【示例】

访谈对象：浙江省某医院麻醉科主任。

问：在您眼里，麻醉科医生的工作是怎样的？

答：麻醉科医生的工作节奏快、压力大、工作负荷重。无论是否在手术台上，都需要时刻保持高度专注。由于手术过程中存在诸多不确定性，麻醉科医生常常会面临各种危急情况，因此必须具备强大的抗压能力，并与手术团队紧密合作，共同解决问题。

问：您觉得成为一个麻醉科医生需要具备哪些素质？

答：首先，身体素质要好，生理和心理的抗压能力要强，这样才能应对高强度的工作。其次，在遇到紧急情况时，要保持冷静，快速做出决策，并与团队协作攻克难题。此外，科研能力也很重要，需要保持科研思维和良好的学习习惯，不断提升自己的专业水平。

【思考题】

1. 作为医学生，你能够访谈的职业人物有哪些？

2. 针对目标职位的在岗医生，你有哪些访谈问题？

第五章

学业规划

第一节 医学生学业规划概述

学习目标

1. 熟悉国内外医学生的培养目标，掌握医学生应当具备的综合素质和能力。
2. 了解医学生学业规划的基本内涵和重要性，形成对学业规划的科学认知。

一、医学生学业规划的基本概念

（一）学业规划的内涵

医学生学业规划有狭义和广义之分。从狭义上来说，学业规划主要是指医学生为完成培养院校既定的专业人才培养目标，顺利取得毕业资格而进行的可量化的专业学习、综合素质测评等任务。从广义上来看，学业规划是职业生涯规划的准备阶段，是医学生在全面认知自我的基础上，深入分析并正确认识外部环境，确定职业生涯目标，制订大学期间的学业计划，并为之努力奋进的过程。

医学生学业规划，是在职业规划的基础上发展起来的，是基于职业生涯的长远目标并立足于大学实际，实现个人可持续发展的系统性工程。它既可以为职场培养专业人才，又可以全面提升学生的综合素质和能力，对医学生实现个人成长至关重要。

（二）学业规划的必要性

1. 就业形势严峻，竞争激烈 在当前的就业市场环境下，增强医学毕业生的竞争力是科学学业规划指导的核心目标。以临床医学专业为例，其本科毕业生的就业率在过去五年中呈现出下滑趋势。2019年，临床医学本科毕业生的就业率高达94%，远超全国本科毕业生的平均就业率。然而，到2023年，这一比例下降至84%，低于全国本科毕业生的平均就业率。其原因主要有两个方面：一是随着高等教育大众化的推进，本科专业招生规模不断扩大，导致毕业生人数显著增加。与此同时，医院的人员配备已相对饱和，岗位需求量有限，从而造成了毕业生与就业岗位之间的供需失衡。二是医疗行业的竞争日益激烈，优质医院及薪资水平合理的岗位大多要求应聘者具备硕士研究生及以上学历。这使得考研升学逐渐成为医学本科毕业生的主流选择，进一步加剧了就业市场的竞争态势。

2. 医学生主体规划意识不强 与高中阶段相比，大学的学习生活更加丰富多彩，其评价指标也更为多元。这种多元化的评价体系虽然为学生提供了更广阔的发展空间，但也容易使医学生对自身学业的重视程度有所下降。部分学生不再将学业成绩作为唯一的评价标准，从而在学业要求上有所放松。此外，大多数学生及家长在高考填报专业志愿时，往往缺乏对医学专业的深入了解。这导致学生在进入大学后，在具体学业规划上缺乏明确的目标和可操作的方案，不知道如何进行有效的规划。

3. 学业规划指导是大学生职业生涯理论与实践成效的体现 学业规划是职业生涯发展规划的序曲。学业规划指导重在实践，其通过明确学习内容、方法、时间和地点等问题，培养具备一定职业竞争力的高素质医学人才，从而提升医学生的职业成长速度，是促进其职业生涯阶段目标实现的有力支撑和成效体现。

（三）如何进行科学的学业规划

学业规划是每一位医学生在大学阶段实现自我发展、自我提升和自我完善的关键路径。要制订科学合理的学业规划，学生首先需要深入了解医学专业的内涵，理解所在院校的专业人才培养模式，并不断提升对医学专业的整体认知。医学是一个涵盖范围广泛且不断发展创新的学科。它不仅包括传统医学，还涵盖了基于"生物－医学模式"的近代西医学，以及随着后基因组时代系统生物学的兴起而逐渐形成的系统医学。通过增加对医学专业的了解，学生能够在整个求学过程中更加科学地进行学业规划，设定切实可行且具有挑战性的目标，并为之持续努力奋斗。

二、医学人才培养目标

（一）人才培养目标

1. 人才培养目标的内涵 高校人才培养目标是基于国家教育方针、大学的性质与使命，结合经济社会发展对人才的需求，以及人才成长与教育教学规律而制定的。它明确了大学生成长与发展的价值观、知识结构、能力结构和素质结构等方面的目标、标准和要求。人才培养目标是专业和课程设置的基本依据，是高校人才培养活动的总纲领。它指导高校制订具体的人才培养方案和教学计划，设置课程体系，确立教学内容，制定相应的教学管理制度，组织实施教育教学活动及建立人才培养目标的实施体系、反馈系统和评价体系等。

2. 我国关于"培养什么样的人"的重要论述 2019 年 3 月，习近平总书记在全国学校思想政治理论课教师座谈会上，对新时代党的教育方针进行了系统阐述，强调要"培养德智体美劳全面发展的社会主义建设者和接班人"。此前，党的十九大报告也明确指出："要全面贯彻党的教育方针，落实立德树人根本任务，发展素质教育，推进教育公平，培养德智体美全面发展的社会主义建设者和接班人。"在党的二十大报告中，习近平总书记再次强调："全面贯彻党的教育方针，落实立德树人根本任务，培养德智体美劳全面发展的社会主义建设者和接班人。"

（二）医学人才培养的国际观

1. 未来"五星级医生" 1992 年，世界卫生组织（WHO）的 Boelen 博士首次提出了"五星级医生"的概念。这一概念指出，未来的医生必须具备以下五方面的能力。

（1）能够评价和改善卫生保健质量，响应患者的卫生保健需求，将预防、治疗和康复服务有机结合。

（2）从伦理、成本和患者的利益出发，合理利用新技术。

（3）通过沟通技巧和个人、集体的努力，促进健康生活方式的形成。

（4）协调个人与社区的卫生保护需求，平衡患者的期望与整个社会的短期期望和长期期望。

（5）能够在卫生部门内部，以及与卫生服务相关的社会经济部门之间进行有效合作。

2. 本科医学教育"全球医学教育最低基本要求" 1999 年，国际医学教育组织（Institute for

International Medical Education，IIME）成立，并制定了本科医学教育"全球医学教育最低基本要求"（Global Medical Education Requirements，GMER）。GMER旨在规范全球医学院校培养医学生所必须具备的基本素质，涵盖七个主要领域的核心能力。

（1）职业价值、态度、行为和伦理　敬业精神和伦理行为是医疗实践的核心。敬业精神不仅包括医学知识和技能，还包括对一组共同价值的承诺、自觉地建立和强化这些价值，以及维护这些价值的责任等。医科毕业生必须证明他们已达到以下几点：

①认识医学职业的基本要素，包括道德规范、伦理原则和法律责任。

②拥有正确的职业价值观，如追求卓越、利他主义、责任感、同情心、移情、负责、诚实、正直和严谨的科学态度。

③理解医生在促进、保护和强化医学职业基本要素中的责任，以保障患者、专业和社会的利益。

④认识到良好的医疗实践依赖于尊重患者福利、文化多样性、信仰和自主权，以及医生与患者及其家庭之间的相互理解。

⑤具备解决伦理、法律和职业问题的能力，包括应对经济限制、卫生保健商业化和科学进步引发的冲突的能力。

⑥具备自我调整能力，认识到自我完善的重要性，以及个人知识和能力的局限性。

⑦尊重同事和其他卫生专业人员，能够与其建立积极的合作关系。

⑧认识到提供临终关怀的道德责任，包括缓解症状。

⑨了解患者文件、知识产权、保密和剽窃等伦理和医学问题。

⑩能够规划和管理自己的时间和活动，适应不确定性，应对各种变化。

⑪明确对每个患者的医疗保健所负有的个人责任。

（2）医学基础知识　医学毕业生必须具备坚实的医学基础知识，并能够将其应用于解决医疗实际问题，因此必须懂得医疗决策和行动的各种原则，并且能够因时、因事做出必要的反应，具体内容有以下几点：

①掌握人体作为一个复杂的、具有适应性的生物系统的正常结构和功能。

②理解疾病发生时机体结构和功能的异常改变。

③了解影响健康和疾病的各种因素，包括遗传、环境、社会、心理和文化因素，以及人类与自然和社会环境的相互作用。

④掌握维持机体平衡的分子、细胞、生化和生理机制。

⑤理解人类生命周期中生长、发育、衰老对个人、家庭和社会的影响。

⑥掌握急、慢性疾病的病因学和发生发展过程。

⑦熟悉流行病学和卫生管理。

⑧了解药物作用原理及不同治疗方法的效果，并能够在疾病防治、康复和临终关怀中合理应用各种干预措施。

（3）沟通技能　医生应当通过有效的沟通创造一个便于与患者、患者家属、同事、卫生保健队伍其他成员和公众之间进行相互学习的环境。为了提高医疗方案的准确性和患者的满意度，医学毕业生必须做到以下几点：

①具备倾听能力，能够收集和综合信息，并能理解其实质。

②能够运用沟通技巧，对患者及其家属有深入的了解，并使其能以平等的合作者身份接受医疗方案。

③能够有效地与同事、教师、社区、其他部门及公共媒体进行沟通和交流。

④通过有效的团队协作与医疗保健的其他专业人员共事。

⑤具备教学能力和积极的态度，对文化和个人因素保持敏感性。

⑥能够进行口头和书面沟通，建立并妥善保管医疗档案。

⑦能够综合并向听众介绍适合其需要的信息，讨论解决个人和社会重要问题的可达到的和可接受的行动计划。

（4）临床技能　医学毕业生在诊断和处理病例时必须讲求效果和效率。为此，毕业生必须做到以下几点：

①能够采集包括职业卫生在内的病史资料。

②进行全面的体格和精神状态检查。

③运用基本诊断技术和规程，对获得的观察结果进行分析和解释，确定问题的性质。

④运用循证医学的原则，在挽救生命的过程中采用恰当的诊断和治疗手段。

⑤进行临床思维，确立诊断和制订治疗方案。

⑥识别危及生命的紧急情况，处理常见的急症。

⑦以有效、高效和合乎伦理的方式对患者进行健康促进和疾病预防。

⑧对患者的健康问题进行评价和分析，指导患者重视生理、心理、社会和文化因素对健康的影响。

⑨合理使用人力资源、各种诊断性干预措施、医疗设备和卫生保健设施。

⑩发展独立、自我引导的学习能力，以便在职业生涯中更好地获取新知识和技能。

（5）群体健康和卫生系统　医学毕业生应明确自身在保护和促进人类健康中所肩负的重要使命，并具备采取相应行动的能力。他们需要熟悉卫生系统的组织架构及其经济和立法基础，并对卫生系统的有效性和高效管理有基本的理解。具体而言，毕业生应做到以下几点：

①掌握对群体健康和疾病起重要作用的因素，包括生活方式、遗传、人口学、环境、社会、经济、心理和文化等因素。

②理解在预防疾病、伤害和意外事故，以及维持和促进个人、家庭和社区健康中应起的作用和可能采取的行动。

③了解国际卫生状况，具有社会意义的慢性病的发病和死亡的全球趋势，迁移、贸易和环境等因素对健康的影响，以及国际卫生组织的作用。

④认识到其他卫生人员和与卫生相关的人员在向个人、群体和社会提供卫生保健服务中的作用和责任。

⑤理解健康促进干预需要各方共同负责，包括接受卫生服务的人群和卫生保健各部门及跨部门的合作。

⑥了解卫生系统的政策、组织、筹资、成本控制和管理原则。

⑦了解保证卫生保健服务公平性、效果和质量的机制。

⑧在卫生决策中运用国家、地区和当地的调查资料，以及人口学和流行病学资料。

⑨在卫生工作中，当需要和适宜时，乐于承担领导职务。

（6）信息管理　医疗实践和卫生系统的管理高度依赖持续更新的知识和信息。随着计算机和通信技术的不断进步，这些技术已经成为教育、信息分析和管理的重要工具。通过使用计算机系统，医生能够更高效地从海量文献中检索信息，并对患者的资料进行深入分析和整合。因此，医学毕业生必须深入了解信息技术和知识管理的用途及其局限性，并能够将这些技术合理应用于医疗问题的解决和决策过程中。具体而言，毕业生应具备以下能力：

①能够从不同的数据库和数据源中检索、收集、组织和分析卫生和生物医学信息。

②能够从临床医学数据库中检索特定患者的信息。

③能够运用信息和通信技术辅助诊断、治疗和预防，以及对健康状况进行调查和监控。

④了解信息技术的运用及其局限性。

⑤保存医疗工作记录，以便进行分析和改进。

（7）批判性思维和研究　医学毕业生必须具备对现有知识、技术和信息进行批判性评价的能力，这是解决医疗问题的关键。为了保持执业资格，医生需要持续更新自己的医学知识和技能。良好的医疗实践离不开科学的思维方式和方法。因此，医学毕业生应具备以下能力：

①在职业活动中表现出有分析批判精神、有根据的怀疑、创新精神和研究态度。

②理解根据从不同信息源获得的信息在确定疾病病因、治疗和预防中进行科学思维的重要性和局限性。

③应用个人判断分析和评论问题，主动寻求信息而不是等待别人提供信息。

④根据获得的相关信息，运用科学思维去识别、阐明和解决患者的问题。

⑤理解在医疗决策中应考虑问题的复杂性、不确定性和概率。

⑥提出假设，收集并评价各种资料，从而解决问题。

总之，完成本科医学教育的毕业生应具备以下专业能力：①在各种环境中敏锐地关注并领会患者需求，在卫生保健监控下提供高质量的医疗服务的能力。②将疾病和损伤的处理与健康促进、疾病预防相结合的能力。③在医疗团队中协作共事，并在必要时承担领导职责的能力。④对患者和公众进行有关健康、疾病和危险因素的教育、建议和咨询的能力。⑤认识到自身不足，进行自我评估和同行评估，并通过自我引导的学习，在职业生涯中持续不断自我完善的能力。⑥在维护职业价值和伦理的最高准则的同时，适应疾病谱的变化、医疗实践条件和需求的演变、医学信息技术的发展、科技的进步，以及卫生保健组织体系变化的能力。

3. 美国医学院协会（AAMC）报告　自20世纪90年代以来，美国医学教育研究者愈发关注未来医生的培养。为了明确未来医生应具备的素质，美国医学院协会（AAMC）于1996年成立了医学院校医学生学习目标专题研究小组（Medical School Objectives Project，MSOP）。MSOP项目旨在通过广泛的医学教育界的共识，明确医学生在毕业时应具备的知识、技能和态度，并为各医学院校制订学习目标提供指导。

根据MSOP报告，医学生必须具备以下基本素质：

（1）医生必须是利他主义者　医学院校必须确保医学生在毕业前达到以下目标：掌握医学伦理学的基本知识，能够将其应用于医疗实践；对患者展现出同情心，尊重他们的隐私和尊严；为人应诚实正直，尤其在与患者家属、同事及其他相关人员交往时，应保持诚信；理解并尊重其他医疗保健专业人员的作用，并在治疗患者和促进群体健康中与他们有效合作；始终将患者利益置于首位；理解医疗实践中因财政和机构安排而产生的利益冲突对医学专业的潜在威胁；正确认识自己，树立终身学习的思想，不断更新知识、提高技能。

（2）医生必须具有渊博的知识　医学生在毕业前应达到以下目标：掌握正常人体结构、功能及其主要器官系统的知识；掌握维持人体平衡的分子、生化和细胞机制的知识；掌握各种病因（如遗传、发育、代谢、毒理、微生物、自身免疫、肿瘤等）和疾病在人体内的发病方式（病原学）；掌握人体异常结构和功能及其主要器官系统的知识；理解科学方法在病因学中的作用，理解传统和非传统治疗方法的有效性；理解终身学习的必要性，以便与相关科学的进步保持同步，尤其是在遗传学和分子生物学领域。

（3）医生必须掌握必要的临床技能　医学生在毕业前必须达到以下要求：具备获取准确病史的能力，涵盖患病过程的所有基本方面，以及患者的年龄、性别和社会经济状况；能够进行全身和局部器官的系统检查，包括精神状态的检查；掌握常规临床操作技能，如静脉穿刺、静脉插管、动脉穿刺、胸腔穿刺、腰椎穿刺、插鼻胃管、插导尿管和伤口缝合等；具备解释诊断结果的能力；掌握常见疾病的临床表现、实验室检查、影像学检查和病理学表现方面的知识；在解决临床问题时，具备演绎推理能力；能够为急性和慢性病患者制订合理的处理方案（包括诊断和治疗）；对有心脏病、肺病和神经系统疾病的患者，能够迅速做出诊断并采取合适的治疗方法；对急诊患者，能够快速诊断并制订初步处理方案；掌握缓解患者痛苦的知识；具备与患者、患者家属、同事、医生及其他相关人员进行有效沟通的能力，包括口头和书面形式。

（4）医生必须尽职尽责　医学生在毕业之前应达到以下要求：掌握与疾病发展或持续相关的非生物学因素的知识，包括不良卫生条件、经济状况、心理因素、社会环境和文化背景等；熟悉特定人群中常见疾病的流行病学知识，以及用于减少疾病流行和影响范围的系统方法；具备识别导致疾病或伤害的因素的能力，能够选择合适的检查方法确定患者所患疾病或在早期阶段确诊，并制订合适的治疗策略；具备检索电子数据库和其他资源的能力，能够处理和利用生物医学信息以解决问题和做出决策，用于治疗患者和促进群体健康；了解各种医疗机构、财政安排和医疗保健系统的运作情况；承诺为无支付能力的患者提供医疗服务，为缺医少药的人群提供医疗保健支持。

（三）新时代国内医学人才培养目标

经过高等教育的培养，医学生将成为肩负人类生命与健康重任的"白衣战士"，其工作的重要性和特殊性不言而喻。现代医学模式要求医务工作者必须具备高素质，因此，培养全面发展的医学生已成为高等医学教育的当务之急。

医学生培养目标作为医学教育的基本出发点和归宿，具有明确的方向性。它不仅为人才培养绘制了蓝图，还为课程目标的制订、课程设计、课程实施，以及课程评价提供了充分的依据。

当今社会，能力和素质是医学人才生存与发展的关键支撑。医学生综合素质和能力的发展不仅是新时代高等医学教育发展的必然要求，也是适应现代医学模式转变和医疗卫生事业发展的迫切需要。高等医学教育的社会功能和价值在于为社会培养具有综合实践能力、利他精神、人文精神和高度责任心的医学人才。

随着医学模式从传统的生物医学模式向生物－心理－社会医学模式转变，高等医学教育必须改革传统的教育观念。医学生的培养模式应从单纯的专业知识教育转向专业知识、人文知识和医学伦理等相互渗透的综合素质教育模式。医学生必须具备人文精神、科学精神，以及"知识－能力－素质"三位一体的综合素质，才能更好地适应当今社会发展的需要。

三、医学生综合素质能力的培养

（一）医学生应当具备的综合素质与能力

1. 人文道德素质　人文素质包括基本的思想素质、文化心理素质和情感智慧素质。随着知识经济的快速发展和社会信息化浪潮的兴起，现代医学要求医学生具备广阔的视野、活跃的思想、敏锐的思维，以及较强的应变能力。因此，医学生必须具备一定的哲学、历史、语言、文学、政治、经济等人文社会科学方面的基础知识和修养，并且能够应用人文知识对医学实践及现实生活进行客观、科学的认识与判断。

2. 科学创新素质　科学创新素质包括科学视野、科学精神和科研能力等。科学研究素质是创造能力的基础，医学生创造潜力的激发与调动取决于其科学研究素质的培养和形成。只有具备扎实的科学研究素质，医学生才能更好地参与科研活动，培养独立思考和创新思维能力。医学生应具备科学研究能力、信息利用能力、开拓创新能力、合作能力，以及终身学习能力。此外，他们应具备较强的临床实践能力和对人群进行预防保健的能力。

3. 专业技能素质 专业技能素质包括临床思维能力和临床实践能力。其中，临床思维能力是医学生运用医学知识、自然科学知识，以及社会与行为科学知识，对患者的症状、疾病史、检查结果和体征等数据进行综合、多元且系统性分析的能力。这种能力使医学生能够透过疾病的现象，洞察疾病的本质，并结合患者的具体情况，制订出最优的诊断、治疗和康复方案。

4. 身体素质 身体素质是指具备健康的体格，拥有全面发展的体魄，以及适度的身体灵活性、耐力和适应力。同时，良好的卫生习惯和规律的生活方式也是身体素质的重要组成部分。

5. 法律素质 医学生应具备扎实的法律知识和强烈的法律意识，能够清晰地认识到自身所拥有的权利和应履行的义务。医学生需要自觉以法律为准绳，规范医生与患者之间的权利和义务关系，确保依法行医。

（二）医学生综合素质能力的培养路径

1. 创新人文素质教育内容 将人文素质教育纳入整个医学课程体系，构建具有医学特色的教育内容。结合医学生的特点和临床实际需求，强化伦理学、法学、心理学等人文学科的教学与理论讲座，增设文化、艺术、历史等选修课程。通过这些课程，使学生全面接受心理、社会、医学伦理、医事法学等方面的人文学科教育，培养学生深厚的人文情怀。同时，加强与教学实习基地的联系，使实习基地不仅是医学知识和技能的学习场所，也成为人文理论和道德的培训基地。

2. 加强临床思维训练 临床思维能力是医学生极为重要的能力之一，其培养贯穿课堂教学、示教、见习、实习和病例讨论等多个教学环节。在课堂教学中，以问题为导向，开展启发式教学，教师需讲透重点、疑点和难点，同时鼓励学生发挥学习主动性，培养其自学能力、独立思考能力和思辨能力。通过典型病症患者的临床诊断示教，学生能够掌握科学的临床思维模式和思维程序，进而提升综合分析能力，提高诊断与鉴别诊断的水平。见习与实习作为医学生学习的关键环节，学生应将其视为岗前培训，学校则需明确要求、统一内容、严格管理，以确保教学效果。病例教学是学生从课堂迈向临床的必经之路，为拓宽学生的学习思路，应适时、适当地安排病例教学。病例的选择应涵盖常见病、多发病、疑难病、复杂病和误诊病例，组织学生展开讨论，以此开阔学生视野，为学生提供更多的实践锻炼机会。通过这种方式，培养学生分析病情和处理病症的学习兴趣和思维方法，同时锤炼学生一丝不苟的精神和培养其至高无上的医德。

3. 强化临床技能训练 临床技能的提高不仅依赖于课堂教学、示教、见习、实习和病例讨论等教学环节，还需要增加实践操作和反复训练的机会。

首先，切实加强学生的示教和实习。在教学过程中，必须使教师和学生充分认识到示教和实习的重要性、必要性和具体要求。在实习前，学校应与承担教学任务的相关人员积极沟通，制定全面、详细、科学、具体的临床见习和实习教学大纲及指导书。当学生进入医院实习时，应明确每一次示教的要求、内容、方法和地点。

其次，坚持临床实习出科考试制度。近年来，随着高校扩招和就业竞争的加剧，学生的学习积极性受到社会某些非正常现象的冲击，学校的教学质量和学生的整体素质呈现滑坡趋势。因此，临床实习出科考试必须进行有针对性的改革。考试应包括理论和操作两个基本部分。理论考试除涵盖书本知识外，还应增加病例分析；操作考试则应包括临床常规操作。学校可在考试的方法、内容和形式等方面进行改革探索。

最后，组织社会实践活动。利用课余时间，以学生社团或学生自发组织的形式，深入社区、厂矿、中小学校等，开展医疗咨询、体格检查、健康教育和卫生讲座等活动。通过这些活动，学生可以进一步熟悉社会、联系实际，激发学习的自觉性和积极性，同时提高责任感和事业心。

4. 重视创新能力培养　创新是推动社会进步的灵魂，也是国家发展的核心动力。培养学生的创新能力可以通过实验室实践、设立创新小组等多种方式来实现。在实验室中，教师可以协助学生设计实验环节、寻找合适的实验方法，以及分析实验结果。这种指导方式不仅能提升学生的分析能力，还能培养他们的科研工作态度和团队合作精神。因此，教师可以引导学生进行探究式学习，并通过设置学习情境来激发学生的学习和研究热情。

总之，培养和提高医学生的综合素质和能力是一项系统工程，需要建立科学的综合素质培养体系。必须倡导将综合素质培养与创新素质教育相结合，充分调动教师和学生双方的积极性。通过多方位、多角度的培养方式，全面提升医学生的综合素质和创新能力，才能为医疗行业培养出更多素质高、创新意识强、临床技能精湛的医学人才。

【思考题】

1. 请比较国内外医学人才培养目标的相同点和不同点。

2. 作为一名医学生，你认为最需要具备的综合素质是什么？请说明原因。

第二节　医学课程设置概况

学习目标

1. 熟悉医学课程的具体分类。通过案例明确医学课程的本科教学安排，制订合理的学业规划。

2. 了解医学课程的概念与特点，理解医学课程的重要性。

一、医学课程概述

（一）医学课程的概念与内容

医学课程是指一系列旨在培养医学专业人才的教育活动，包括从基础医学知识到临床实践的全面教育体系。医学课程不仅包括生物学、解剖学、生理学等基础学科，还涉及临床医学、预防医学、公共卫生等多个领域。

医学课程主要包括以下内容：

1. 基础医学课程　包括生物学、解剖学、生理学、病理学、药理学等，旨在为学生打下坚实的医学理论基础。

2. 临床医学课程　包括内科学、外科学、妇产科学、儿科学、神经病学、皮肤病学等，旨在培养学生的临床诊断和治疗能力。

3. 预防医学和公共卫生课程　包括流行病学、卫生统计学、环境卫生学等，旨在培养学生的公共卫生意识和疾病预防能力。

4. 医学伦理学和法律课程　包括医学伦理学、卫生法规等，旨在教育学生遵守医疗伦理和法律法规，培养良好的医德医风。

（二）医学课程的特点与作用

1. 理论与实践相结合　医学课程强调理论与实践相结合。通过实验室操作、临床实习等方式，使学生将理论知识应用于实际工作中。

2. 跨学科性　医学课程涉及生物学、化学、物理学等多个学科，要求学生具备广泛的知识背景。

3. 长期性和持续性 医学教育通常需要较长时间，且医学生毕业后仍需不断更新知识和技能，以适应医学领域的快速发展。

随着医学科学的不断进步，医学课程也在持续更新和完善。现代医学课程更加注重跨学科整合，强调以器官系统为中心的教学模式。这种模式有助于学生更好地理解人体各系统的相互关系，培养综合能力和临床思维。未来，医学课程将继续朝着精准医疗和个性化医疗的方向发展，更加注重培养学生的创新能力和科研能力。

二、医学课程分类

在本科期间，医学生要学习的必修课程主要包括通识教育课程、医学基础课程和医学核心课程。

（一）通识教育课程

通识教育课程通常分为通识教育必修课程和通识教育选修课程。必修课程涵盖思想政治、外语、军事体育、心理健康、职业教育，以及创新创业等课程，旨在为学生提供全面的基础知识和基本素养。通识选修课程则根据课程性质分为自然科学类、社会科学类、人文艺术类等不同类别，供学生根据自身兴趣和专业需求进行个性化选择。

（二）医学基础课程

1. 人体解剖学 人体解剖学是研究人体各器官系统的正常形态结构、位置毗邻、生长发育规律及其基本功能的形态科学。由于医学中有超过 1/3 的名词来源于解剖学，故该课程也是医学各学科的重要基础课程之一。人体解剖学包含系统解剖学和局部解剖学两个重要分支。

系统解剖学和局部解剖学在教学内容和侧重点上有所不同。系统解剖学按照人体的器官、系统进行分类讲解，涵盖运动系统、消化系统、呼吸系统、泌尿系统、生殖系统、内分泌系统、循环系统、感觉器官和神经系统等。它注重整体性和系统性，强调各器官、系统的结构与功能的关系，以及它们在整体生理过程中的作用。系统解剖学的教学不仅包括课堂理论教学，还结合了大量典型案例，帮助学生更好地将理论知识应用于临床实践。

局部解剖学则主要关注身体各部分的具体结构，包括下肢、上肢、头部、颈部、胸部、腹部、盆部与会阴、脊柱区等内容。它更侧重于特定区域的解剖细节，帮助学生理解具体部位的结构特点和功能。局部解剖学的内容更加具体，注重详细描述各个部位的解剖结构。

在实际应用中，系统解剖学为临床实践提供了基础理论支持，而局部解剖学则帮助医生在手术等临床操作中准确地识别和定位具体的解剖结构。两者既相互联系又相互独立，系统解剖学为局部解剖学提供了理论基础，而局部解剖学则是系统解剖学在临床实践中的具体应用。

2. 组织学与胚胎学 组织学与胚胎学可使学生掌握和理解正常人体的微细结构及其与功能的关系，熟悉人体胚胎的正常发育过程及先天畸形的成因等。组织学与胚胎学是相互关联又相对独立的两门学科，同属形态学科范畴。

组织学主要研究机体的微细结构及其相关功能。通过组织学的学习，学生能够掌握正常人体各器官和组织的微细结构及其功能，为后续学习生理学、病理学、生物化学、免疫学等学科奠定坚实基础。胚胎学则专注于研究个体发生、发育及其机制，帮助学生理解人体是从一个单细胞发育成一个结构精密、功能复杂的新个体的过程，以及在此过程中如果受到环境、遗传或其他因素的干扰而发生先天畸形的成因，为后续学习妇产科学及儿科学等临床学科打下基础。组织学与胚胎学在临床医学前期课程中起到了承上启下的关键作用。随着显微技术及分子生物学技术的不断进步，组织学与胚胎学在医学基础教育中的重要性日益凸显。

组织学的研究内容可分为总论和各论两部分。总论涵盖人体四大基本组织——上皮组织、结缔组织、肌肉组织与神经组织，主要研究这些基本组织的细胞和细胞外基质的微细结构及其功能。各论则涉及不同器官、系统的组织结构，深入探讨人体器官的组织构成。胚胎学同样分为总论和各论两部分。总论包括生殖细胞的发生和受精、人胚的发生和早期发育等内容；各论包括人体各器官、系统的发生及其先天畸形的成因等内容。

3. 生理学　生理学是研究机体正常生命活动规律的科学，也是医学体系中一门重要的基础理论学科。生理学与其他基础医学课程和临床医学课程之间联系紧密，是药理学、病理生理学、内科学等医学学科的重要基础。生理学的主要任务是研究人体及其细胞、组织、器官等组成部分所表现的各种生命现象的活动规律和功能，阐明其产生机制，以及机体内外环境变化对这些活动的影响。生理学与医学的关系密切，生理学的发展促进了医学的进步，而医学实践又为生理学提供了研究方向。

4. 病理学　病理学是一门运用多种方法研究疾病原因（病因学）、发生发展过程（发病学），以及机体在疾病过程中功能、代谢和形态结构改变（病变）的学科，旨在阐明疾病的本质，为防治疾病提供理论基础。病理学既是医学基础学科，又是一门具有临床性质的实践性很强的学科，通常称为诊断病理学或外科病理学。

根据研究对象的不同，病理学还可分为人体病理学和实验病理学。病理学诊断通常以诊断为目的，以患者或其体内的器官、组织、细胞或体液为研究对象，具体内容包括尸体剖检、外科病理学和细胞学等。病理学的主要任务包括：①研究疾病发生的原因（病因学），包括内因、外因及其相互关系。②探讨在病因作用下疾病发生、发展的具体环节、机制和过程（发病学）。③研究疾病过程中机体的功能、代谢和形态结构变化，以及这些变化与临床表现（症状和体征）之间的关系，即临床病理联系（病理变化或病变）。④分析疾病的最终发展结果（疾病的转归和结局）。

病理学为掌握疾病的本质、诊断、治疗和预防奠定了科学的理论基础。诊断病理学的主要任务是研究人类各种疾病的病变特点，做出病理学诊断和鉴别诊断，直接服务于临床防治工作。

5. 病理生理学　病理生理学是基础医学理论学科之一，还肩负着基础医学课程到临床课程之间的桥梁作用。病理生理学的任务是研究疾病发生的原因和条件，研究整个疾病过程中患病机体的功能、代谢的动态变化及其发生机制，从而揭示疾病发生、发展和转归的规律，阐明疾病的本质，为疾病的防治提供理论基础。

病理生理学的内容可以分为三个部分，即疾病概论、基本病理过程，以及各系统病理生理学。疾病概论主要探讨各种疾病的普遍规律性问题，包括疾病发生的原因和条件、疾病时稳态调节的紊乱及其规律，以及疾病的转归等。基本病理过程是指在不同器官系统中许多不同疾病可能出现的共同的、成套的病理变化，如水电解质和酸碱平衡紊乱、缺氧、发热、炎症、弥散性血管内凝血、休克等。各系统病理生理学的主要内容之一是各系统在许多疾病的发展过程中可能出现的常见病理生理变化，如心血管系统的心力衰竭、呼吸系统的呼吸衰竭、肝胆系统的肝性脑病和黄疸、泌尿系统的肾功能衰竭等。

6. 生物化学与分子生物学　生物化学是在分子水平上研究生物体的化学本质及其生命活动过程中化学变化规律的科学。其主要内容包括生物体的分子组成、结构与功能、物质代谢与调节、遗传信息传递的分子基础与调控规律、细胞信号转导、血液生化、肝胆生化、DNA 重组技术、常用分子生物学技术的原理及应用等。生物化学不仅是认识和实践现代生命科学学科和研究的重要基础，也是医学、中医学、药学等专业的重要专业基础课程。通过学习生物化学，学生能够建立对生物体分子水平的认识和理解。同时，生物化学也是实践性很强的学科，其研究方法和手段为学生提供了重要的科学思维训练，相关实践性课程则帮助学生掌握具体的研究方法和技能。

分子生物学是一门研究生物大分子（如 DNA、RNA 和蛋白质）的结构、功能及其相互作用的科学，旨在使学生掌握扎实的理论基础和实践技能，并能够理解和运用分子生物学的原理和方法来解决生物学问题。当前，分子生物学发展迅速，新理论与新技术不断涌现，已经广泛应用于生态、农业、医药、能源、环境保护等领域，并在解决粮食安全、能源危机、环境污染等重大问题上发挥着重要作用。

7. 药理学 药理学课程旨在为临床合理用药和防治疾病提供基本理论，是一门研究药物与机体（包括病原体）相互作用的规律及原理的课程，涉及药物效应动力学和药物代谢动力学两个方面的内容。该课程主要学习药物的药理作用、临床用途及不良反应，为阐明药物作用、提高药物疗效、防治不良反应提供理论依据。药理学是基础医学与临床医学、医学与药学之间的桥梁学科。药理学不仅在医学教育中占据重要地位，而且在临床实践中发挥关键作用。它为临床各科合理用药提供理论基础，帮助医生更好地理解药物的作用机制和疗效。

8. 医学微生物学 医学微生物学是一门与临床感染性疾病密切相关的基础学科。其通过对病原微生物及其生物学性状、致病性、微生物学检测方法及防治原则等内容的学习，使学生具备对医学微生物学基础与临床相关问题的分析和研究能力，为医学临床课程的学习、临床感染性疾病的防治及科研工作奠定基础。

9. 医学免疫学 医学免疫学是一门研究人体免疫系统的组成、功能、免疫应答的发生机制、规律和效应，以及疾病的免疫学发病机制、诊断和防治的学科。它涉及整体、细胞、分子、基因等不同层次的研究，是临床医学、预防医学、护理学、检验学、口腔医学等学科的基础课程。

医学免疫学课程包括基础免疫学、临床免疫学和免疫学技术三个部分。基础免疫学主要研究免疫系统的结构与功能、抗原的特性，以及免疫系统对抗原应答的机制与规律。临床免疫学主要包括免疫病理学和临床疾病免疫学，研究在疾病条件下免疫系统的变化及对抗原应答的规律。免疫学技术主要涵盖免疫学诊断、预防、治疗技术原理，以及免疫学实验原理与技术操作。

10. 人体寄生虫学 人体寄生虫学是一门基础医学必修课程，主要研究与人体健康有关的寄生虫的形态结构、生命活动、生存繁殖规律，以及寄生虫与人体和外界环境的相互关系。该课程教学以寄生虫形态、生活史（生态）、致病机制及诊断为重点，叙述其流行因素及防治原则。该学科内容包括原虫学、蠕虫学和节肢动物学三个部分。

（三）医学核心课程

1. 诊断学 诊断学是运用医学基础理论、基础知识和基本技能对疾病进行诊断的一门学科，也是医学生从基础医学学习过渡到临床医学学习的重要桥梁课程。其主要内容包括问诊、病史采集、体格检查、实验室检查和器械检查等。通过学习诊断学，医学生需要掌握病史采集、体格检查的方法，学会分析各种辅助检查结果的临床意义，综合分析临床资料后能做出初步诊断。此外，医学生还应当规范书写医疗文书，掌握常用诊疗技术的操作规范。

2. 医学影像学 医学影像学课程是临床医学的基础学科，也是基础医学与临床医学之间的桥梁学科之一，主要介绍各种影像学检查方法的原理、图像特点、疾病的影像学表现、影像诊断原则，以及介入治疗方法及原理等，是临床医学生必修的重要课程。该课程涵盖影像诊断学、介入放射学和信息放射学三个部分。影像诊断学部分主要涉及 X 线、CT、MR（磁共振）、心血管造影等影像学检查方法的基本原理，以及各系统正常影像解剖和基本病变的影像学表现。介入放射学部分则侧重于在影像监视下进行标本采集，以及基于影像诊断对某些疾病进行治疗。信息放射学部分则关注影像学检查方法的原理和合理选择，以及疾病的微创介入治疗等内容。

3. 内科学 内科学是临床医学的基础学科，具有涉及面广、整体性强的特点。它不仅研究人体各器官、组织、系统疾病的病因、发病机制、临床表现、诊断、治疗和预防，还强调疾病的早期诊断和治疗，以及预防疾病的发生和发展。内科学课程的主要目标是使学生掌握内科常见病、多发病的病因、发病机制、临床表现、诊断和防治的基本知识、基本理论和实践技能，为日后学习其他临床学科和从事临床医学实践或基础研究奠定坚实的基础。

内科学课程通常包含：①疾病的定义、病因、发病机制、流行病学特点、自然史、症状和体征。这些内容可以帮助学生理解疾病的本质和发生发展过程。②实验诊断和影像检查。通过实验室检查和影像学检查确定疾病的诊断。③诊断和治疗，包括药物治疗、介入治疗（如心导管、内窥镜）等，并根据患者的状况调整治疗方案，防止和处理并发症。

4. 外科学　外科学是临床医学的重要组成部分，主要研究人体各种疾病的手术治疗方法和技巧。作为临床医学专业的一门核心课程，外科学涉及外科常见疾病的病因、发病原理、临床表现、诊断和防治的理论知识和技能。该课程的目标是通过教学培养学生严格的无菌观念，并进行手术基本操作技能训练，最终使学生掌握外科常见病的基本知识及外科基本操作技能。此外，外科学还注重培养学生的临床思维能力和实践操作能力，使学生能够独立完成常见外科手术操作，并具备处理手术并发症的能力。

外科学的课程内容包括外科基础理论、基本知识和基本技能，以及外科常见疾病的病因、病理、临床表现、诊断和鉴别诊断等。

5. 妇产科学　妇产科学是专门研究女性生殖系统生理和病理变化，以及生育调控的一门临床学科，由产科学和妇科学组成。产科学专注于女性在妊娠期、分娩期，以及产褥期全过程孕产妇、胚胎及胎儿的生理和病理变化，并对相关病理改变进行预防、诊断和处理。妇科学则研究女性非妊娠期生殖系统的生理和病理变化，并对病理变化进行预防、诊断和处理。

妇产科学课程通常包括女性生殖系统生理、妊娠生理、妊娠诊断，以及妊娠并发症等内容。女性生殖系统生理部分包括卵巢功能及周期性变化、月经及月经期的临床表现、卵巢的周期性变化、卵巢性激素的合成与分泌、子宫内膜的周期性变化等。妊娠生理和妊娠诊断部分主要涉及受精、着床、早期胚胎发育、妊娠期生理变化、胚胎胎儿发育特征及胎儿生理特点、胎儿附属物的形成及其功能等。妊娠并发症部分则详细讨论自然流产、异位妊娠、妊娠期高血压疾病等并发症的定义、分类、病因、临床表现、诊断及处理方法。

6. 儿科学　儿科学是一门研究儿童生长发育、卫生保健及疾病防治的医学学科。它主要涉及从胎儿至青少年的生长发育过程，包括体格、心理和智力的不断成熟。儿科学在解剖、生理、病理、疾病的发生发展及防治方面与成人医学有显著差异，且在不同年龄阶段有其独特特点。

儿科学课程旨在使学生熟悉儿童生长发育规律，掌握儿童疾病的诊断、预防和治疗措施，培养临床思维和推理能力，以及独立思考、分析和解决问题的能力。通过学习，学生能够为今后从事儿科临床医疗及儿童保健工作奠定专业基础。儿科学课程内容主要包括基础理论、临床技能和实践操作。基础理论部分涵盖儿童生长发育规律、疾病预防和保健知识。临床技能部分包括儿童常见疾病的临床表现、诊断及治疗原则。实践操作部分则通过见习和毕业实习，将课堂理论与临床实践相结合，培养学生的临床操作能力和独立工作能力。

7. 眼科学　眼科学是临床医学中的一门重要学科，主要研究视觉器官疾病的发生、发展、转归，以及预防、诊断和治疗。该课程建立在诊断学、内科学和生理学等学科的基础上，旨在帮助学生初步掌握眼科学的基本理论知识，熟练掌握眼科常见病、多发病的诊断、治疗和预防方法，以及急重眼病的急诊处理方法。

眼科学课程内容包括绪论、眼的解剖生理、眼科检查，以及各种眼病的发病原因、临床表现、诊断和防治方法等。通过学习，学生能够了解眼科的发展历程和现状，掌握眼科常见病和多发病的诊断、治疗，以及它们与全身疾病之间的相互关系，为今后的临床实践和科学研究打下坚实基础。

8. 耳鼻咽喉与头颈外科学 耳鼻咽喉与头颈外科学是由传统的耳鼻咽喉科学逐步发展形成的临床医学二级学科，主要研究耳、鼻、咽、喉、气管与食管等器官，以及颅底、颈部和上纵隔等部位的解剖结构、生理功能和疾病现象。该学科涵盖了听觉、平衡觉、嗅觉、发声与言语、呼吸和吞咽等重要生理功能，以及这些部位的解剖与发育、生理与病理特点，同时还包括相关疾病的预防、诊断和治疗。

9. 神经病学 神经病学与心血管系统、呼吸系统、泌尿系统、消化系统、内分泌系统、外科、妇产科、眼科、耳鼻咽喉科及口腔科等多学科疾病密切相关。这些学科的疾病可能引发神经病学问题，而神经内科疾病也可能首先表现为其他系统性疾病的症状。

神经病学的诊治范围广泛，包括神经内科的各种疾病，如血管性疾病（脑出血、脑梗死、蛛网膜下腔出血、颈动脉狭窄、颅内动脉狭窄等）、中枢神经系统感染性疾病、肿瘤、外伤、神经系统变性疾病、自身免疫性疾病、遗传性疾病、中毒性疾病、先天发育异常、营养缺陷、代谢障碍性疾病及各种神经内科疑难杂症。

10. 精神病学 精神病学是现代医学科学的重要组成部分，主要研究人类精神发育障碍的病因、症状特点，同时涉及临床咨询、诊断、治疗、康复、社会管理、司法鉴定和精神障碍等级评定等一系列问题。现代精神病学包括各种精神病、神经症、心身疾病或伴随躯体疾病的精神障碍、沟通适应障碍、人格障碍、性心理偏异，以及儿童智能或品德发育障碍等的诊治和矫正。在理论上，精神病学涉及医学遗传学、心理发育学和社会科学，而在临床实践中，其与心理咨询紧密结合。

精神病学课程内容丰富，涵盖精神障碍症状学、精神障碍的检查与诊断、神经认知障碍及相关疾病、精神活性物质所致障碍、精神分裂症、抑郁症、双相及相关障碍、应激相关障碍、神经症、摄食与排泄障碍、睡眠与觉醒障碍、人格障碍及性心理障碍、神经发育障碍等。该课程的目标是培养学生掌握相关知识，具备进行临床诊断和治疗的能力。

11. 传染病学 传染病学课程是医学类专业的必修课，主要研究传染病和寄生虫病在人体内外环境中发生、发展、传播和防治的规律。作为临床医学内科学的重要组成部分，该课程通过学习传染病的病原学、流行病学、临床表现、诊疗方案及预防措施，为疾病的预防和治疗提供理论基础，进而控制传染病在人群中的传播。

传染病学课程通常包括传染病的发病机制与流行特征、病毒性肝炎、艾滋病，分析艾滋病、流行性感冒与人感染高致病性禽流感，以及其他常见传染病，如手足口病、流行性腮腺炎、日本血吸虫病、钩端螺旋体病等。

三、浙江某医学院校临床医学专业培养方案

（一）人才培养目标

培养德智体美劳全面发展，具有爱国主义精神、良好的医学人文素养和职业精神，具有扎实的基础医学、预防医学和临床医学基本理论和技能，拥有"大健康"理念和"浙派"中医药文化知识底蕴，具备自主学习、终身学习能力和进一步深造的基础，能适应国家医疗卫生事业发展和人民群众健康需求，并在各级医疗卫生机构开展安全有效的医疗实践的高素质医学人才。

（二）主要学科与主干课程

1. 主要学科 基础医学、临床医学。

2. 主干课程 系统解剖学、局部解剖学、生理学、生物化学、病理学、医学微生物学、医学免疫学、诊断学、医学影像学、内科学、外科学、妇产科学、儿科学、神经病学、精神病学、传染病学等。

3. 学位课程 系统解剖学、局部解剖学、生理学、病理学、医学免疫学、诊断学、传染病学、精神病学、儿科学、妇产科学、内科学、外科学等。

（三）实践教育

1.通识实践　主要包括大学体育（4学分）、体质测试（1学分）、军事训练（2学分）、思想政治理论课实践教学（2学分），以及包括社会实践、社团活动、讲座、公益活动、创新创业实践等在内的第二课堂（6学分）。

2.专业实践　①课程实践：具体见教学执行计划。②专业特色实践：第5学期，基础综合课程训练1学分；第8学期，专业综合课程训练（国家医学考试中心临床医学专业本科水平测试）1学分；第3～5学期（各3周），临床基本技能（Ⅰ、Ⅱ、Ⅲ）共计4.5学分。③暑期临床实践4学分，具体安排见《见习大纲》。④专业劳动实践2学分，具体见《专业劳动教育安排》。⑤毕业实习（第五学年），包括毕业实习、毕业考试等。其中毕业实习24学分（≥48周），包括内科16周（含心内科、呼吸科和消化科，每科至少3周）、外科16周（普外科含肝胆胃肠外科，不少于6周）、妇产科6周、儿科6周、社区2周，具体安排见《实习大纲》。

（四）专业教学计划安排（表5-1）

表5-1　浙江某医学院校临床医学专业课程教学计划安排表

类别	课程代码	课程名称	学分	总学时	理论学时	实践学时	周学时	学期	考核方式	备注
通识必修课程	G119001	中国近现代史纲要	2	32	32	0	2	1	Y	
	G516001	当代大学生国家安全教育（尔雅通识）	1	16	16	0	1	1	C	
	G516002	新时代大学生劳动教育	1	16	16	0	1	1	C	
	G110005	大学英语A（Ⅰ）	4	64	48	16	4	1	Y	
	G108099	大学计算机基础	2	32	18	14	2	1	Y	
	G111001	军事理论	2	32	32	0	2	1	Y	
	G120001	8门艺术鉴赏课	2	32	32	0	2	1	C	至少修读1门
	G121004	大学生职业生涯规划	1	16	14	2	1	2	C	
	G119002	思想道德与法治	3	48	48	0	3	2	Y	
	G110006	大学英语A（Ⅱ）	4	64	48	16	4	2	Y	
	G121007	大学生心理健康教育	2	32	24	8	2	2	C	
	G119003	马克思主义基本原理	3	48	48	0	3	3	Y	
	G119004	毛泽东思想和中国特色社会主义理论体系概论	2	32	32	0	2	3	Y	
	G121001	创新创业基础B	1	16	12	4	1	3	C	
	G119025	四史课程	1	16	16	0	1	4	Y	至少修读1门
	G119005	习近平新时代中国特色社会主义思想概论	3	48	48	0	3	4	Y	
	G121005	大学生就业指导A	1.5	24	22	2	1.5	7	Y	
	G119006	形势与政策A	2	32	32	0	2	1～8	C	
合计（18门）			37.5	600	538	62				

续表

类别	课程代码	课程名称	学分	总学时	理论学时	实践学时	周学时	学期	考核方式	备注
通识选修课程		自然科学与科技模块	2	32			2	1~8	C	任选2学分
		创新创业与发展模块	2	32			2	1~8	C	任选2学分
		文史经典与艺术模块	2	32			2	1~8	C	任选2学分
		社会科学与哲学模块	2	32			2	1~8	C	任选2学分
		中医药特色模块	2	32			2	1~8	C	任选2学分
		其他选修课程	2	32			2	1~8	C	任选2学分
合计（6门）			12							
专业基础课程	G102001	医学史（临床医学专业导论）	1	16	16	0	1	1	Y	
	G106047	医用化学A	3	48	36	12	3	1	Y	
	G104009	系统解剖学A △	6	96	72	24	6	1	Y	
	G106011	高等数学C	2	32	32	0	2	2	Y	
	G108106	医学物理学B	2	32	24	8	2	2	Y	
	G104014	生物化学A	4	64	64	0	4	2	Y	
	G104012	组织学与胚胎学A	4	64	40	24	4	2	Y	
	G104002	生理学B △	4	64	64	0	4	2	Y	
	G109079	细胞生物学B	2	32	23	9	2	3	Y	
	G204017	生物化学实验	1	32	0	32	2	3	Y	
	G104018	医学分子生物学A	2	32	20	12	2	3	Y	
	G104005	局部解剖学A △	3	48	16	32	3	3	Y	
	G104021	病理学A △	6	96	64	32	6	3	Y	
	G204035	医学机能学实验（Ⅰ）	1	32	0	32	2	2	C	
	G104031	医学微生物学A	3	48	38	10	3	4	Y	
	G104030	医学免疫学A △	3	48	38	10	3	4	Y	
	G109021	医学遗传学	2	32	20	12	2	4	Y	
	G104019	病理生理学A	3	48	48	0	3	4	Y	
	G133005	预防医学A △	2	32	32	0	2	4	Y	
	G204036	医学机能学实验（Ⅱ）	0.5	16	0	16	1	4	Y	
	G106052	药理学A	5	80	56	24	5	5	Y	
	G119031	医学伦理学与卫生法学	2	32	32	0	2	5	Y	
合计（22门）			61.5	1024	735	289				
临床核心课程	G102038	中医学A	3.5	56	44	12	3.5	4	Y	
	G102019	全科医学概论	2	32	29	3	2	5	Y	
	G102034	医学影像学A	3.5	56	32	24	3.5	5	Y	
	G102035	诊断学A △	6.5	104	72	32	6.5	5	Y	

类别	课程代码	课程名称	学分	总学时	理论学时	实践学时	周学时	学期	考核方式	备注
临床核心课程	G102013	口腔科学A	1.5	24	16	8	1.5	6	Y	床边教学
	G102007	儿科学A △	4	64	38	26	4	6	Y	
	G102024	神经病学B	2	32	26	6	2	6	Y	
	G102004	内科学A（Ⅰ）△	5	80	60	20	5	6	Y	
	G102002	外科学A（Ⅰ）△	4.5	72	58	14	4.5	6	Y	
	G102005	内科学A（Ⅱ）△	4	64	40	24	4	7	Y	
	G102003	外科学A（Ⅱ）△	3.5	56	38	18	3.5	7	Y	
	G102016	麻醉学	2	32	24	8	2	7	Y	
	G102011	精神病学△	2	32	24	8	2	7	Y	
	G102029	眼科学	2	32	24	8	2	7	Y	
	G102006	传染病学B △	2	32	24	8	2	8	Y	
	G102017	皮肤性病学A	2	32	24	8	2	8	Y	
	G102009	妇产科学A △	4	64	44	20	4	8	Y	
	G102008	耳鼻咽喉科学A	2	32	24	8	2	8	Y	
合计（18门）			56	896	641	255				
专业选修课程（至少选修15学分）	医学人文模块	G102032	医学人文	1	16	16	0	1	3	Y	
		G102033	医学心理学	2	32	28	4	2	6	Y	建议选修
		G102031	医患沟通学	2	32	16	16	2	6	Y	建议选修
		G102026	舒缓医疗	2	32	32	0	2	7	Y	
	公共卫生模块	G133029	全球卫生	2	32	32	0	2	2	Y	
		G133020	医学统计学	2	32	23	9	2	3	Y	建议选修
		G133023	流行病学B	2	32	24	8	2	3	Y	
		G110079	社会医学	2	32	24	8	2	4	Y	
		G110066	健康教育与健康促进B	1.5	24	18	6	1.5	5	Y	
	健康管理模块	G110077	老年与慢病健康管理	2	32	24	8	2	2	Y	
		G109025	营养代谢与健康	3	48	48	0	3	3	Y	
		G102023	社区预防保健及护理	2	32	32	0	2	4	Y	
		G102027	推拿养生保健	2	32	22	10	2	4	Y	
		G102039	肿瘤防治及护理	1.5	24	24	0	1.5	5	Y	
	专业拓展模块	G104029	人体寄生虫学	1	16	12	4	1	4	Y	
		G102025	神经生物学	2	32	22	10	2	4	Y	
		G101053	浙江中医流派精选	2	32	32	0	2	5	Y	
		G102028	循证医学	2	32	16	16	2	5	Y	建议选修

续表

类别		课程代码	课程名称	学分	总学时	理论学时	实践学时	周学时	学期	考核方式	备注
专业选修课程（至少选修15学分）	专业拓展模块	G103047	康复医学	2	32	24	8	2	5	Y	建议选修
		G102015	临床药学	2	32	32	0	2	5	Y	
		G102036	整形美容医学	2	32	32	0	2	7	Y	
		G102010	急诊医学	2	32	22	10	2	7	Y	建议选修
		G102014	老年医学A	2	32	22	10	2	8	Y	
	合计（23门）										
专业辅修课程	中医药特色模块	G106081	常见中药识别	2	32	32	0	2	3	Y	"二选一"辅修必修
		G102037	中医适宜技术	2	32	16	16	2	4	Y	
		G102030	药食同源	2	32	32	0	2	4	Y	
		G110096	中医治未病概论B	2	32	24	8	2	5	Y	
	合计（4门）			8							
	康复医学模块	G103060	中医康复医籍选	2	32	32	0	2	3	Y	
		G103054	社区康复学	2	32	24	8	2	4	Y	
		G103059	中医康复学	2	32	24	8	2	4	Y	
		G103041	康复工程学	2	32	24	8	2	5	Y	
	合计（4门）			8							
	全科医学模块	G102020	全科医学人文关怀	2	32	32	0	2	3	Y	全科医学方向辅修必修
		G102022	社区预防	2	32	32	0	2	4	Y	
		G102021	社区健康教育与促进	2	32	24	8	2	5	Y	
		G302018	全科基层实践	2	64	0	64	6	5	Y	
	合计（4门）			8							
实践教学环节	通识实践教育	G311002	军事训练	2	/	0	/	2	1		
		G311003	大学体育（Ⅰ）	1	32	0	32	/	1		
		G311004	大学体育（Ⅱ）	1	32	0	32	/	2		
		G311005	大学体育（Ⅲ）	1	32	0	32	/	3		
		G311006	大学体育（Ⅳ）	1	32	0	32	/	4		
		G420011	第二课堂（社会实践）	2	64	0	64	/	5		
		G319030	思想政治理论课实践教学	2	64	0	64	/	5		
		G311011	体质测试（Ⅰ）	0.5	16	0	16	/	6		
		G311012	体质测试（Ⅱ）	0.5	16	0	16	/	8		
		G420010	第二课堂（不含社会实践）	4	128	0	128	/	1～10		包括讲座、社团活动、公益活动、创新创业实践等
	合计（10门）			15	480						

续表

类别	课程代码		课程名称	学分	总学时	理论学时	实践学时	周学时	学期	考核方式	备注
实践教学环节	专业实践教育	G402993	临床基本技能（Ⅰ）	1.5	48	0	48	/	3		
		G402992	临床基本技能（Ⅱ）	1.5	48	0	48	/	4		
		G402991	临床基本技能（Ⅲ）	1.5	48	0	48	/	5		
		G402982	基础综合课程训练	1	32	0	32	/	5		
		G402983	暑期临床实践	4	128	0	128	8	6		
		G402984	"感知医疗"三阶段临床见习课程（专业劳动实践）	2	64	0	64	/	7		
		G402994	专业综合课程训练（临床医学专业本科水平测试）	1	32	0	32	/	8		
		G402999	毕业实习	24	768	0	768	≥48	9~10		
	合计（8门）			36.5	1168	0	1168				

注：Y代表考试，C代表考查；A、B代表课程等级，△代表学位课程。

【思考题】

1. 请分年级概述医学生本科五年内需要学习的具体课程。

2. 请分别归纳医学基础课程和医学核心课程的特征。

第三节 创新能力训练——科研项目与学科竞赛

学习目标

1. 熟悉创新能力对于医学生的重要性和必要性。

2. 了解医学生在校期间可参加的学科竞赛。

一、培养医学生创新能力的重要性和必要性

创新能力是指解决问题的能力，创造新方法、开拓新思路的能力，以及知识技能应用与转化的能力。目前，创新意识和能力已成为决定国际竞争力的重要因素之一。科技的发展、知识的创新对于一个国家、一个民族的发展越来越重要。

创新精神是创新活动的动力和先决条件。青年学生是创新和发展的生力军，只有具备一定的创新精神，学生才能在未来的发展中不断开辟新的天地。高等医学院校既是培养医学人才的前沿阵地，也是培育医学生创新精神、提升医学生创新能力的重要领域。同时，医学生作为推动医学科技发展的实施主体，在推动新医科建设的过程中发挥着极其重要的作用。

2018年8月，我国教育改革发展文件首次提出"新医科"概念。同年10月，国家启动"卓越医生教育培养计划2.0"，并对新医科建设进行全面部署。新医科是以传统医学的知识与内容为原材料，在传统医学发展的基础上，打破学科壁垒，与多学科进行深度交叉融合的全新理念。它以培养系统工程思

维、人机协作能力，以及复合型医学人才为目标，以实际需求为导向，紧密结合互联网、大数据和人工智能等前沿技术，致力于推动医学教育的现代化与多元化发展。在新医科背景下，培养医学生的创新能力不仅是新医科创新型医学人才队伍建设的内在需求，更是优化医学学科体系、推动创新型国家建设的关键举措。

（一）培养创新能力是医学生全面发展的内在需求

在当今科技飞速发展的时代，人才竞争已成为现代化社会竞争的核心，而创新能力则是人才竞争的关键要素。缺乏创新精神和创新思维，个人将难以在激烈的市场竞争中立足。创新精神是人类特有的精神品质，它是在创新实践中逐渐内化而成的宝贵精神财富，是推动个人和集体不断前行的动力源泉。通过培养医学生的创新精神，使其成为具备创新能力和创新思维的高素质人才，不仅能够为他们自主创业提供全方位、有针对性的指导，还能有效缓解就业压力，为他们的职业发展开辟更广阔的道路。此外，创新创业教育能够激发医学生的创新思维，培养他们的创造能力，使他们在未来的工作岗位上具备显著的竞争优势，并能在工作中发挥更大的价值。

（二）培养医学生创新能力是"新医科"建设发展的需要

新医科是培养医学创新人才的重要举措，旨在满足新经济、新产业、新业态对高素质医学人才的需求。以新医科为核心的创新能力培养，不仅是高新科技改革的必然要求，更是"大健康"理念深入发展的具体体现。随着医学领域不断涌现出新兴的医疗技术和方法，医学与其他学科的交叉融合协同发展加速推进，这不仅全面促进了医学技术的革新，也为医学生提供了更广阔的发展空间。

（三）培养医学生创新能力是适应新时代医疗行业发展的现实需要

在新时代背景下，传统医学人才培养模式已不能满足社会对医学人才的多元化需求。随着科技的飞速发展和社会的不断进步，医学领域对具备创新能力和创业精神的高素质人才的需求日益迫切。这些人才不仅能提升医疗服务水平，还能为医疗行业的高质量发展注入新的动力。特别是随着电子信息技术的广泛应用，临床诊治、公共卫生事件应急处理等领域呈现出数据化、精准化、智能化的趋势。医务工作者必须掌握现代科技知识和技能，以适应医学职业的高要求。新一代医学生需要快速适应新环境，为顺利过渡到医务工作者角色做好充分准备。面对传统医学人才培养模式的局限性，医学教育需要打破传统学科边界，培养具备跨学科思维的医学人才。这种跨学科的培养模式不仅能推动医疗科技进步，还能有效解决现实生活中复杂的医疗问题。着力培养医学生的创新能力，对于提升医学人才质量、推动医疗行业进步具有重要的现实意义。

二、投身科研项目，培养学术思维

科研训练是培养大学生科研素质及创新实践能力的主要方式，也是医学生搭建基础医学理论与临床实践桥梁的重要环节，对于提升医学生临床综合能力至关重要。国务院办公厅发布的《关于加快医学教育创新发展的指导意见》及教育部发布的《关于深化本科教育教学改革全面提高人才培养质量的意见》中明确指出，新医科建设需要加快高层次复合型医学人才的培养，注重医学相关专业本科生的科研训练与创新实践，导向"科研育人"，强力推进医科与多学科深度交叉融合。

（一）了解专业背景，广泛阅读文献

随着医学科学的飞速发展，新的发病机制、前沿科技、创新技术和先进诊疗措施不断涌现，其更新速度已远远超出传统课堂教学的更新范畴。因此，医学生在扎实掌握基本专业知识的同时，必须学会准确阅读和理解科技文献中所记载的科学技术信息。这一能力不仅是创新型医学人才培养的重要环节，而且能有效拓展医学生的知识广度和深度。通过广泛阅读文献，医学生能够及时了解学科前沿动态，培养深度思考的习惯，进而提高在科研过程中发现、分析和解决问题的能力。

（二）确定兴趣方向，开展科学实验

目前，我国高等医学院校的教育模式仍以课堂教学为主，医学生在本科阶段主要专注于医学诊疗知识的学习。然而，这种以书本为唯一知识来源的学习方式较为单一，难以满足医学生综合素质培养的需求。相比之下，参与科学研究并进入实验室开展科学实验，则为医学生开辟了另一片广阔的学习天地。医学生不仅需要具备扎实的理论知识，更需要通过实践锻炼动手能力并提高解决问题的能力。在科学研究中，实验结果往往存在不确定性，甚至可能与预期不符。因此，医学生需要在实践中学会分析问题，调整实验方案，并通过反复实验提升动手能力和解决问题的能力。这些能力的提升，不仅对医学生未来的临床诊疗工作具有重要意义，还能帮助他们在临床实践中运用科学思维和方法解决实际问题，甚至创新出更符合患者需求的诊疗方法。

（三）依托科研项目，组建项目团队

当前，各高校纷纷设立了针对大学生创新能力培养的项目计划，如"大学生创新创业训练计划"等。如浙江省就开展了"浙江省大学生科技创新活动计划（新苗人才计划）"，旨在进一步培养大学生的创新意识和创新能力。医学生可以结合日常学习内容和实验方向，通过申报科研项目的形式，组建团队并开展深入的科研创新活动。对于医学生而言，撰写项目申报书的过程本身就是一个培养创新意识、不断学习进步的过程。

【拓展内容】

国家级大学生创新创业训练计划

根据《教育部　财政部关于"十二五"期间实施"高等学校本科教学质量与教学改革工程"的意见》（教高〔2011〕6号）和《教育部关于批准实施"十二五"期间"高等学校本科教学质量与教学改革工程"2012年建设项目的通知》（教高函〔2012〕2号），教育部决定在"十二五"期间实施国家级大学生创新创业训练计划。

国家级大学生创新创业训练计划内容包括创新训练项目、创业训练项目和创业实践项目三类。

创新训练项目是本科生个人或团队，在导师指导下，自主完成创新性研究项目设计、研究条件准备和项目实施、研究报告撰写、成果（学术）交流等工作。

创业训练项目是本科生团队，在导师指导下，团队中每个学生在项目实施过程中扮演一个或多个具体的角色，完成编制商业计划书、开展可行性研究、模拟企业运行、参加企业实践、撰写创业报告等工作。

创业实践项目是由学生团队在学校导师和企业导师的共同指导下，采用前期创新训练项目（或创新性实验）的成果，提出一项具有市场前景的创新性产品或者服务，并以此为基础开展创业实践活动。

三、参加学科竞赛，聚焦实战应用

大学生学科竞赛是一种源于常规而又高于常规的教学活动，其通过加速制和充实制教学策略，结合水平与垂直充实相结合的方式，因材施教，适当超前，为学有余力且有特长的学生，在现有教材的基础上，进行适当拓宽和加深的课外教学实践活动。

全国普通高校学科竞赛是全国性、国家级的普通高等学校各类主要学科竞赛，是高校学科竞赛的重要组成部分。2024年3月22日，中国高等教育学会高校竞赛评估与管理体系研究专家工作组发布了《2023全国普通高校大学生竞赛分析报告》。该报告涵盖了84项赛事，涉及多个学科领域。常见的竞赛包括中国"互联网＋"大学生创新创业大赛、"挑战杯"全国大学生课外学术科技作品竞赛、"挑战杯"

中国大学生创业计划大赛、全国大学生数学建模竞赛、全国高等医学院校大学生临床技能竞赛、全国大学生电子商务"创新、创意及创业"挑战赛、全国大学生市场调查与分析大赛，以及中国大学生服务外包创新创业大赛等。

（一）大学生医学技术技能竞赛

全国大学生医学技术技能竞赛是由教育部组织实施的医学学科领域的国家级、全国性学科竞赛，代表着我国高校临床教学最高水平，旨在以赛促学、以赛促教、以赛促改，全面提升医学人才培养质量。大赛的举办，提高了各医学院校对临床技能培训的重视程度，奠定了临床技能在医学教育中的地位，推动了医学教学改革。该竞赛包括临床医学专业五年制赛道、临床医学专业八年制赛道、中医学专业赛道、预防医学专业赛道和护理学专业赛道。

1. 竞赛沿革 全国大学生医学技术技能竞赛自2010年首次举办以来，始终秉持着培育"尚德精术"医学人才的初心，赛事规模、质量及影响力不断提升，参赛院校从首届的19所发展到目前的210余所，直接参赛学生从最初的100余人增加到现在的近9000人。

在竞赛的发展过程中，考点范围经历了扩增与缩减两个阶段。第一届至第三届竞赛的考点范围处于扩增期。首先，竞赛处于初始阶段，由于第一届竞赛的试点成功，因此拓展了更多的考核项目。其次，随着国际与国内医学教育的发展，综合临床能力的培养成为临床医学教育教学的重要组成部分，竞赛不再局限于单纯的操作技能考核，而是将技能、知识、态度并重，全面评价医学生的临床能力。这一阶段的考核模式以能力为导向，旨在更好地引导我国医学教育改革。其中第三届尤为突出，不仅考点数量增加了，而且每个考点的内涵也更加丰富了。例如，"腹腔穿刺术"被扩展为"腹腔穿刺术及相关知识"，不仅要求掌握操作本身，还要求掌握其适应证、并发症，以及可能涉及的相关疾病的背景知识，极大地扩充了考点的实质内涵。

第四届至第八届竞赛则处于考点范围的缩减期。在此阶段，竞赛得到了广大医学院校师生的高度认可，逐步成为我国医学教育界参与范围广泛的大型活动。从第四届开始，竞赛逐步规范考点范围，尤其在第六届和第八届中，一方面删除了一些专科性质过强的考点，如输卵管通畅检查术，阴道镜检查术，心包穿刺术，静脉切开术，拔甲术，小儿急性中毒，鼻瘘、耳瘘、声嘶的处理，以及皮肤病的微波、红外线和紫外线治疗等；另一方面，对部分考点内容，尤其是眼科学、耳鼻咽喉头颈外科学、皮肤性病学、麻醉学的考点内容进行了大幅缩减。例如，"常用麻醉技术及麻醉的监测与管理"缩减为"麻醉术中常规监测（心电图、无创血压、血氧饱和度、呼气末二氧化碳、体温）"，"耳科急症的处理技术及相关知识"缩减为"耳道异物的处理技术及相关知识"，"性病的检查、判读及相关知识"缩减为"淋球菌、尖锐湿疣和人乳头瘤病毒的检查及相关知识"。这些调整更加突出了对医学生在临床实习阶段的基本知识、基础理论和基本技能的考核，也是竞赛未来的主要发展方向。

临床技能竞赛是国内规模最大、水平最高、影响力最广的临床医学专项赛事。经过第一届的成功探索，参赛院校逐步扩大至118所，分区赛和全国赛分别于每年4月和5月举行。竞赛内容涵盖内、外、妇、儿、传染病、护理、眼、耳鼻喉、皮肤等多个学科领域，考核内容包括临床理论、技能操作、临床思维、人文关怀、沟通能力、团队合作等多方面能力，竞赛形式包括标准化病人（standardized patient，SP）、模型、动物组织、辅助设备等多种方式。

全国各医学院校通过参与和承办"临床技能竞赛"，取得了优异的成绩，得到了各院校的高度认可。竞赛不仅提升了大学和医院的临床教学能力，还建立了科学化、规范化、标准化的临床技能培训体系，推动了临床实践教学和人才培养模式的改革，培养具有国际竞争力、全面发展的高素质临床医学人才，从而实现临床实践教学的可持续发展。

2. 命题模式 临床医学赛道竞赛题目以技能操作为主，根据命题模式可分为3种类型：

Ⅰ类题，即通过简单任务训练器，对单项操作性技能进行评价的题目，如切开缝合、胸腔穿刺等。该类题型重点考查技能操作的规范性、准确性、有效性、流畅性，约占竞赛总题量的25%。

Ⅱ类题，即通过标准化病人（standardized patient，SP）或任务训练器结合短病例，在考查操作技能的同时，评估学生的临床思维、沟通交流、职业素养等多种能力的题目。例如，对1例双侧自发性气胸患者，双侧胸腔闭式引流管留置4天，要求判断是否需要拔管，并做适当处理。学生需要询问病史、查看胸片、对模型进行体检，确认患者具备拔管指征后拔除引流管，并告知患者下一步注意事项和治疗方案。Ⅱ类题在单纯技能操作的基础上进行了拓展，是目前竞赛题目的主要类型，约占竞赛总题量的60%。

Ⅲ类题，即综合标准化患者和高端模拟人构成的模拟场景，结合长病例，对学生能力进行综合评判的题目。例如，对1例有机磷中毒，出现血压和心率下降的患者进行抢救。学生要组成团队，进行病史采集、体格检查、静脉采血并送检、开放静脉、气管插管、胃管置入、洗胃、提出诊断和治疗方案等一系列操作。在此过程中，还伴随着沟通交流、团队合作、临床思维、决策制定、情境感知等能力的综合测试。此类题目约占竞赛总题量的15%。

中医学专业赛道竞赛题目由理论考试与临床技能考试两部分组成，其中临床技能考核包括中医诊断技能、方剂与中药知识技能、针灸技能、推拿技能、中医外科技能和中医急救技能6站。

3. 竞赛形式 全国高等医学院校大学生医学技术技能竞赛常用的竞赛形式有"站点式""赛道式"和"单站式"。各级别竞赛根据竞赛题目采用一种或多种形式进行考核。

（1）站点式 考核设置固定的站点和每站考核时间，通常为每站6分钟，每个站点包含1个临床技能操作项目和若干基本知识题。选手按题干要求进行任务分工，并完成操作或答题。每个站点内3名选手的得分相加为该站点得分，各参赛队成绩按各站点得分相加的总分进行排序。

（2）赛道式 考核设置平行赛道，每条赛道设定4~6个考站，赛道考核总时间固定，每个考站考核一项或多项技能，每条赛道1个队。各队同时从赛道的第一站出发，依次通过所有考站，依照要求，3名选手相互配合或独立完成考核内容，各站得分相加为该队成绩。

（3）单站式 考核1个站，时间通常为20分钟，由团队共同完成，3名选手同进同出，以临床案例为主轴，结合情境变换及病情变化，考核选手的临床思维能力、人文关怀和护患沟通能力，以及团队的任务分工配合能力、组织协调能力、组织应变能力。3名选手得分相加即为该队成绩。

（二）创新创业类主要竞赛

1. "挑战杯"创新创业竞赛 "挑战杯"创新创业竞赛是"挑战杯"全国大学生系列科技学术竞赛的简称，是由共青团中央、中国科协、教育部和全国学联共同主办的全国性大学生课外学术实践竞赛。"挑战杯"竞赛共有两个并列项目，一个是"挑战杯"全国大学生课外学术科技作品竞赛（简称"大挑"），另一个是"挑战杯"中国大学生创业计划竞赛（简称"小挑"）。这两个项目的全国竞赛交叉开展，每个项目每两年举办一届。

"挑战杯"全国大学生课外学术科技作品竞赛始终坚持"崇尚科学、追求真知、勤奋学习、锐意创新、迎接挑战"的宗旨，在促进青年创新人才成长、深化高校素质教育、推动经济社会发展等方面发挥了积极作用，在广大高校乃至社会上产生了广泛而良好的影响，被誉为当代大学生科技创新的"奥林匹克"盛会。

"挑战杯"全国大学生课外学术科技作品竞赛自1989年首届竞赛举办以来，已成为国内颇具影响力的大学生课外学术科技活动之一。第二届竞赛初步建立了申报、评审、选拔的竞赛机制，确立了组委会和评委会各自独立运作的竞赛机构，并形成了两年一届、高校承办的组织方式。第七届竞赛首次实现了内地与港、澳、台地区大学生同台竞技交流。此外，"挑战杯"中国大学生创业计划竞赛自1999年首届竞赛举办以来，也已成为国内重要的大学生创业赛事。第五届竞赛首次实现了港澳台地区高校的全面参赛。

"挑战杯"全国大学生课外学术科技作品竞赛赛制

（1）参赛对象　在校正式注册的全日制非成人教育本科生、硕士研究生（不含在职研究生）均可申报作品参赛。

（2）时间与竞赛流程

①校级初赛（3月底前）：由各校组织，广泛发动学生参与，遴选参加省级复赛项目。校赛参赛项目需在赛事官方平台统一填报。

②省级复赛（5月底前）：由各省级团委举办，按照全国组委会规定的名额遴选参加全国决赛的项目，并在赛事官方平台完成项目申报审批。

③全国决赛（下半年）：由全国组委会聘请的专家根据项目的科学性、先进性和现实意义等综合评定奖项。其中，自然科学类学术论文侧重考核基础学科学术探索的前沿性和学术性，哲学社会科学类社会调查报告和学术论文侧重考核与经济社会发展热点、难点问题的结合程度和前瞻意义，科技发明制作类侧重考核作品的应用价值和转化前景。

（3）参赛作品基本形式

①自然科学类学术论文：自然科学类学术论文的作者仅限本科生。其作品类别包括机械、仪器仪表、自动化控制、工程、交通、建筑、计算机、电信、通信、电子、数学、物理、地球与空间科学、生物、农学、药学、医学、健康、卫生、食品、能源、材料、石油、化学、化工、生态、环保等。

②哲学社会科学类社会调查报告和学术论文：围绕中国式现代化建设的核心领域和关键任务，分为经济、政治、文化、社会、生态文明建设5个组别，形成有深度、有思考的社会调查报告。

③科技发明制作类：科技发明制作类分为A、B两类，A类指科技含量较高、制作投入较大的作品；B类指投入较少，且为生产技术或社会生活带来便利的小发明、小制作等。

"挑战杯"中国大学生创业计划竞赛的赛制

与"大挑"相比，"挑战杯"中国大学生创业计划竞赛更注重市场与技术服务的完美结合，商业性更强。其借用风险投资的运作模式，要求参赛者组成优势互补的竞赛小组，提出一项具有市场前景的技术、产品或服务，并围绕这一技术、产品或服务，以获得风险投资为目的，完成一份完整、具体、深入的创业计划书。

（1）参赛对象　在校正式注册的全日制非成人教育的专科生、本科生、硕士研究生及博士研究生（不含在职研究生）。其中博士研究生仅可作为项目团队成员参赛（不能作为项目负责人），且人数不超过团队成员数量的30%。

（2）时间与竞赛流程

①校级初赛（5月底前）：由各校组织，广泛发动学生参与，遴选参加省级复赛的项目。校赛参赛项目需在赛事官方平台统一填报。

②省级复赛（6月底前）：由各省级团委举办，按照分配名额（全国1000个）遴选参加全国决赛的项目，并在赛事官方平台完成项目申报审批。

③全国决赛（下半年）：全国共有1500个项目进入全国决赛。其中，1000个名额由省级团委确定，300个名额面向在赛事组织、学生参与、宣传发动等方面表现突出的学校直接分配，200个名额通过"国赛直通车"评审分配。全国组委会聘请专家根据项目的社会价值、实践过程、创新意

义、发展前景和团队协作等方面综合评定奖项。

（3）参赛作品基本形式　大赛坚持创新、协调、绿色、开放、共享的新发展理念，聚焦经济发展趋势，围绕产业高质量发展方向，设置5个组别。

①科技创新和未来产业：突出科技创新，在人工智能、网络信息、生命科学、新材料、新能源等领域，结合实践观察设计项目。

②乡村振兴和农业农村现代化：围绕乡村振兴战略，在农林牧渔、电子商务、旅游休闲等领域，结合实践观察设计项目。

③城市治理和社会服务：围绕国家治理体系和治理能力现代化建设，在政务服务、消费生活、医疗服务、教育培训、交通物流、金融服务等领域，结合实践观察设计项目。

④生态环保和可持续发展：围绕可持续发展战略，在环境治理、可持续资源开发、生态环保、清洁能源应用等领域，结合实践观察设计项目。

⑤文化创意和区域合作：突出共享、共融，在工艺与设计、动漫广告、体育竞技、国际文化传播、对外交流培训、对外经贸等领域，紧密结合"一带一路"倡议，以及"京津冀""长三角""珠三角""成渝地区双城经济圈"等经济合作区建设，结合实践观察设计项目。

2. 中国国际大学生创新大赛（原中国国际"互联网＋"大学生创新创业大赛）　中国国际大学生创新大赛是由教育部等部门与地方政府联合主办的一项全国技能大赛，是我国创新创业教育改革的生动实践。目前，该赛事是受教育部认可的全国知名度最大、覆盖院校范围最广、申报项目种类最多、参与学生人数最多的高校大学生竞赛。

（1）中国国际大学生创新大赛的演变　中国国际大学生创新大赛（原"互联网＋"大学生创新创业大赛）起源于2015年《政府工作报告》中提出的"互联网＋"行动计划。同年5月，国务院办公厅印发《关于深化高等学校创新创业教育改革的实施意见》，强调了国家对高校创新创业教育生态系统建设的重视。2015年10月，教育部联合国家发改委、科技部等十多个部门共同举办了首届"互联网＋"大赛。自首届大赛举办以来，参赛项目和人数逐年增加，大赛的影响力不断扩大。许多基于互联网的新产品、新服务、新业态、新模式在大赛中集中展示，涌现出大量科技含量高、市场前景广、社会效益好的高质量项目。这些项目不仅推动了传统行业的转型升级，还展现了新时代大学生的创新精神和青春风采。"互联网＋"大赛正成为推动高校创新创业教育改革的有力抓手，被视作高校创新创业教育发展趋势的重要"风向标"。随着互联网技术的日益发展和普及，自2024年（第十届）起，大赛正式更名为"中国国际大学生创新大赛"，不再特别强调"互联网＋"，而是更注重创新精神和实践能力的培养。

（2）创新大赛的赛制　大赛采用校级初赛、省级复赛、全国总决赛三级赛制。校级初赛由各院校负责组织，省级复赛由各省（区、市）负责组织，全国总决赛由各省（区、市）按照大赛组委会确定的配额择优遴选推荐项目参加。大赛组委会将综合考虑各省（区、市）参赛院校数、报名团队数和创新创业教育工作情况等因素分配全国总决赛名额。前三届（2015～2017年）创新大赛的参赛对象为国内全部高校，使用统一赛道赛项（第一届创新大赛分为创意组和实践组；第二届创新大赛分为创意组、初创组、成长组；第三届创新大赛分为创意组、初创组、成长组和就业型创业组）和评价标准进行项目选拔。第四届（2018年）创新大赛，在原有赛道赛项的基础上，新设了"青年红色筑梦之旅"赛道（以下简称"红旅"赛道）和国际赛道。第五届（2019年）创新大赛进一步细分赛道，在原有高教主赛道、"红旅"赛道、国际赛道的基础上，增设了职教赛道和萌芽赛道。其中，职教赛道面向职业院校全日制学生，萌芽赛道面向普通高中学生。第六届（2020年）创新大赛将国际赛道并入高教主赛道。为加强产学研深度融合，第七届（2021年）创新大赛在高教主赛道、"红旅"赛道、职教赛道和萌芽赛道的基础上，增设了产业命题赛道，以后几届创新大赛基本沿用了此赛制。从首届创新大赛的混合赛道到后续的细分赛道，不同赛道的设置使得大赛能够面向不同层次的学生，保证了赛事的公平合理性，同时极大地激发了参赛学生的积极性。

除此之外，大赛还根据参赛项目所处的创业阶段、已获投资情况，以及项目特点等因素，进一步细分参赛类别，并进行分类评比。例如，在高教主赛道中，参赛项目被划分为创意组、初创组、成长组、就业型创业组和师生共创组等；在"红旅"赛道中，参赛项目最初分为公益组和商业组，后来进一步细化为公益组、创意组和创业组；在国际赛道中，参赛项目分为商业企业组、社会企业组和命题组；在职教赛道中，参赛项目则分为创意组和创业组。这种细分赛项的设置，有助于打消"为赛而赛"的参赛动机，进而更好地选拔出高质量的项目进行培育和落地孵化。

中国国际大学生创新大赛不仅是落实立德树人根本任务、提升高校人才培养质量的重要载体，也是推动产学研用结合的关键纽带。

3. 全国大学生电子商务"创新、创意及创业"挑战赛（简称"三创赛"） "三创赛"自 2009 年起由教育部委托教育部高等学校电子商务类专业教学指导委员会主办，是一项面向全国在校大学生的学科性竞赛。根据教育部、财政部（教高函〔2010〕13 号）文件精神，"三创赛"旨在激发大学生的兴趣与潜能，培养其创新意识、创意思维、创业能力，以及团队协同实战精神。

大赛的核心目标是强化创新意识、引导创意思维、锻炼创业能力、倡导团队精神。其价值体现在促进教学、实践、就业、创业、升学和育人等多个方面。

自 2009 年至 2023 年，"三创赛"已成功举办了十三届，参赛团队数量不断增加，从第一届的 1500 支增长到第十三届的 18 万支。参赛项目的范围也在逐步扩大。同时，大赛还创造性地设立了实战赛。

"三创赛"的规则也在不断完善，从而保证了比赛的公开、公平和公正。随着比赛规模的扩大和影响力的增强，"三创赛"已成为全国性的品牌赛事。在 2023 年全国高校大学生学科竞赛排行榜"创新创业类"赛事中，"三创赛"排名第三。

4. 中国大学生服务外包创新创业大赛 中国大学生服务外包创新创业大赛是一项响应国家鼓励服务外包产业发展、加强服务外包人才培养战略举措的全国性竞赛，每年举办一届。

大赛的主要目的是搭建产学结合的大学生服务外包创新创业能力展示平台，促进校企交流，促进高等教育为服务经济发展提供人才保障，宣传服务经济，提升社会公众对服务外包产业发展的关注度和重视程度。参赛队伍均来自中国国内高等院校，以本科生为主，自由组队。大赛采用开放竞赛的方式，经过报名参赛、自主选题、分散备赛和集中答辩等环节，最终评选出优秀团队。

大赛在选题上呼应服务外包产业，关注服务科学；在形式上注重学生团队协作，鼓励其在虚拟的商业环境中解决问题。赛题来源广泛，一方面来自现代服务产业企业的现实需求，要求学生综合考虑业务模型、技术方案、商业运营等因素，提供完整解决方案，并立足实际情况进行创新应用；另一方面，大赛鼓励参赛团队提出具有创造性的创意项目，并在优秀方案的基础上实现创业，增强大学生的创新创业意识。评审环节强调过程与结果并重，增强能力培养导向，尤其关注团队的综合素质、学习能力与问题解决能力。

以第十五届服创大赛为例，大赛设置了三个竞赛类别，分别是企业命题类（A 类）、创业实践类（B 类）和创响无锡类（C 类）。

A 类侧重企业命题，通过企业发布真实项目需求，由高校提供响应方案，旨在加强校企合作，提升产业对接水平。

B 类侧重创业实践，鼓励具备成熟度的创业团队和项目参赛，要求参赛项目已经取得一定成效。

C 类侧重于在无锡落户，要求参赛项目契合无锡产业发展方向，并有明确的落户意向。

【拓展内容】

创新创业类竞赛参赛作品的创意来源

1. 科创融合：依托科技成果转化 当前，越来越多的高校将科研项目转化为大学生创新创业项目，这些项目成为高质量创新创业项目的重要来源。通过这种方式转化的产品，其服务的产业方向往往具有较大的市场空间和潜力。同时，这些产品凭借其核心技术，展现出强大的技术创新性和竞争力。

2. 专创融合：充分发挥专业优势 大学生创新创业项目团队要更好地与学校的特色专业及学科特色紧密结合，通过创新创业反哺学校特色专业与学科建设，同时与自己所学的专业知识相结合，充分发挥专业优势进行项目的创意和实践。学科竞赛并不只是"硬科技"的舞台，众多非重大技术创新型的"软实力"项目也通过相关赛道和项目类型的规则设计，获得了展示自己风采的机会。

3. 自发创造：基于行业研究和市场洞察 与科创融合和专创融合不同，自发创造通常没有直接可依托的科技成果或专业优势，而是需要团队成员凭借自身的洞察力和创造力"白手起家"。自发创造的过程往往更具挑战性，对团队成员的要求也更高。团队成员不仅需要具备敏锐的市场嗅觉和扎实的专业知识，还需要具备较强的创新能力和执行力。

4. 家族传承：基于家族产业的继承与创新 目前，高校学生这一代的父母大多是社会的中坚力量，其中一些人抓住改革开放的机遇开创了自己的事业，成为家族产业的第一代。因此，他们可能会考虑让第二代参与家族产业，逐步接管或在现有基础上延伸和开拓新的业务板块。然而，这类项目的核心在于，当代大学生需要在传承家族产业的基础上注入新的元素和动能。他们需要思考，属于自己的标签、创新和贡献是什么，哪些项目的发展成绩与自己有关，又因自己而起。

5. 社会实践：以此为基础进行思考和转化 在大学学习期间，社会实践是学生与社会建立联系的重要途径之一。然而，当社会实践成为参赛项目的创意来源时，必须明确其与传统社会实践的本质区别。参赛项目，无论是公益类还是青红赛道，其核心在于创业。这意味着项目需要具备独立性和完整性，必须考虑如何实现可持续发展，确保项目能够持续运转。这些要素通常并非传统社会实践项目所关注的重点。因此，当参赛项目源自社会实践时，参赛者需要积极转变思维，从更全面的角度思考和深化项目。

6. 产创融合：与当地产业或区域发展相结合 在当前政策背景下，各类学科竞赛已成为深化创新创业教育改革的重要抓手，能够有效引导高校主动服务国家战略和区域发展。因此，除了前文提到的鼓励科创融合、专创融合，以及发挥所在院校和所学专业的"小环境"优势外，如何充分把握区域机遇、结合区域特色、发挥区域优势、满足区域需求、助力区域发展，并最终促进自身项目或企业的成长，已成为一个关乎如何发掘和利用"大环境"优势的重要命题。

【案例】

浙江中医药大学第二临床医学院作品——"早诊早'智'——阿尔茨海默病中西医结合早诊技术的领航者"项目在第十三届"挑战杯"中国大学生创业计划竞赛中荣获银奖。该团队充分发挥自身专业优势，致力于研究和开发一种中西医结合的早期诊断技术，用于更早地诊断和治疗阿尔茨海默病，从而帮助老年人提高生活质量。

该团队基于现代阿尔茨海默病早诊难、早治难的痛点，基于人机交互的眼动预警检测技术，在阿尔茨海默病神经影像学倡议（ADNI）数据库中获取病例样本进行数据拟合，计算手眼协调曲线相关度，生成接收者操作特征（ROC）曲线以选择最佳阈值，进而划定轻度认知障碍（MCI）期患者的置信区间。这一阶段被认为是阿尔茨海默病的可治愈期,项目通过量化手眼不协调症状,判断受试者是否处于MCI期。

该团队计划将这一技术推向市场,面向所有体检机构和社区,推出数字化中西医结合人机交互早诊预警仪器,实现大规模人群的阿尔茨海默病早期筛查,推动MCI期患者进入医院进行复诊和早期治疗,实现疾病的早期干预和转归,让老年人遇病可知、遇病即治、遇病可医。

(三)其他竞赛

1. 全国大学生职业生涯规划大赛　该赛事由教育部指导,全国高等学校学生信息咨询与就业指导中心主办,是面向全国大学生的大型赛事,涉及范围最广、影响力最大。该活动旨在将大赛打造成强化生涯教育的大课堂、促进人才供需对接的大平台、服务毕业生就业的大市场。通过举办大赛,可以更好地实现:①以赛促学,引导大学生树立正确的成才观、就业观和择业观,科学合理地规划学业与职业发展,提升就业竞争力。②以赛促教,促进高校提高大学生生涯教育水平,做实做细毕业生就业指导服务。③以赛促就,广泛发动行业企业和高校参与赛事活动,推动人才供需有效对接,全力促进高校毕业生高质量充分就业。

(1) 竞赛概述　主体赛事包括学生成长赛道和就业赛道。成长赛道设高教组和职教组,就业赛道设高教本科生组、高教研究生组和职教组。

①成长赛道:面向本、专科中低年级学生和已确定升学的毕业年级学生,考查其树立生涯发展理念并合理设定职业目标,围绕实现目标持续行动并不断调整的成长过程,通过学习实践提升综合素质和专业能力,树立正确的择业就业观念。

②就业赛道:面向本、专科高年级计划求职的学生(不含已通过推免等确定升学的毕业年级学生)和研究生,考查其求职实战能力,对照目标职业及岗位要求与个人综合素质和专业能力等方面的契合度,以及个人发展路径与就业市场需求的适应度。

(2) 竞赛沿革　职业生涯规划类竞赛已在全国范围内开展十余届。以浙江省为例,截至2024年底,已成功举办了15届。2023年之前,浙江省大学生职业生涯规划大赛设职业规划类和创新创意类两个类别,其中职业规划类分本研、高职高专和残疾人三个组别,创新创意类分本研和高职高专两个组别。职业规划类以培养生涯规划能力为目的,以选择具体职业就业为目标;创新创意类以培养创新意识和创新思维为目的,以科技创新、文化创意为导向。2023年8月,教育部下发了《关于举办首届全国大学生职业规划大赛的通知》,其中职业规划大赛采用新赛制,并举办了首届国赛。

2. 全国大学生生命科学竞赛　全国大学生生命科学竞赛于2017年启动,是大学生课外学术科技活动竞赛之一,每年举办一届,分为科学探究和创新创业两个类别,同时段分赛道进行。全国大学生生命科学竞赛于2021年入选中国高等教育学会高校竞赛评估与管理体系研究工作组发布的"全国普通高校大学生竞赛排行榜",成为教育部新增认可的全国大学生学科竞赛赛事,也是生命科学领域认可度最高的国家级大学生学科竞赛。该赛事重在考查学生的原创能力和实验研究过程,培养大学生的创新意识、实践能力和团队精神,拓宽科学视野,增强社会责任感,促进生命科学学科教学改革,提高人才培养质量。

竞赛要求学生围绕生命科学相关领域的科学问题,开展自主设计实验或野外调查工作,让学生了解生命科学的发展,寻找解决生命科学问题的有效方法和防控措施。竞赛旨在培养大学生的社会责任感、创新意识、团队精神和实践能力,使他们掌握与生命科学领域有关的调查、监测、检验、检疫、诊断、分析、预防和控制的基本实验技术与方法。各参赛团队利用课余时间进行实验设计,开展实验研究或野外调查,记录实验或调查过程,获得实验或调查结果,形成作品,并撰写论文。

3. 全国大学生数学建模竞赛 全国大学生数学建模竞赛是由中国工业与应用数学学会主办的全国性大学生科技竞赛活动。该竞赛创办于 1992 年，每年一届，是首批列入"高校学科竞赛排行榜"的 19 项竞赛之一。竞赛旨在激发大学生学习数学的积极性，提升学生建立数学模型和运用计算机技术解决实际问题的综合能力，鼓励学生参与课外科技活动，拓展知识面，培养创新精神和团队协作意识，同时推动大学数学教学体系、内容和方法的改革创新。

2023 年，竞赛规模再创新高，吸引了来自全国及美国、澳大利亚、马来西亚等国家的 1685 所院校 / 校区参赛，共计 59611 支队伍（本科 54158 支、专科 5453 支），参赛人数近 18 万人。目前，该竞赛已成为全国规模最大的基础性学科竞赛，同时也是全球参与人数最多的数学建模赛事。

竞赛通常在每年 9 月上旬（一般在某个周末的星期五至下周星期一）举行，赛程为期 3 天（共 72 小时）。参赛对象为全国大专院校在校学生，不限专业，本科组面向所有大学生开放。

（1）竞赛概述 数学建模竞赛的核心在于将实际问题转化为数学表达。具体而言，数学模型是以现实世界的一个特定部分为某种目的而抽象的简化数学结构。更确切地说，数学模型就是对于一个特定的对象，为了一个特定目标，根据其特有的内在规律，做出一些必要的简化假设，运用适当的数学工具，得到的一个数学结构。数学结构可以是数学公式、算法、表格、图示等。数学建模就是建立数学模型，它是一种数学的思考方法，是运用数学的语言和方法，通过抽象、简化建立能近似刻画并解决实际问题的一种强有力的数学手段。

（2）竞赛内容 竞赛题目主要选自科学与工程技术、人文与社会科学（含经济管理）等领域的实际问题，经过适当简化和加工形成赛题。题目设计具有以下特点：①不要求参赛者预先掌握深入的专门知识，只需要学过高等学校的数学基础课程。②题目有较大的灵活性，供参赛者发挥其创造力。参赛者应根据题目要求，完成一篇包括模型的假设、建立和求解、计算方法的设计和计算机实现、结果的分析和检验、模型的改进等方面的论文（即答卷）。竞赛评奖以假设的合理性、建模的创造性、结果的正确性和文字表述的清晰程度为主要标准。

（3）竞赛形式、规则和纪律

①竞赛每年举办一次，全国统一竞赛题目，采取通信竞赛方式。

②大学生以团队为单位参赛，每队不超过 3 人（须来自同一所学校），专业不限。竞赛分本科、专科两组进行，本科生参加本科组竞赛，专科生参加专科组竞赛（专科生也可参加本科组竞赛），研究生不得参赛。每队最多可设 1 名指导教师或 1 个教师组，从事赛前辅导和参赛的组织工作，但在竞赛期间指导教师或教师组不得进行指导或参与讨论。

③竞赛期间参赛队员可以使用各种图书资料（包括互联网上的公开资料）、计算机和软件，但每个参赛队必须独立完成赛题解答。

④竞赛开始后，赛题将公布在指定的网址供参赛队下载。参赛队在规定时间内完成答卷，并按要求准时交卷。

⑤参赛院校应责成有关职能部门负责竞赛的组织和纪律监督工作，保证本校竞赛的规范性和公正性。

不同类型的学科竞赛具有不同的特点和要求，参赛者需要根据自己的学科背景和研究兴趣选择适合自己的竞赛类型，并充分准备和发挥自己的实力，以取得优异成绩。

【案例】

2023 年，浙江中医药大学的参赛选手以《不为良将，便为良医——人民卫士的康复"新"征程》为题，斩获浙江省第十四届大学生职业规划大赛（成长赛道）金奖。该选手作为临床医学专业学生，在比赛中结合自身经历阐述了从医初心和职业目标，通过职业缘起进一步探索职业和自身，并围绕目标制订了计划和路径。从参军入伍到复学转入临床医学专业，从积极参与各类志愿活动到通过职业人物访谈了解职业目标，从设立考研目标到评估风险调整规划，选手最终以优异表现荣获佳绩。

【思考题】

1. 医学生培养创新能力的途径有哪些？
2. 你最感兴趣的学科竞赛是哪一类？并谈谈应如何备赛。

第 六 章

医学生就业之路

第一节　医学生升学与留学

学习目标

1. 熟悉本科生的升学路径。

2. 了解研究生的升学路径。

不同专业的升学率存在显著差异。以医学专业为例，由于该领域对学历要求较高，无论从专业发展还是职业规划的角度考量，从业者均需达到较高的学历水平才能在未来职场中具备竞争力。因此，继续深造成为大多数医学生的首要选择，其中本科毕业生选择攻读硕士学位的比例较高。整体来看，升学主要包含本科生考取硕士研究生和硕士研究生考取博士研究生两个层次。

留学是指学生选择到国外的高等教育机构进行深造，攻读学士、硕士或博士学位，或参与博士后研究等学术活动。这种经历不仅可以拓宽学生的视野，还能帮助其掌握前沿知识和先进技术，提升国际竞争力。对医学生而言，出国留学通常包括以下形式：完成正规医学学位课程、参与医学研究项目或考取国际认证的专业资格证书。

一、本科生升学深造

随着我国临床研究和医疗技术的快速发展，医疗行业对高素质人才的需求持续扩大。各级医疗机构对应届毕业生的学历层次、科研能力和职业素养提出了更高要求，本科毕业生想要进入优质医疗平台的难度显著增加。在此背景下，参加全国硕士研究生统一招生考试（以下简称"考研"）已成为五年制医学本科毕业生的主流选择。教育部统计数据显示，近年来全国考研报名人数呈快速增长态势。2017年研究生报考人数首次突破200万；2021年报考人数攀升至377万，其中医学类本科毕业生考研比例达26%，在各学科门类中位居首位；2024年报考人数更达到438万，较2017年增长218%，医学专业持续位居考研热门专业前列。

医学本科毕业生攻读硕士研究生学位主要分为两种类型：学术学位硕士研究生和专业学位硕士研究生。《教育部关于深入推进学术学位与专业学位研究生教育分类发展的意见》多次强调，两类学位同等重要。学术学位与专业学位研究生教育都是国家培养高层次创新型人才的重要途径，都应把研究生的基础理论、系统专门知识、创新精神和创新能力作为重点。但两者又有各自培养的侧重点，学术学位依托一级学科培养并按门类授予学位，重在面向知识创新发展需要，培养具备较高学术素养、较强原创精神、扎实科研能力的学术创新型人才。专业学位按专业学位类别培养并授予学位，重在面向行业产业发展需要，培养具备扎实系统专业基础、较强实践能力、较高职业素养的实践创新型人才。下面以医学专业为例，分别对两种研究生培养类型进行阐述。

（一）学术学位硕士研究生

从研究生招生角度来看，一方面，由于专业学位硕士研究生招生人数越来越多，相比较而言，学术学位硕士研究生招生人数较少。另一方面，由于后续培养环节和就业等方面存在显著差别，报考学术学位硕士研究生的考生也相对较少。考试题目方面，学术学位硕士研究生的部分考试题目由招生院校自主命题。在调剂环节，报考学术学位的考生一般不可调剂到专业学位，仅可在同一个一级学科内的学术学位之间进行调剂。

从研究生培养环节来看，在培养目标定位上，学术学位硕士研究生主要培养学生的学术研究能力和科学思维能力，注重培养学生的学术素养和创新能力。课程设置主要包括学术研究方法、学科理论、统计学方法、学术论文写作等内容，侧重于理论知识学习。学生在学术学位的学习过程中，需要进行独立的学术研究，并撰写学术论文，因此该类型的研究生大部分时间进行科学研究，从事临床实践的时间相对较少。一般学校规定，学术学位硕士研究生从事临床轮转的时间为3～6个月。

从发表学术论文的要求来看，学术学位硕士研究生的论文要求一般会高于专业学位硕士研究生的论文要求。

学术学位硕士研究生的毕业去向主要包括继续攻读博士学位、在医学院校或科研机构从事科研或者管理工作、在医疗机构从事医疗工作。如需要到医疗机构从事医疗工作，在现行政策下，学术学位硕士研究生还需要先完成住院医师规范化培训并通过相应考核才有资格独立行医。

（二）专业学位硕士研究生

从研究生招生角度来看，近年来，专业学位硕士研究生的招生人数逐年上升，扩招明显，但由于考研人数亦逐年递增，所以对于综合实力较好的医学院校，考生之间的竞争仍比较激烈。考试题目方面，专业学位硕士研究生的考试题目为全国统一命题。在调剂环节，报考专业学位的考生一般可按照相关政策调剂到同一个一级学科内的其他专业。

从研究生培养环节来看，在培养目标定位上，专业学位硕士研究生主要培养学生的实践能力和职业素养，致力于培养高层次应用型医学人才。其培养过程以实际需求为导向，注重培养学生的临床技能和实践能力。在课程设置方面，主要包括临床技能实训、专业前沿进展、规范化诊疗培训等实践性内容。学生在学习期间需要完成大量临床实践操作，通过系统化的临床轮转全面提升实践能力。在现行政策下，专业学位硕士研究生教育与住院医师规范化培训实行"双轨合一"的培养模式，即专业学位研究生在校期间，同时进行住院医师规范化培训，要求研究生在上学期间完成不少于33个月的临床科室轮转，接受严格的临床能力训练和考核，毕业时需要通过医师资格考试和住院医师规范化培训结业考核，取得《执业医师资格证书》和《住院医师规范化培训合格证书》，方可获得硕士毕业证书和学位证书，实现"四证合一"。

从发表学术论文的要求来看，专业学位对学术论文的要求较学术学位宽松，更注重临床实践能力的考核。

专业学位硕士研究生毕业后的去向主要包括在医疗机构从事医疗工作和继续攻读博士学位。仅有极少数毕业生会选择进入医学院校或科研机构从事教学和科研工作。

二、硕士研究生升学深造

近年来，越来越多的医学硕士毕业生为了更好地适应就业市场现状，谋求更好的发展前景，选择继续提升学历，攻读博士学位。2024 年，教育部公布的新增学位点名单显示，我国又有一批高校获得博士学位授予资格，这势必将进一步扩大博士研究生的招生规模，为高层次医学人才培养提供更多机会。

曾几何时，攻读博士学位意味着要参加各种专业课考试，主要通过笔试成绩选拔人才。但是博士生招生的目标是遴选具有创新潜力的科研人才，为了使考核方式与招生目标接轨，教育部、国家发展改革委和财政部于 2013 年联合印发了《关于深化研究生教育改革的意见》，要求建立博士研究生选拔的"申请－审核"机制，将招生考核的重点转移到对科技创新能力和专业学术潜质的考查上。清华大学自 2017 年开始全面实施该制度。目前，全国绝大多数高校都采取这一新型选拔模式，着力发掘真正具有学术发展潜力的优秀人才。下面以医学专业为例，分别对这两种研究生培养类型进行详细阐述。

（一）学术学位博士研究生

学术学位博士研究生培养的是高层次的医学学术研究人才。此类人才需具备严谨的科学作风，掌握医学科学研究的知识与方法，能够独立开展科学研究，并具有较强的独立思考、创新精神和自我发展能力。在其培养过程中，特别注重提升其原始创新能力及培育高质量的科研成果。申报学术学位博士研究生需具备较强的科研能力和创新意识，并取得以下科研业绩中的一项或多项：发表高水平学术论文，获得发明专利、新药临床批件、新药证书，或承担科研项目等。在培养过程中，学术学位博士研究生以科学研究为主，临床实践时间相对较少。同时，需培养教学能力，协助导师完成本科生课堂教学工作。从学术论文发表要求来看，学术学位博士研究生的标准通常高于专业学位博士研究生。

（二）专业学位博士研究生

专业学位博士研究生培养的是高层次的医学应用型人才。此类人才须具备良好的医德医风，富有团结协作和创新精神，富有为医疗卫生事业的发展和人类健康服务的献身精神。申请专业学位博士研究生须具有较强的解决临床实际问题的能力，并取得下列科研业绩中的一项或多项：发表高水平学术论文，获得发明专利、新药临床批件、新药证书，或承担科研项目等。另外，硕士学位专业必须为中医学、中西医结合、临床医学等专业；专业学位硕士应届毕业生须已获得《执业医师资格证书》，并已参加住院医师规范化培训并考核合格；往届硕士研究生须已获得《执业医师资格证书》，或具有中级及以上医学专业技术资格，并从事临床工作的医师。研究生培养过程以临床实践为主，重在培养临床思维和临床动手能力，从事科学研究的时间相对较少。同时，需培养教学能力，进行见习／实习医生和住院医师的临床带教工作。从学术论文发表要求来看，专业学位博士研究生的标准通常低于学术学位博士研究生。

三、医学生留学

随着社会需求的不断变化及家庭经济水平的持续提升，出国留学已成为众多新生代年轻人拓宽视野、提升学历的重要选择之一。对于医学生而言，留学规划需要综合考虑留学国家、留学院校，以及留学费用等多种因素，才能做出最适合自己的决策。

（一）留学国家及院校选择

1. 美国 美国的医学教育处于世界领先地位，拥有众多顶尖医学院，如哈佛大学、约翰·霍普金斯大学、斯坦福大学等。其医学教育注重培养学生的科研能力和临床实践技能，课程设置丰富多样，涵盖临床医学、生物医学、公共卫生等多个领域。然而，美国医学院校的申请难度较大，通常要求申请者具有本科学历，修读过医学预科课程，如生物、化学、物理等，并且要参加医学院入学考试（medical college admission test，MCAT）。其对平均学分绩点（grade point average，GPA）也有较高要求，一般在

3.0 以上，顶尖医学院甚至要求在 3.6 以上。

2. 英国　英国的医学教育历史悠久，其医学专业在国际上享有很高声誉，如牛津大学、剑桥大学、伦敦大学学院等院校的医学院都是世界顶尖的医学教育机构。英国的医学本科学制一般为 4~5 年，研究生学制为 1~3 年。申请英国医学本科时，A-level 成绩通常需要达到 AAA 或 AAB，且必须包含化学和生物两个科目；雅思成绩至少需要达到 7 分，且各单项成绩均不低于 6.5 分。此外，申请者还需要有竞争力的个人陈述、丰富的实习经验，以及通过入学考试和面试。

3. 加拿大　加拿大的医学教育体系与我国的有相似之处，但其医学专业的录取要求非常严格。学生首先需要在生命科学学院完成前两年的基础课程学习，只有成绩优异者才能进入医学院继续深造。完成医学院 5 年的专业学习后，学生还需到医院进行为期 2 年的带薪实习。实习结束后，通过审核才能获得医生执照。申请加拿大医学院时，申请者的本科平均学分绩点（GPA）通常需要达到 3.7 以上，雅思成绩要求最低为 7 分，并且要完成生物、化学、物理和人文等课程，以及通过面试和入学考试。

4. 德国　德国的医学教育以其严谨的教学风格和高质量的培养体系在全球享有盛誉。德国的高等教育实行免学费政策，这一优势对于许多家庭来说极具吸引力。德国医学专业的学制通常为 6 年，学生毕业后可获得执业医师资格证书。如果学生完成毕业论文并通过答辩，将被授予医学博士学位。申请德国的医学院校时，申请者需具有医学学士或医学硕士学位证书。在语言方面，虽然没有明确的语言成绩要求，但申请者必须能够熟练使用英语或德语进行日常交流，并且在毕业前需要用相应语言撰写毕业论文。此外，申请者还需具备丰富的实验室工作经验和出色的工作能力，以证明其具备从事医学研究和实践的潜力。推荐信也是重要的申请材料，可以帮助招生委员会全面了解申请者的学术背景和专业素养。

5. 澳大利亚　澳大利亚的医学教育注重理论与实践相结合，其培养出的医学人才在国际上受到广泛认可。澳大利亚拥有多所优秀的医学院，如墨尔本大学医学院、悉尼大学医学院等。申请澳大利亚医学院时，本科一般要求高中毕业生完成预科课程或已获得本科学历，硕士则要求具备学士学位并有相关专业背景。语言能力方面，雅思成绩一般要求在 6.5 分或 7 分以上。部分学校还要求申请者参加医学院入学考试。

6. 日本　日本的医学教育模式注重培养学生的综合素质和实践能力，其医学专业的学制为 6 年。申请日本医学院本科，需要申请者在国内完成 12 年教育，日语能力达到 N1 水平（部分学校或可接受 N2 水平）。此外，日本的医学院对申请者的英语能力也有较高要求，需要申请者具有 TOEFL 或 TOEIC 等英语能力证书，并且要参加留学生考试和校内考试。

（二）留学费用

1. 学费　不同国家和地区的学费差异较大。美国和澳大利亚的医学专业学费较高，约为 25 万元人民币 / 年。英国和加拿大的学费较为接近，约为 18 万元人民币 / 年。德国、法国、西班牙等欧洲国家的学费相对适中，约为 10 万元人民币 / 年。亚洲的韩国、日本、新加坡、马来西亚等国家的学费则相对较低，其中韩国和日本的学费约为 10 万元人民币 / 年，新加坡、马来西亚等国的学费则约为 5 万元人民币 / 年。

2. 生活费　生活费因留学国家和地区的生活水平不同而有所差异。在北美和欧洲的一些国家，如美国、英国、加拿大等，生活费用较为高昂，一年的生活费约为 10 万元人民币，甚至更高；而在亚洲的一些国家，如日本、韩国等，生活费用相对较低，但总体也需数万元人民币。

【思考题】

1. 有升学计划的医学生需要考虑哪些问题？

2. 有留学计划的医学生需要了解哪些内容？

第二节 医学生考公与考编

1. 熟悉医学生考公、考编的就业单位。
2. 了解医学生考公、考编的主要程序。

一、考公与考编的内涵

医学生考公与考编，是当代医学领域青年学子职业规划的两条重要路径，它们各自承载着不同的职业发展愿景与社会价值，对于个人成长、专业技能应用，以及未来生活品质等方面有着深远的影响。

考公，即参加公务员考试，是医学生寻求进入国家行政机关或公共事业单位工作的一种方式。对于医学生而言，考公意味着将个人的医学专业知识与公共卫生管理、政策制定等相结合，为更广泛的民众健康提供服务。在公务员体系中，医学生可以进入卫生健康委员会、医院管理局等部门，参与公共卫生政策的规划、执行与监督，或是在医疗机构中担任行政管理职务，利用专业背景优化医疗资源配置，提升医疗服务质量。考公不仅为医学生提供了稳定的职业保障，还赋予了他们参与社会治理、推动医疗卫生事业进步的重要使命。

考编，是指通过事业单位招聘考试，成为公立医院、科研机构、高校附属医院等事业单位的正式员工。这一路径更侧重于医学专业技能的直接应用与深入发展。医学生考编后，通常能够直接参与到临床诊疗、教学科研、疾病预防与治疗等一线工作中，成为救死扶伤、教书育人的中坚力量。与考公相比，考编更强调专业技术的实践与创新能力，为医学生提供了广阔的成长空间，如职称晋升、学术研究成果发表、国际交流等。此外，事业单位通常能提供较为稳定的薪酬福利待遇，保障医务工作者的基本生活需求。

二、考公与考编的就业去向

（一）医学生考公的就业去向

1. 卫生健康部门 各级卫生健康部门是医学生考公的热门选择之一。在这里，医学生能够参与到医疗卫生政策的制定、执行与监管工作中，例如制定区域卫生规划、推动医疗体制改革等，从宏观层面影响医疗卫生事业的发展。疾病预防控制中心的公务员则主要负责疾病监测、预防与控制，开展流行病学调查，制定防控策略等工作，为保障公众健康筑牢防线。

2. 医疗保障部门 国家医疗保障局承担着医疗保险政策的制定、实施与管理工作。医学生在此可运用专业知识参与医保报销政策的制定与调整，研究如何提高医保基金的使用效率，确保医保制度的可持续发展，让更多人能够享受到优质的医疗保障服务。

3. 市场监管部门 国家药品监督管理局及国家市场监督管理总局等部门的工作与医学生的专业背景具有高度相关性。在国家药品监督管理局，医学生可以负责药品和医疗器械的质量监管，审批药品注册申请，打击假药劣药，保障药品市场的安全与稳定。国家市场监督管理总局的相关岗位则侧重于医疗器械等产品的质量检测与标准制定，确保医疗产品符合质量要求，维护消费者的合法权益。

4. 公安司法部门 公检法系统中的法医岗位是医学生发挥专业技能的重要领域。法医负责尸体检验、伤情鉴定、物证分析等工作，为刑事案件的侦破和司法审判提供科学依据，其鉴定结果往往关乎司法公正与社会正义。此外，警察系统中的医务人员还需承担执法过程中的急救、毒物检测等工作，为公安执法提供医学支持。

5. 体育部门 体育行政部门的相关岗位同样需要医学生的专业支持。在体育局系统内，医学生可充分发挥其医学专长，参与运动员的健康管理、运动损伤的预防与治疗，制订个性化的康复训练方案，帮助运动员提高竞技水平，延长运动生涯，同时也为国家体育事业的发展贡献力量。

6. 其他综合管理部门 部分医学生也会选择报考一些不限专业的综合管理岗位，如街道办事处、乡镇政府等。在这些岗位上，医学生可凭借其综合素质和医学背景，参与基层社会事务的管理和服务工作，如组织开展社区卫生服务活动、协调解决基层医疗纠纷等。

（二）医学生考编的就业去向

1. 公立医院 公立医院作为医学生考编的核心就业方向，主要包括二级甲等、三级甲等等不同等级的医疗机构。公立医院为医学生提供了丰富多样的岗位，涵盖各个临床科室，如内科、外科、妇产科、儿科、急诊科等。医学生可以根据自己的专业兴趣和技能选择相应科室，从事疾病的诊断、治疗等一线医疗工作，为患者提供专业的医疗服务。此外，医院的医技科室，如医学检验科、医学影像科、药剂科等也有相应岗位，医学生在这些岗位上能为临床诊断提供技术支持和药物保障。

2. 基层医疗卫生机构 基层医疗卫生机构包括乡镇卫生院、社区卫生服务中心等。这些机构是医疗卫生服务体系的"网底"，承担着基本医疗服务和公共卫生服务的双重任务。医学生在此可担任全科医生，为居民提供常见病、多发病的诊疗服务，开展健康体检、慢性病管理、预防接种等工作，在提升基层医疗服务水平、促进居民健康方面发挥重要作用。

3. 公共卫生机构 疾病预防控制中心的岗位对于医学生来说具有重要意义。他们可以参与疾病的监测与预警、疫情防控、健康教育与促进、环境卫生监测等工作，并在应对突发公共卫生事件、保障公众健康方面发挥关键作用。卫生监督所等机构的岗位，负责对医疗机构、公共场所卫生、饮用水卫生等进行监督执法，维护医疗卫生市场的正常秩序。

4. 医学教育科研机构 医学院校的教师岗位是有志于从事医学教育的医学生的理想选择。他们可以教授医学专业课程，培养医学专业人才，同时开展教学研究与改革，提高医学教育质量。科研机构的岗位则为医学生提供了深入开展医学研究的平台，他们可以聚焦医学前沿领域，开展基础研究和应用研究，推动医学科技的创新与发展，为提高医疗卫生水平提供理论支持和技术支撑。

5. 专科医院和康复医院 随着医疗专业化的深入发展和居民健康需求的多元化，专科医疗机构体系日趋完善，如肿瘤医院、心血管病医院、眼科医院、精神卫生中心等，可为医学生提供专业对口的岗位。医学生可以在这些专科医院中发挥专业特长，为特定疾病患者提供更加精准、专业的医疗服务。康复医院则为医学生提供了从事康复治疗工作的机会，使其能够帮助患者恢复身体功能、提高生活质量。

三、考公与考编的基本流程

（一）医学生考公的基本流程

1. 查询招考信息 医学生需关注国家公务员局官网、各地人事考试网等官方渠道发布的公务员招考信息，查看职位表，了解卫生健康部门、医疗保障部门、市场监管部门等有医学专业需求的岗位的报考条件、考试科目等具体要求。

2. 网上报名

（1）注册账号 在规定的报名时间内，登录考录专题网站进行注册，填写个人基本信息，如姓名、年龄、学历、专业等。

（2）选择职位　根据自身条件和兴趣，筛选出合适的公务员职位进行报考。注意要仔细核对职位的专业要求、学历要求、其他资格条件等，确保自己符合报考条件。

（3）提交申请　填写报考申请信息，上传个人近期免冠照片，并提交相关证明材料，如身份证、学历证书、学位证书等。同时，需仔细阅读诚信承诺书，确保所提交的信息真实、准确、完整。

3. 资格审查　报名提交后，招录机关会对报考申请进行资格审查，审查报考者是否符合职位要求的条件。医学生需关注审查结果，若未通过审查，需查看未通过原因并及时修改或补充相关信息，重新提交申请；若通过审查，则不能再报考其他职位。

4. 报名确认及缴费　通过资格审查的报考者，需在规定时间内登录考录专题网站进行报名确认，并缴纳考试费用。未按时完成报名确认和缴费的，视为自动放弃报考资格。部分符合条件的报考人员可享受减免考务费用政策，但需按规定办理相关手续。

5. 打印准考证　在笔试前，登录考录专题网站打印准考证。准考证上会注明考试时间、地点、科目等重要信息。请务必妥善保管准考证，以备后续查询成绩、参加面试等环节使用。

6. 笔试　医学生考公一般需参加公共科目笔试，包括行政职业能力测验和申论两科。部分职位可能还需参加专业科目考试，如报考国家卫生健康委员会、中国疾病预防控制中心等部门的某些职位，可能会考查医学基础知识、卫生政策法规等专业内容。报考者需提前了解考试大纲，进而有针对性地复习备考。

7. 查询笔试成绩及面试名单　笔试结束后，考生可在规定时间内登录考录专题网站查询笔试成绩及是否进入面试名单。一般按照笔试成绩从高到低的顺序确定面试人选。若进入面试，考生需及时关注招录机关发布的面试通知，了解面试时间、地点、形式及相关要求。

8. 面试　面试前需进行充分准备，包括了解面试形式（如结构化面试、无领导小组讨论等）、常见面试题型，积累相关素材，进行模拟练习等。面试时需注意仪表仪态、语言表达、思维逻辑等方面，展现出自己的综合素质和专业能力。

9. 体检和考察　面试结束后，根据综合成绩确定进入体检和考察的人员名单。体检一般在指定医院进行，按照公务员录用体检通用标准执行，特殊职位可能有额外的体检要求。考察主要包括政治素质、道德品质、工作能力、遵纪守法等方面的情况。

10. 公示和录用　体检和考察合格后，招录机关会对拟录用人员进行公示，公示期一般为5个工作日。公示期满后，如无异议，办理录用手续，签订劳动合同或聘用合同，确定职务和级别，享受相应的工资福利待遇。

（二）医学生考编的基本流程

1. 了解招考信息　医学生需关注各地卫生健康委员会官网、医院官网、人事考试网等发布的医疗卫生事业单位编制招聘信息，明确招聘单位、岗位、人数、报考条件、考试内容、报名时间等具体要求。

2. 报名

（1）网上报名　在规定时间内登录指定的报名网站，进行注册登录后，按要求填写报名信息，上传个人照片，并提交相关证明材料，如身份证、学历证书、学位证书、执业医师资格证书等。

（2）现场报名　部分地区或单位可能采用现场报名的方式。医学生需在指定时间和地点，携带报名材料原件及复印件进行现场报名和资格审核。

3. 资格审查　招聘单位或其主管部门会对报考者的资格条件进行审查，核实报名信息及相关证明材料的真实性和完整性。医学生需确保所提交材料符合要求，若审查不通过，则无法参加后续考试。

4. 笔试　笔试内容一般包括医学专业知识和公共基础知识等。医学专业知识涵盖基础医学、临床医学、医学伦理学、卫生法规等；公共基础知识包括政治、法律、时事政治、公文写作等内容。医学生需根据考试大纲进行系统复习，掌握重要知识点，提高答题能力。

5. 面试

（1）结构化面试　属于常见的面试形式之一，主要考查考生的综合素质，如沟通能力、应变能力、团队协作能力、职业素养等。面试官会根据事先拟定的面试题库，提出一系列问题，考生需在规定时间内回答。

（2）专业技能操作面试　对于一些专业性较强的岗位，如临床医生、护士等，可能会进行专业技能操作面试，考查考生的实际操作能力和临床经验。例如，外科医生可能会被要求进行外科打结、换药等操作演示，内科医生可能会被要求进行体格检查等操作演示。

（3）半结构化面试　这种面试形式结合了结构化面试和非结构化面试的特点，在预先设计好的问题基础上，面试官会根据考生的回答进一步追问，更加灵活地考查考生的专业知识和综合素质。

6. 体检　面试合格后进入体检环节。体检一般参照公务员录用体检通用标准或事业单位公开招聘人员体检通用标准执行，考生在指定医院进行全面的身体检查，确保身体健康，能够胜任医疗卫生工作。

7. 考察　考察环节主要对考生的思想政治表现、道德品质、业务能力等情况进行全面了解。招聘单位通过查阅档案、实地走访、个别谈话等方式，对考生的综合素质进行综合评价。

8. 公示与聘用　体检和考察合格后，招聘单位会对拟聘用人员进行公示，公示期一般为5～7个工作日。公示无异议后，办理聘用手续，签订聘用合同，确定岗位等级和工资待遇等，正式成为编制内员工。

四、考公与考编的素质要求

医学生无论是考公还是考编，都需要具备相应的基本素质，以适应不同岗位的要求，为医疗卫生事业贡献力量。

（一）专业素养

1. 扎实的医学知识基础　考公或考编的医学生需要对基础医学知识，如解剖学、生理学、病理学等有深入理解，获得相应等级的学历学位证书，这是从事医疗卫生相关工作的基石。在考公进入卫生健康部门制定政策时，能依据医学原理确保政策科学合理；考编成为临床医生后，更能准确诊断和治疗疾病。

2. 专业技能与实践能力　对于考编进入医院等一线岗位的医学生，熟练的临床操作技能至关重要，如常见疾病的诊断方法、治疗手段、手术操作技巧等。部分医院还要求求职者取得住院医师规范化培训合格证书。即使考入行政部门，实践经验也有助于其更好地理解基层医疗工作情况，使政策制定更贴合实际。

3. 知识更新能力　医学领域发展迅速，新的理论、技术和药物不断涌现。医学生必须具备自主学习能力、必要的外语应用能力，及时关注医学前沿动态，更新知识体系，以便在工作中能运用最新的医学成果，为群众提供优质的医疗服务或制定科学的政策。

（二）个人能力

1. 沟通协调能力　无论是考公在政府部门与不同机构协作，还是考编在医院与患者、家属及同事沟通，良好的沟通能力都是医学生必不可少的。与患者沟通时，能清晰地解释病情和治疗方案，提高患者依从性；在团队协作中，能准确传达信息，提高工作效率。

2. 分析和解决问题能力　日常工作中会面临各种复杂问题，如医疗纠纷、疫情防控难题等。医学生须具备敏锐的分析能力，能准确找出问题根源，并运用专业知识和经验制订有效的解决方案。

3. 学习能力与适应能力　考公或考编进入新的工作环境，面对不同的工作内容和要求，需要具备快速学习和适应的能力。医学生要能够在短时间内熟悉工作流程，掌握新技能，融入新团队，为工作的顺利开展奠定基础。

4. 抗压能力　医疗卫生工作责任重大，医学生无论是应对繁忙的临床工作，还是参与重大公共卫生事件应急处理，都要承受巨大的工作压力。因此，只有具备良好的抗压能力，才能在压力下保持冷静，确保工作质量和效率。

（三）职业态度

1. 责任心与使命感　医学生从事的工作关乎人民群众的生命健康，因此要有强烈的责任心和使命感。其对待每一项工作任务都要认真负责，要对患者的健康高度负责，将维护人民健康作为自己的神圣使命。

2. 职业道德与操守　医学生要严格遵守医学伦理和职业道德规范，尊重患者的隐私和权益，保持廉洁自律的作风。若在卫生行政部门工作，应在政策制定和执行中坚守公正、公平的原则；若在医疗机构工作，应在医疗服务中坚决抵制不正之风。

3. 团队合作精神　医疗卫生工作往往需要多学科、多部门协作完成，因此医学生要具备团队合作精神，能够与不同专业背景的人员密切配合，共同为实现工作目标而努力。

（四）政治素养

1. 政治觉悟与政策理解能力　考公的医学生须具备较高的政治觉悟，深刻理解国家的方针政策，特别是医疗卫生领域的政策法规。考编的医学生同样需要了解国家政策，以便在工作中贯彻执行，为实现医疗卫生事业的发展目标贡献力量。

2. 服务意识　无论是在政府部门还是在事业单位工作，都应牢记为人民服务的宗旨，始终将人民群众的利益放在首位，通过提供优质的服务赢得群众的信任与支持。

【思考题】

1. 毕业后你想去什么样的单位工作呢？
2. 仔细想想，你目前具备哪些用人单位需要的基本素质？

第三节　其他就业形式

学习目标

1. 熟悉医学生除升学、留学、考公、考编以外的就业方向。
2. 了解不同就业方向各自的特点。

一、自主创业

自主创业是指个人或团队通过创办公司或组织，开发新产品或服务，满足市场需求，从而实现经济目标和个人事业发展的过程。与传统的就业模式不同，自主创业通常需要创新思维、风险承担、资源整合和独立决策能力。

医学生在自主创业过程中，可以利用医学背景和专业知识，创建与医疗健康相关的项目。例如，医学生可以开发健康管理、疾病预防、远程医疗等应用程序，利用技术手段提高医疗服务的可及性和效率；可以研发新型医疗器械或改进现有产品，提升诊疗质量和效率；可以开设专科诊所或综合医疗中心，提供个性化的医疗服务；可以运用自己的医学专业知识为客户提供专业的健康咨询服务，如营养指导、心理辅导等；可以创建医学培训课程或平台，提供医学教育和技能培训；还可以通过讲座、写作或视频等形式传播医学知识，提升公众的健康意识。

二、民营医疗卫生机构

民营医疗卫生机构是指非政府公办、由具有私人或民间资本背景的个人或组织投资兴办的，从事疾病诊断、治疗、预防、保健等医疗卫生服务活动的机构。具体包括民营医院、私人诊所，以及部分民营资本参与的社区卫生服务中心（站）等。

与公立医疗卫生机构相比，部分民营医疗卫生机构为吸引人才，通常会提供更具竞争力的薪资和更灵活的薪酬体系。医学生的收入往往与个人的业务量、工作绩效等直接挂钩，能力越强、业绩越好，收入就越高。这种模式对于那些希望在经济上更快获得回报的医学生来说具有较大的吸引力。一些规模较大、管理较为规范的民营医院，晋升机制相对灵活，论资排辈现象较少，医学生有更多机会凭借自身的专业能力和工作业绩获得较快晋升。例如，他们可能在较短时间内成为科室负责人或业务骨干。此外，民营医疗卫生机构人员配置相对精减，医学生在这里可能会获得更多独立操作和实践的机会，能够更快地积累临床经验，提升专业技能。与一些大型公立医院相比，民营医院的患者流量相对较小，医生可以有更充裕的时间与患者进行沟通交流，详细了解病情，从而制订更具个性化的治疗方案。这不仅能提高患者的满意度，也能增强医学生的职业成就感。

三、其他就业方向

医学生的就业路径丰富多元，除了升学、留学、考公、考编、自主创业，以及进入民营医疗卫生机构就业之外，还有众多其他就业方向可供选择。例如，可以从事医疗数据分析师、医疗市场研究分析师、医学法律顾问、医学伦理顾问、医疗保险顾问、医学记者、健康品牌管理、营养师等工作，也可以在制药公司从事药品研发、安全质检，或在生物技术公司参与生物制剂开发和生产等工作。

这些职业方向不仅丰富了医学生的就业选择，还为他们提供了多种发挥医学知识和技能的平台。医学生可以结合自身兴趣和职业目标，选择适合自己的职业路径，通过精准匹配个人优势与岗位需求，持续拓展职业发展空间。

【思考题】

1. 你对医学生创业有哪些好的建议？

2. 你在做职业选择时首先考虑的是什么？

第 七 章

求职技巧

第一节　简历的基本结构和制作技巧

一、简历的基本结构

　　在求职的过程中，简历是医学生的第一张名片，是打开职业大门的关键钥匙，也是进入心仪医院的必备条件。如何能在求职过程中让自己的才华充分展现，提高成功的概率，一份优秀的简历是必不可少的。

　　简历作为求职的"敲门砖"，经历了从传统的文字排版简历，到融入图表元素的可视化简历，再到新媒体时代应运而生的视频简历，简历的呈现方式愈发多元。然而，对于医学生而言，简历的基本要素依然是不可或缺的重要部分。

（一）简历的基本要素

　　1. 个人简介　在撰写简历时，个人信息是根基，是最能体现求职者职业态度的部分。个人信息要放在简历的第一部分，其中包含姓名、性别、出生年月、居住地、毕业院校、工作年限、政治面貌、联系方式等，同时需要提供自己的免冠正装照片。这些信息有助于用人单位在第一时间了解和掌握求职者的基本情况。

　　2. 教育背景　教育背景是用人单位评估求职者是否具备专业素养和学历资格的关键依据，通常涵盖毕业院校、所学专业、学历层次，以及毕业时间等重要信息。在撰写教育背景时，一般采用倒序方式，从最高学历（如研究生阶段）依次写到本科阶段。对于医学生而言，本科阶段若修读双学位或有辅修专业，或是完成了住院医师规范化培训（规培）并取得相关证书，这些关键信息都需要整合到教育背景中，以便第一时间引起用人单位的注意。

　　3. "四大"经历　"四大"经历包括实习经历、科研经历、技能经历和获奖经历。实习经历是医学生必不可少的环节，撰写时需涵盖实习的基本情况、曾经处理过的具体问题及解决方案、对工作的投入程度、实习感受，让用人单位感受到你的专业性。科研经历则包括参与的国家级、省部级课题情况，发表的论文，以及参与的创新创业项目等，这是医学生在医学探索过程中的成长轨迹，应将突出成果置于显著位置。技能经历和获奖经历能够展现医学生在校期间的优异表现，包括临床技能大赛的参赛及获奖情况、奖学金的获得情况，以及技能证书的获取情况。总而言之，任何经历都是一笔宝贵的财富，都能为医学生的求职之路奠定坚实的基础。

4. 职业规划　对于大部分医学生而言，毕业后继续从医始终是首选。因此，在制作简历时，医学生需要从外因和内因两个方面去规划职业，这也是用人单位较为看重的部分。首先，要明确职业愿景。医学生需要审视自身未来的职业方向，例如成为一名杰出的外科医生，或成为一名推动健康政策变革的公共卫生专家。其次，要规划职业路径。医学生应对个人中长期职业发展进行战略性思考，绘制详细的职业发展路径图。最后，要培养核心技能。医学生需要树立以人为本的医疗理念，通过临床轮训、参与手术等多元化训练，不断磨炼临床操作技能和治疗能力，同时注重加强与患者及家属的沟通技巧。这些内容是简历中最能凸显求职者独特性和闪光点的部分。

5. 性格特长　每个人都有自己独特的性格、能力和特长，这些特质不应被简单、笼统地概括为适应能力强或抗压能力强。在简历中，这一部分至关重要，它体现了个人的独特性，是塑造立体人设的关键环节。在简述性格和能力时，应赋予其明确且具体的标签；在描述特长、爱好时，也应通过个性化标签，从多维角度呈现，从而加深他人对你的印象。

（二）简历的设计思路

上文提到了医学生简历的基本要素，我们还需要清楚地认识到：在薄薄的几页简历中，用人单位为何能一眼看中我？为何我比别人更值得被选择？答案在于独一无二。无论你是毕业于"双一流"院校、国外名校，还是普通"双非"院校，只有让自己的简历脱颖而出，才有可能获得用人单位的青睐。因此，在设计简历时，可以参考以下几个方面。

1. 基本技能素质　基本技能是指每位医学生都必须具备的能力。业务素质是医学生进入临床后需要苦练的实践本领，包括掌握扎实的基本理论知识，以及基本技能的学习和实践。职业道德素质同样重要，医生应具备高尚的职业道德和严谨的医疗作风，展现出敬业乐群的优良态度，同时还要具备谦虚谨慎、刻苦钻研、积极向上的宝贵品质。

2. 突出重点优势　在千篇一律的简历中，如何让用人单位一眼就注意到你的简历？关键在于将自身的独特优势展现出来。可以将自己擅长的领域放在最显著的位置，例如擅长用 AI 制作医学机制信号通信、精通基因生信分析方法等。

3. 增加图片展示　如果你有丰富的经历和实践能力，可以在简历中附上自己的优秀成果，或者附上做手术、做实验和参加学术活动的照片，增强视觉效果，让用人单位更直观地了解你的实践能力和专业素养。

4. 精准匹配需求　这是我们在选择单位和岗位时最容易忽略的一点。许多医学生会使用同一份简历投递不同岗位，但这样往往适得其反。匹配岗位需求至关重要。在了解岗位需求后，应对简历内容进行适当修改，思考应聘岗位需要哪些能力，自己又有哪些条件或背景可以满足这一需求。只有精准定位申请的职位，才能让简历中的重点内容与岗位需求高度匹配。

5. 做到真实诚恳　用人单位在查看简历时，也会关注求职者选择该单位和岗位的原因。求职者在表达时必须真情流露，真实阐述选择该岗位的原因及未来的职业规划方向，从专业角度和实际情况出发，便于用人单位了解你与岗位的匹配程度。

二、简历的制作技巧

（一）简历制作原则

一份干净整洁、言简意赅的简历是最受用人单位欢迎的。我们在设计简历时除了要考虑上述几方面外，还应当了解简历制作的几大原则。

1. 简明性 在简历制作过程中，文字一定要简洁明了、通俗易懂；尽量使用短句，切勿使用过长的语句，尤其是避免使用空洞、情感色彩过重的修饰词；在填写个人信息和描述社会经历时，语言精简即可。许多医学生可能有诸多的成绩和丰富的经历，但是在简历中要注意突出重点，避免堆砌一些不相关的技能和经历。简历一般以一页为主，最多不超过两页。

2. 严谨性 简历虽是简短的文字说明，但一份好的简历需要求职者用心设计和巧妙安排。完成简历后，应多次检查修改，注意字体字号、换行、段落等细节，避免出现错别字、语法错误、用词不当或前后信息矛盾等问题。建议在排版时注意美观，便于用人单位阅读和浏览。

3. 唯一性 每个人的简历都是独一无二的，它体现的是特定个人匹配特定用人单位的岗位，具有不可替代性。简历展示的是求职者自身的特点和优势，并将其转化为对求职单位的企业文化、经营理念和管理制度的认同。因此，这份独特的简历是专为某一岗位量身定制的，无法直接投递给其他单位。

4. 真实性 真实性是制作简历的最基本原则。简历的目的是真实地反映求职者的形象，同时也能反映出求职者对于工作的态度。因此，求职者在制作简历时，切忌编造虚假经历，避免过分夸大，始终要贯彻真实性原则。毕竟，在未来的工作中，真实水平是大家有目共睹的。

（二）简历制作注意事项

我们每个人都会踏上求职之路，而一份好的简历虽不能保证求职一定成功，但一份糟糕的简历却一定会让求职效果大打折扣。这说明，简历中仍有许多小技巧值得我们去学习和掌握。那么，简历里还隐藏着哪些亮点呢？我们不妨先来看看下面这份简历里的部分内容。

2021.09—2024.07 ××医科大学××附属医院专业型硕士进入医院后，我先后在重症医学病房（ICU）、儿科、内分泌科、传染科、急诊科和肿瘤化疗科等科室轮转，了解了常见疾病的诊疗方法；在学习中熟悉中英文汇报、文献查阅、SPSS和R语言分析及图表制作；积极参与课题研究，负责管理"××"课题；积极参加学术会议并踊跃投稿，完成学术会议发言5次。

【解析】

医学生们在编写简历时都会写自身的经历和技能，但是一长串文字很难得到用人单位的关注。因此，分点列出要点能够帮助用人单位迅速找到关键内容。这一部分内容可以修改如下：

2021.09—2024.07 ××医科大学××附属医院专业型硕士，完成了ICU、儿科、内分泌科、传染科、急诊科和肿瘤化疗科等科室轮转。

熟悉常见疾病及急诊科疾病的诊疗方法。

熟悉中英文汇报、文献查阅、SPSS和R语言分析及图表制作。

参与课题研究并负责管理"××"课题。

参加学术会议并完成发言5次。

将所要表述的内容用短句表示，简洁清晰，方便用人单位快速抓住要点。因此，大家在制作简历时一定要注意。

①避免长篇大论：简历注重一个"精"字，无论你有多少经验和技能，都要与招聘岗位相匹配。许多医学生喜欢将每段经历中的重点内容都标注出来，但是标注过多会破坏简历整体的美观度，并且可能事倍功半。

②避免平均用力：大多数人在撰写简历时习惯按照时间顺序罗列经历，但在学习生涯中，我们一定有一些自己认为相对突出的成就。这些成就正是简历中需要重点突出的部分，而那些相对不够突出的经历则可以适当简化。写简历的关键，不是让用人单位在海量信息中费力寻找亮点，而是要

把亮点放在最显眼的位置。

③避免滥竽充数：我们在简历中偶尔会夸大自己的成绩以获得用人单位的赏识。例如，在课题组中担任主要负责人，那么在简历中就可以如实详细地将这段经历写进去。但如果从未参与过课题，就不要强行添加相关内容，这是简历中最忌讳的一点。

（三）向普通简历说"No"，向优秀简历说"Yes"

【示例】

● 个人简历 ●

求职意向： 中医医师

年龄： 26 岁

籍贯： ××

政治面貌： 中共党员

毕业院校： ××中医药大学临床医学院中西医临床医学专业

教育背景

2021.09—2024.06　××中医药大学　中西医临床医学专业肿瘤学方向专业型硕士　院研究生会主席　成绩 1/50

2016.09—2021.06　××中医药大学　中西医临床医学专业　班长　成绩：1/90

主要经历

××第一人民医院　规培　2021.09—2024.06

担任管床医师，完成各科室轮转，对各系统常见病、多发病的诊断及治疗有了一定的认识。

熟悉肺癌、乳腺癌、胃癌等恶性肿瘤的诊断和内科治疗。

××附属医院　实习　2020.05—2021.06

熟悉医院门诊、住院部的就诊流程。

熟练掌握各科室常见疾病的诊治方案，对高血压、冠心病、糖尿病、慢性阻塞性肺疾病等慢性疾病有系统的学习和实践经验。

××医院　见习　2018年暑期

在乡镇医院的中医科、中药房学习。

科研能力/课题项目： 主持国家自然科学基金委员会青年项目×项；参与国家自然科学基金委员会项目×项、省部级课题×项、厅局级课题×项；主持并结题校级重点课题×项。

科研成果： 发表SCI论文×篇（其中1区×篇、2区×篇）、北大中文核心期刊论文×篇，获得国家发明专利×项。

获奖情况

研究生阶段：获××年度校级学习优秀奖学金一等奖。

本科阶段：获得校级学习优秀奖学金×次，获得年度优秀团员称号×次。

技能证书： 执业医师资格证书、住院医师规范化培训合格证书。

自我评价

科研与创新能力强，科研成果丰富。

热情乐观，兴趣广泛，适应力强。

有优秀的组织、协调能力和良好的团队协作精神。

【拓展】

　　一份好的简历需要不断打磨，每一份简历都有其独特之处。除了满足基本要求外，医学生在设计简历时也可以运用个性化背景来彰显特色，比如使用与专业相关的图片。在展现个人贡献时，多使用动词，让语言更加清晰明了，同时用数据和结果直观呈现。只要你有丰富的经历和成绩，稍加打磨，普通简历就能变成专属于你的优秀简历！

【思考题】

　　1.简历的基本要素有哪些?

　　2.结合本节所学知识，请为自己设计一份简历。

第二节　笔试类型与应对技巧

学习目标

　　1.掌握医学生的笔试类型及考核办法。

　　2.熟悉笔试的考试技巧，针对不同考试采取相应的学习方法，助力学生从容应对考试。

一、按笔试性质分类

（一）专业能力测试

　　执业医师资格证是医学生职业发展的关键准入证书，其重要性体现在法律强制性和职业发展必要性上。作为国家卫生健康委员会统一颁发的行业准入证书，它是合法行医的唯一凭证。医疗机构不得聘用无证人员从事临床工作，且对未能在3年内取得证书的医师有解聘权。

　　执业医师资格考试分为实践技能考试和医学综合笔试两个阶段。实践技能考试通常在每年6月中旬举行，满分为100分。医学综合笔试则在8月下旬进行，满分为600分。

　　1.专业水平　执业医师资格考试属于国家大型考试，对于医学生的专业报考条件有着严格的限制。比如，具有高等学校相关医学专业本科及以上学历，在执业医师指导下，在医疗、预防、保健机构中试用期满一年的（比如2024年毕业的应届生，从2024年6月毕业到2025年6月试用期满一年），可以参加执业医师资格考试。不同学历的报考条件要求也不同，具体可以关注国家医学考试网。执业医师资格考试作为国家统一组织的医学专业准入考试，对报考条件有明确规定。根据现行规定，报考者需满足以下基本条件：具有高等学校医学专业本科及以上学历，并在执业医师指导下，在医疗、预防、保健机构中试用期满一年后方可报考。需要注意的是，不同学历层次（如大专、中专等）的报考条件存在差异，具体要求可查询国家医学考试网发布的最新报考通知。

　　2.应用能力

　　（1）实践技能考试　实践技能考试重点评估考生三个维度的专业能力：一是临床基本技能操作的规范性和熟练度；二是理论知识与临床实践结合能力；三是职业素质与能力。这些考核内容共同构成了医师执业的专业基础，其中操作规范性和职业素养往往通过细节呈现，成为评判的重要依据。

　　（2）医学综合考试　实践技能考试在前，医学综合考试在后。当医学生们通过了实践技能考试后，就要全身心地投入医学综合考试。该阶段考查的是医学生对知识的理解和掌握程度，以及分析和解决问题的能力。因此，整体复习节奏和时间分配是至关重要的。

（二）综合能力测试

相较于专业的医学考试，综合能力测试不仅与医学相关，更是对个人能力的全面考核。一般来说，综合能力测试包括国家公务员考试、事业单位考试、选调生考试等，其中录用考试通常包含行政能力测试和公文写作两部分。由于此类考试竞争激烈，录用比例较低，因此对考生的要求极高。

对于医学生而言，医疗卫生系统事业单位考试主要采用职业能力倾向测验和综合应用能力测验（医学基础知识＋岗位专业能力测验）相结合的方式。因此，医学生除了学好专业知识，还需要掌握公共基础知识，主要包括以下几种能力：

1. 言语理解能力　此类试题主要考查考生运用语言文字进行思考和交流、迅速准确地理解和把握文字材料内涵的能力。在言语理解题中，考生要充分理解语言材料，抓住关键信息和细节，并运用推断和判断技巧，通过系统学习、限时刷题、复盘总结，以及心态调整等多方面的努力，从理论到实践、从技巧到心态进行全面提升，逐步提高自己的解题能力和应试水平。

2. 逻辑推理能力　在考试中占据了举足轻重的地位，是对考生知识储备的考验，更是对考生思维深度和广度的挑战。此类题目往往涉及概念、判断、推理等多个方面，要求考生能够准确理解题目信息，运用逻辑分析方法，从复杂的条件中找出规律，最终得出正确的结论。面对逻辑推理题目的挑战，考生要加强基础知识的学习和理解，掌握逻辑推理的基本原理和方法，同时注重培养自己的思维能力和应变能力，通过大量的练习和实践来提高解题速度和准确率，还要学会从多个角度思考问题，善于运用类比、归纳、演绎等思维方法来解决复杂的问题。

3. 综合分析能力　属于公文写作中最常见的类型，主要是指对给定资料的整体或特定部分、涉及的观点及存在的问题进行系统性分析、归纳与总结的能力。这一能力要求考生能够全面审视资料内容，从不同角度深入思考，进而做出合理且准确的推断与评价。综合分析的对象为全部材料、部分材料、某个观点或者问题，需要运用发散性思维，对分析对象的每一个部分进行多角度的认识，再将每一部分认识后的结果进行整合，最后做出合理的推断，提出其产生的原因、造成的影响，以及应对的策略。

二、按笔试类别分类

对于医学生而言，目前的考试类型主要分为以下三种。

（一）纸笔考试

它倾向于传统书写，能够在纸上迅速整理思路，便于考生在材料上直接做标记。考试的科目排列是固定的，考题顺序可能会以章节顺序呈现。

（二）计算机化考试

它是一种现代化的考试形式，通过计算机进行在线考试。它的优点在于方便快捷、客观公正、可操作性强。机考考题的科目、章节顺序都是灵活的，相邻两道题目可能会是不同的题型和知识点，因此这种随机式的题目发布需要考生拓宽思维，随时调用知识点，答对题目。

（三）分型考试

它是计算机化考试的一个新分支，称为计算机化考试"跨题型不可回看"。以执业医师资格考试为例，医学综合考试包括 A1、A2、A3/A4 和 B1 四种题型，考生须完成同一题型内的全部试题后，方可进入下一题型。进入下一题型答题时，不能回看上一题型的作答情况。如果作答过程中考生对拿不准的试题做了"标疑"设置，需在进入下一题型前确认标疑试题的作答结果。一旦进入新题型，所有作答结果均不可修改。此类考试形式能够加强考试管理，维护考试的公平与公正。

三、笔试的应对技巧

对于医学生而言，扎实的专业基础和良好的心态是应对考试的关键"法宝"。医学是一个庞大的知识体系，而考试则是检验医学生学习成果的重要方式之一。

（一）笔试考查的内容

1. 基础医学知识　基础医学是现代医学的基石，也是医学科学的核心部分，其主要任务是研究人体健康、疾病的本质及其规律。基础医学与临床医学相辅相成，共同为临床实践提供坚实的理论基础和技术支持。它涵盖了包括解剖学、生理学、病理学、药理学、微生物学、免疫学等在内的多门基础课程，这些课程体现了医学专业知识的广度和深度。医学生需要系统学习各个器官系统的结构与功能，掌握常见疾病的诊治原则，同时对这些基础知识有深入的理解和掌握，能够灵活运用以解决临床实际问题。

2. 临床医学知识　临床医学是研究疾病的病因、诊断、治疗和预后，并直接面对患者实施诊断和治疗的医学学科，涵盖诊断学、内科学、外科学、妇产科学、儿科学、耳鼻喉科学等多个分支。临床医学基于基础医学的知识体系，重点关注临床常见病、多发病的诊断与治疗。通过预防和治疗，临床医学旨在最大程度地减轻患者痛苦，恢复患者健康，保护劳动力。因此，临床医学的学习对于医学生而言至关重要。

3. 医患沟通与人文关怀　疾病不仅仅是生理现象，还与患者的家庭、工作及社会生活密切相关。医生在运用医学技术诊治疾病的同时，还需要从人文关怀的角度出发，关注患者的情感、精神和心理需求。医生应仪表整洁、着装得体、佩戴工作证件，保持情绪平稳和态度积极。在与患者交流时，要用通俗易懂的语言表达专业知识，保持冷静和耐心，认真倾听患者的陈述，对患者的疾病和痛苦表示同情与理解，安抚其紧张和焦虑的情绪，并合理引导。这些行为不仅体现了医生的职业素养，更彰显了对患者的人文关怀。

4. 法律法规与医学伦理　医生作为医疗行为的执行者，必须严格遵守相关法律法规和职业道德规范。正如习近平总书记所强调的："广大医务工作者要恪守医德医风医道，修医德、行仁术，怀救苦之心、做苍生大医，努力为人民群众提供更加优质高效的健康服务。"因此，在考试中，通常会涉及《中华人民共和国执业医师法》《医疗事故处理条例》等卫生法规的内容，以此考查考生的法律意识和职业道德水平。

5. 科研与学术分析　医学生需要从临床实际问题出发，探索如何将新兴科技与临床治疗技术相结合，以及如何对现有疾病进行科研和分析。这些不仅是医学生需要持续攻克的难题，也是塑造和磨炼其专业素养和能力的重要途径。

（二）笔试的准备要点

1. 答题要求

（1）纸笔考试　客观题作答要注意使用正规2B铅笔按规范填涂样式填涂对应的信息点；主观题作答要使用黑色墨水笔在答题卡对应题号区域边框内作答。

（2）计算机化考试　考生要提前熟悉《计算机化考试操作指南》，进行模拟操作练习，了解考试系统各项功能菜单的使用方法和常见问题的处理方法。

2. 考前准备

（1）答题工具　考前核对好考试用品清单，带齐必要的考试用品和身份证件，遵守考场规则，任何与考试无关的物品一律不得带入考场。

（2）知识框架　第一，学以致用，将所学的知识运用到实际中去解决各种问题。第二，认真梳理，系统掌握各科目要点，整理成一个条理化、具体化的知识系统和总纲目，有计划、有步骤地进行复习。第三，敏锐思考。医学考试题目多，要培养快速阅读、思考和答题的能力，提高答题速度。第四，多读多练，针对容易错的题目要勤记笔记，学会认真思考和比较。

（3）调整心态　心态是制胜的关键。我们要保持良好的心态，合理安排休息，确保充足的睡眠，避免熬夜和过度疲劳。同时，注意饮食，多吃易消化、易吸收的食物，保持身体健康和体力充沛。在踏入考场的那一刻，要保持高昂的斗志，自信地迎接考试。

3. 考试技巧　在考试中难免会遇到模棱两可或是特别纠结的题目，尤其医学考试题型多样，在做题时可以利用以下方法，提高做题效率。

（1）正选法　试题题干提出的问题明确，可以直接从选项中找出正确答案，其他选项作为干扰项。这类题目以考查基本概念、基本观点与知识点为主，需要考生准确掌握基础知识。

（2）排除法　排除法是指将错误的答案排除。题干里出现否定词或是自己没有把握的题目时，先用标记把能排除的答案去掉。做题时一定要注意答案所带来的暗示作用，认真判断答案中是否存在干扰项，仔细斟酌和辨别。

（3）比较法　通过比较题干与选项，以及选项与选项，肯定或排除某些答案。当题干中出现与选项相同或相似的词语时，提示该选项即为正确答案。当选项之间相互矛盾时，首先可以排除其中一项，接下来继续分析思考并选出正确答案。

【思考题】

1. 按性质分，笔试可分为哪些类型？

2. 医学生笔试考查的内容有哪些？

第三节　面试类型与应对技巧

学习目标

1. 熟悉面试的基本类型及其特点，使学生能够根据不同面试类型做出相应的准备，并具备相应的面试技巧。

2. 了解面试时可能被提问的几方面问题，以便学生有针对性地准备。

一、考研复试面试

（一）考研复试主要内容

1. 综合素质面试　医学考研复试的第一个环节通常是综合素质面试。在这个环节中，考官会以面试的形式来评估考生的综合素质，包括沟通能力、团队协作能力、领导能力等。考生需要展示自己的优点和特长，同时回答考官提出的问题，以展示自己的思维能力和应变能力。

2. 专业知识考核　医学考研复试的第二个环节是专业知识考核。这个环节主要考查考生对所学专业知识的掌握程度和应用能力。考生需要回答与自己专业相关的问题，展示自己对专业知识的理解和应用能力。考官可能会提问一些基础理论知识，也可能涉及临床实践和案例分析等方面的内容。

3. 实践技能考核　医学考研复试的第三个环节是实践技能考核。在这个环节中，考官会通过实际操作来评估考生的实践能力和技术水平。考生需要展示自己的实验操作技能、手术操作技能和临床诊断技能等。考官会根据考生的表现来评估其实践能力和技术水平，以及对实际操作的理解和掌握程度。

4. 英语听说能力测试　医学考研复试的第四个环节是英语听说能力测试。在这个环节中，考官会通过听力和口语测试来评估考生的英语听说能力。考生需要听懂英语材料并回答问题，展示自己的听力理解能力和口语表达能力。考官会根据考生的表现来评估其英语听说能力。

（二）考研复试面试要点

1. 如何能在回答问题时展现自己良好的思维能力　首先，要理清答题思路，明白应该从哪几方面答题，每个段落主要表述的内容，以及运用的理论、事例、数据等。其次，根据所构建的框架进行回答。最后，对问题进行总结、升华。

建议考生平时在读书、看报或阅读新闻时，运用上述方法训练自己的思考能力，提升自己答题的逻辑水平。

2. 如何应对不知道或者不熟悉的问题　在专业面试中，遇到不会的问题是很正常的，考生不必因此紧张。面对这种情况，首先要保持镇定和诚实的态度。如果确实不了解，应该坦然承认自己的知识盲区，切忌不懂装懂，因为导师通常对提问的领域非常熟悉，随意猜测很难蒙混过关。

不过，仅仅回答"不知道"并不是最佳选择，考生可以尝试结合自己的知识储备，对问题进行分析和推测。这样既能展现逻辑思维能力，又能体现积极的学习态度。

3. 如果考官问到自己的弱项问题，该如何应对　这类问题通常会暴露考生的弱点，如"为什么重修了××科目？""跨专业难度较大，你的优势是什么？"等。

此类问题属于考场中的"压力问题"，旨在考查考生如何看待自己的弱势，因此大家要端正心态，实事求是，不要编造理由，适当表达自己的改进方式和方法，体现虚心好学的心态即可。

二、求职面试

（一）按面试性质分类

面试是在特定时间、地点和场景下，通过面对面交流与观察进行的人才选拔过程。作为用人单位甄选人才的重要手段，这一双向互动过程既能让面试官评估应聘者的专业素质和实践能力，也能让应聘者了解用人单位的需求与期望。

应聘者应当提前了解目标单位的面试形式和特点，这不仅能帮助其有针对性地进行准备，还能有效缓解其紧张情绪。从实施形式来看，面试主要分为以问答交流为主的言谈面试，以及侧重实际操作演示的操作面试两类。前者重点考查应聘者的逻辑思维、语言表达和专业素养，后者则着重评估应聘者的动手能力和专业技能应用水平。

1. 言谈面试　是面试官基于用人单位需求，在特定场景下与应聘者进行的面对面直接交流的测评方式。面试官通过提问，让面试者以口头作答的形式，系统评估其知识结构、业务水平、工作经验及综合素质，最终判断其与目标职位的匹配程度。可见，对于面试者而言，考察的聚焦点在于匹配度，而匹配度的内涵范围较广，所以需要面试者进行充分的准备和长期的积累，方能从容应对面试。根据参与人数和考查重点的差异，言谈面试可分为单面和群面两种形式。单面采用一对一深度交流模式，侧重考查个人专业能力和职业特质；群面则通过团队协作场景，重点评估应聘者的沟通协调能力和团队合作意识。

（1）**单面**　是指主面试官分别与每一位面试者面谈，这是一种最常见的面试方式。它提供了一个面对面的机会，让面试双方能够较深入地交流。在单面中，考查形式大多为一问一答，能够给予面试者较大的面试压力，同时也能让面试官细致地了解面试者的个人经历和背景。在医学院校的保研面试中，单面通常意味着有多位老师同时面试一位学生。多数高校为4~6位考官，其中一位为主考官，另一位为主要负责英语面试的考官。

①一对一面试：是指面试者与面试官一对一交流的面试形式。一对一面试可以让面试官充分了解面试者的内心世界，让面试者有足够的时间去思考问题，不容易产生紧张情绪，从而更容易发挥自己的潜力。在一对一面试中，通过面试官与面试者的面对面交流，面试者可以更好地了解面试官的背景、经历和心态，从而更好地了解面试官的需求，进而为自己制订合适的求职计划提供参考。在实际面试中，一对一面试往往应用于第一轮面试，其目的不是找出期望中的人选，而是通过对面试者所具备的知识、技能和经验等进行初步的了解与核实，剔除一些整体素质较差的面试者。

②一对多面试：由多个面试官同时面试一个面试者，这通常发生在最终面试环节。一对多面试基本由应聘岗位相关的科室主任、骨干，以及相关的院领导等人员组成面试团。面试团成员轮流对面试者的人格特质、业务素质、行为风格等进行考核。在这种面试形式中，面试者要对面试团成员的所有提问进行回答，并要注意与他们之间的沟通，不能忽略其中任何一个人的问题。在一对多面试中，当一位面试官向你提问时，建议直视此面试官答题，这样可以更好地集中注意力，并展示你对问题的理解和回答的准备情况。面试结束后，面试团会综合所有成员的意见给予面试者评价。

（2）群面　是指多位面试者同时面对多位面试官的面试形式。这种面试方法要求面试者进行小组讨论，相互协作解决某一问题，或者让面试者轮流担任领导主持会议、发表演说等。群面可以考查面试者的沟通能力、洞察能力和思维能力等。

①一般小组面试：一般小组面试旨在通过组织一组面试者（通常5～8人）围绕一个与专业相关的问题进行一定时间的讨论，来评估面试者的组织协调能力、口头表达能力、辩论能力、说服能力、情绪稳定性、处理人际关系的技巧、非言语沟通能力（如面部表情、身体姿势、语调、语速和手势等）等方面的能力和素质。这种面试形式不仅考查面试者的专业技能，还关注面试者的个性特点、行为风格，以及是否具备团队合作和沟通协调的能力。在小组面试中，面试官通常不指定发言顺序，而是让所有面试者自行发言，从而观察每位面试者的表现，以便综合评价，判断其是否达到岗位的招录要求。

一般小组面试的优势在于能够同时评估多位面试者，更真实地反映其在工作压力下的应对能力和团队协作能力。这种方式不仅方便省时，还能有效地测试面试者的沟通、压力管理和团队协作技能，从而帮助面试官做出更准确的招聘决策。

②无领导小组面试：无领导小组讨论是一种非常常见的群面方式。其在不指定召集人、面试官也不直接参与的情况下，由面试者自由讨论面试官给定的讨论题目。讨论中，面试官与面试者保持一定距离，不参与提问或讨论，仅通过观察、倾听对面试者进行评分。

无领导小组面试一般由5～8位面试者组成一个小组，共同应对一个需要解决的问题。小组成员以讨论的方式，经过各种观点和思想的碰撞、提炼，共同找出一个最合适的答案。在讨论的过程中，每位面试者都处于平等地位，并不指定小组领导，而面试官则在一旁对面试者在讨论中的发言内容及左右局势的能力进行评估。无领导小组面试的内容可能是实际工作中的真实案例讨论，也可能是一项集体游戏。这种面试方法的优势是能节约面试时间，而且可以让面试者在比较放松的情况下处理问题，因而特别适合评价面试者分析问题、解决问题的能力，以及决策力和语言表达能力等，故目前被越来越多的企事业单位采用。

2. 操作面试　是一种通过实际操作来评估面试者技能和知识的面试形式。它通常包括技能操作和试讲等任务，旨在通过实际操作来评估面试者的技能水平和知识应用能力。操作面试不仅考查面试者的专业技能，还通过实际操作考查其解决问题的能力、团队协作能力和对工作的适应能力，从而提高招聘的效率。

（1）技能操作　操作面试中的技能操作通常指的是面试官在面试过程中通过评估面试者完成相应指

定操作或任务来评价面试者技能和能力的一种方法。这种方法通常用于特定岗位，如销售、编程、医疗等。其中实际操作可能包括销售演示、编程任务解决或医疗实践技能操作等。通过这种方式，面试官可以更直观地了解面试者的实际操作能力、问题解决技巧，以及其是否符合岗位需求。

在医疗岗位面试中，技能操作主要是根据面试者所报考岗位的基本要求，选择医院临床工作中一些常见的临床或护理的基本操作技术，考查面试者是否熟练掌握工作基本技能的操作方法和实践能力，以展示其医疗技能和操作熟练度。

（2）试讲　是一种教学形式的展示。它是在有限的时间内，面试者通过口语、形体语言和各种教学技能与教学组织形式的展示而进行的教学活动。试讲旨在考查面试者的综合能力，包括教学技能、组织能力、表达能力等。试讲可以分为几种不同的形式。

①模拟课堂试讲：在没有学生的情况下，教师模拟上课的情境，将课堂教学过程用自己的语言描述出来。这种形式考查教师的教学技能、对知识点的把握，以及在规定时间内完成教学任务的能力。

②真实试讲：即有学生参与的试讲。教师在真实存在的学生面前进行规定时间的讲课。这种形式更加接近实际教学环境，要求教师能够调控整个班级、善于应对突发状况、把握课堂节奏，以及逻辑清晰地授课。

③结构化面试中的试讲：这是一种标准化的面试形式，是指根据所制定的评价指标，通过特定的问题和评价方法，对教师的教学水平进行评价。这种形式强调教师的综合素质和教学能力。

（二）按面试操作方式分类

面试是通过当面交谈问答的方式对面试者是否具备所申请职位应有的才能和素质进行考核的一种方式。它是毕业生在整个应聘过程中具有决定性意义的一环。面试是求职成功的必经之路，也是最具挑战性的过程。面试按照操作方式的不同，可分为以下几种类型。

1. 问题式面试　由面试官对面试者提出一个问题或一项任务，请面试者在一定时间内完成或解决。其目的是观察面试者在特殊情况下的表现，以判断其分析问题和解决问题的能力。因其大多情况下都将面试者置于一定的情境中，因此也可称为情境式面试。

情境模拟就是招聘单位根据面试者应聘的职位虚拟一个工作环境，让面试者直接进入工作角色，从而测试其能力；或者招聘单位根据招聘岗位在实际工作中存在的问题提问，希望面试者能对问题进行分析并提出解决方案。

2. 案例式面试　是咨询公司特有的面试方式，通常分为两个环节：先是"预热"环节，面试者需进行自我介绍并回答面试官关于简历和职业选择的常规问题；随后进入核心的案例分析环节，即现场对给定的商业问题提出解决方案。这种面试的特殊性在于其高度互动性，应聘者需要在有限的时间内完成问题分析、逻辑推演和方案呈现。案例面试的挑战性主要体现在其真实性上。由于应聘者需要集中全部精力处理复杂的商业问题，往往无暇修饰行为细节，包括语言表达、肢体动作，以及应对压力的表现。这种高强度的互动过程使面试官能够全面观察应聘者的专业素养、思维方式和应变能力，从而做出更准确的评估。

3. 压力式面试　是一种通过刻意制造紧张氛围来考查应聘者抗压能力的面试方式。它并非独立的面试类型，而是融入常规面试环节之中。面试官会采用质疑的语气、尖锐的问题甚至挑衅的态度，通过连续追问、正话反说等方式对面试者施加心理压力，观察面试者在突如其来的压力下能否做出恰当的反应，以考查其机智程度和应变能力。压力面试的主要目的是打破应聘者的事前准备，迫使其展现真实的应变能力和情绪控制能力。但值得注意的是，只要应聘者提前了解这种面试形式的特点，保持心理预期并做好相应准备，完全可以在压力情境中保持镇定，展现出良好的职业素养。

4. 综合式面试　是一种通过多种方式综合考查面试者多方面才能的面试形式。这种面试方式由面试官通过不同方式来评估面试者在书法、演讲、计算机操作等方面的表现。综合式面试的目的是全面评估应聘者的能力，以便找到最适合岗位的候选人。如用外语同面试者对话以考查其外语水平，让面试者写一段文字以考查其书法能力，让面试者即时作文以考查其文字能力，让面试者讲一段文字以考查其演讲能力，也许还会要求其操作某一电脑软件等。

5. 自由式面试　是一种非结构化的面试形式。面试官会提出开放性问题，不设标准答案，旨在考查应聘者的思维广度和深度。这种面试方式强调应聘者的自主性和创造性，应聘者通过自由发挥展现其知识储备、思维方式和价值观念。

在自由式面试中，面试者需注意回答的逻辑性和针对性。虽然形式自由，但回答应当层次分明，既能体现个人见解，又能展现与岗位要求的契合度。

6. 电话面试　一般是为了考查面试者是否具有胜任某项工作的最基本能力和技术，如面试者的能力与简历描述是否一致、面试者能否与他人很好地沟通等。稳定的网络信号和安静的环境是电话面试的基本要求。在电话面试过程中，要认真倾听面试官的问题，回答问题时要尽量简单明了。

大多数企业在从简历中筛选出合适的面试者后，在正式面对面面试之前，通常会以打电话的方式进行 10～30 分钟的首轮电话面试，从而事先了解面试者的实际情况。一般面试官通过常规问题的询问或面试者的自我介绍，并根据简历对其教育及工作经历进行核实，判断面试者是否有符合职位要求的素质和能力，并判断是否给予进一步面试的机会。

三、面试的应对技巧

任何一次优秀工作机会的获取，都避免不了与面试官进行一场正面交锋，因此面试者（尤其是初入职场的毕业生）难免会在面试前感到紧张。下面介绍几种面试的实用技巧与方法。

（一）面试的考查内容

1. 观察形象　面试观察形象包括面试者的体型、外貌、衣着、行为举止等。国家公务员、教师、公关人员、企业管理人员等职业对外表和举止的要求都比较高。研究发现，那些仪态端庄、衣着整洁、行为文明的人一般都做事规矩，注重自我约束，有强烈的责任感。

2. 考查智商　面试考查智商主要是通过一系列的题目来检验面试者的通识能力、专业水平、逻辑推理能力、言语理解能力等。这些测评通常需要面试者在规定时间内完成。此外，这些专业测评通常与应聘岗位的专业性有关，旨在检验应聘者是否具备从事该岗位所需的专业知识和技能。通过这些测评，企业希望能够筛选出那些不仅智力水平高，而且专业能力强的应聘者，以提升招聘效率和质量。

3. 考查情商　情商是指个体在情绪管理、情感认知、意志品质和抗压能力等方面的综合心理素质。情商水平的高低对一个人能否取得成功有着重大影响，有时其作用甚至超过智力水平。面试考查情商可以评估面试者是否具备适应工作环境、建立良好人际关系，以及有效解决问题所需的基本情商。高情商的应聘者通常能够更好地应对工作中的压力和挑战，与同事和客户建立良好的关系，从而提高工作效率和团队绩效。

4. 了解职业生涯规划　通过了解职业生涯规划，面试官可以评估面试者的职业成熟度、自我认知能力和目标导向性。一个清晰、合理并符合公司需求的职业规划，能够增加面试的成功率，并帮助面试者在入职后更快地适应工作环境和融入团队。因此，在面试前，建议大家认真思考自己的职业规划，并准备好相关的回答。可以从自己的兴趣、能力、价值观出发，结合行业发展趋势和公司文化，制订一个既符合个人发展又符合公司需求的职业规划。

（二）面试的准备要点

1. 面试的基本礼仪　在求职过程中，面试者的形象往往在很大程度上影响着企业是否决定录用。因此，我们务必高度重视面试时的仪容仪表，精心设计自己的形象，为求职成功奠定坚实的基础，打好关键的第一战。

（1）服饰和妆容礼仪

①服装：面试服装应秉持庄重保守的原则，彰显职业特质。男生宜选择黑色调、款式稳重的西服套装，避免穿着运动衫搭配便裤，显得过于随意。女生则可身着朴素的裙装或套装，切勿选择晚礼服、奇装异服，也应避开吊带装、露背装、紧身装等过于暴露或夸张的款式，以基本色调、经典款式的服装为佳。无论选择何种服装，都必须确保整洁得体，避免过于花哨的图案或颜色搭配。同时，要根据自身的身材特点量体裁衣，确保服装合身，既能展现良好的精神状态，又不会给人留下不协调的印象。

在面试前，务必深入了解应聘岗位所在单位的文化氛围和工作性质。观察目标单位大部分员工以及领导层的着装风格至关重要。当我们的着装风格与应聘单位的主流风格相契合时，容易让面试官产生一种彼此有着相似信仰、价值观和人生态度的共鸣，从而更易获得对方的青睐。

②发型与妆容：面试时的发型应保持整齐、干净，避免过于新奇的造型。男生的头发需整洁，梳理自然，无呆板或湿发的迹象，发型应简单、朴素，同时要刮净胡须，展现出清爽利落的形象。女生的头发也应保持干净、朴素，尽量减少发饰的使用，追求自然之美。根据发型的款式，女生的头发长度应适中，不宜长发披肩，建议盘起或扎成马尾，避免过于另类的发型。整体妆容宜自然淡雅，切忌浓妆艳抹。

③饰物：男生在面试时可以佩戴手表、领带夹等简约的饰物，但应避免佩戴戒指、项链等过于繁杂或夸张的饰品。女生在面试中可佩戴一块手表、一枚戒指或一串项链，但戒指的数量不宜过多，以免显得过于奢华或张扬。耳环的选择也应谨慎，避免佩戴过长的吊式耳环，最好不戴手镯。

（2）时间观念　遵时守约是职场中最基本的职业道德规范，也是面试官极为重视的基本素质之一。面试者通常应提前5～10分钟到达面试地点。面试迟到或匆匆忙忙地赶到，是面试中的大忌，会给面试官留下极为负面的印象。提前到达面试地点有诸多好处。一方面，这能为你提供充裕的时间来熟悉面试环境，稳定自己的情绪，调整心态，使自己以最佳状态迎接面试。另一方面，这也能体现出你对求职的重视和诚意，彰显你的职业素养和责任感。相反，如果面试迟到，无论何种理由，都会被视为缺乏自我管理和约束能力，进而质疑你的职业能力。这种不良的第一印象，往往难以弥补，甚至可能导致你在激烈的求职竞争中被直接淘汰。

（3）大方得体

①空间须保留：人与人之间总是存在一定的距离，每个人都有自己的空间。面试时，面试者与面试官之间也需要保持恰当的距离，营造出一个舒适、尊重的交流环境。不恰当的距离会让面试官感到不适，进而影响面试效果。如果面试人数较多，招聘单位通常会提前布置好面试室，并固定好应试者的座位。进入面试室后，面试者切勿随意挪动椅子。有些人为了表现得热情或亲密，会不自觉地将椅子往前挪，这种行为在面试中是不被允许的。当面试人数较少时，面试官可能会邀请面试者同坐一张沙发。此时，面试者更需要注意保持合适的距离。坐得太近容易与面试官产生不必要的身体接触，这是非常失礼的行为；而坐得太远则会让面试官产生疏远感，不利于双方的沟通交流。

②坐姿须自知：良好的坐姿是面试中沟通顺利进行的重要保障。如果面试时坐的是靠背椅，切勿"瘫"在椅背上，而应保持背部挺直，避免弯腰弓背。头部要挺起，但不要仰着头或僵着脖子，以免给人留下高傲、冷漠的印象。若面试时坐的是软绵绵的沙发，要控制身体不要陷下去，以免显得懒散或缺乏精神。无论坐硬椅子还是软沙发，都应保持轻松自如的坐姿，双手自然平放在腿上，双眼平视面试官，展现出专注、尊重的态度。面试中最忌讳的坐姿是跷二郎腿。在日常生活中，跷二郎腿可能是很多人无意识的动作，但面试时一定要有意识地避免这一行为。一旦跷腿，面试官可能会认为你自高自大、缺乏修养，从而对你的职业素养产生质疑，影响面试结果。

③态度须自然：面试时，脸上应始终挂着微笑。微笑是一种无形的力量，也是一种无声的语言，更是人与人之间沟通的桥梁。一个会心、善良且真诚的微笑，能够让你的面容更加美好，显得更加亲切。微笑不仅能缓解面试的紧张氛围，还能让面试官对你产生友善感，而友善是面试成功的重要条件之一。面试过程中，适当的目光交流同样不可或缺。通过眼神交流，你可以向面试官传达出认真、专注的态度，表明你在全神贯注地参与面试。如果你在面试时东张西望，面试官难免会认为你心不在焉，甚至觉得你做事三心二意。面试时的专注度不仅反映了你对这次机会的重视，也暗示了你在未来工作中是否能够专心致志。

2. 面试的准备

（1）个人资料准备　面试之前根据用人单位的特点和要求准备几种格式的推荐材料，如就业协议书、备用简历、身份证、笔、笔记本、证书、与应聘职位相关的作品，最好将这些证书和作品的复印件整理装订成册，并带上原件以便核对。将所有材料整齐地放入一个公文包中，确保文件平整、有序。如果没有公文包，可以选择一个大小适中的资料袋，能够平整地放下 A4 纸大小的文件。面试前，检查公文包或资料袋的外观，确保其干净、整洁，避免因材料杂乱而给面试官留下不好的印象。

（2）目标岗位的信息　面试前要核实面试时间、地点、形式、轮次、目的、应聘职位等关键信息。同时，要尽可能详细地了解用人单位的情况，这包括组织内部情况和组织外部情况两个方面。组织内部情况包括发展历史和最新动态、发展目标与组织文化、单位领导人的姓名、单位规模与行政结构、服务内容与类别、绩效考核体系、培训体系、薪酬体系、正在招聘的职位及能力要求等；组织外部情况包括服务对象的类型及规模、组织的公众形象与社会评价、主要竞争对手的情况等。只有知彼知己，才能在面试中胸有成竹、言之有物，增强面试的针对性和说服力。

（3）模拟面试　面试前要充分演练沟通、聆听、举止、表达、礼仪等方面的技能，以突破缺乏面试经验的难点。面试者应该对投递的简历进行回顾，重新熟悉内容，特别是在个人介绍部分要突出人职匹配度，让面试官相信你确实有可用之处。做好这些工作后，可以请一位有经验的朋友、同学或老师扮演面试官，对面试进行必要的模拟演练，对一些可能被问到的问题进行预先熟悉，以便面试时能更好地发挥，做到梳理思路、心中有底。同时，加强面试技巧的培训，尤其是加强语言表达能力和随机应变能力的训练。

【思考题】

1. 请简单阐述考研复试面试的主要内容。

2. 请简要叙述考研面试的准备要点。

第四节　面试题型与案例分享

学习目标

1. 掌握不同类型的面试题目，深入地了解自己的优势、劣势、价值观、职业目标及个人特质，以便在面试中更准确地表达自己的观点和态度，同时也能帮助自己在职业道路上做出更明智的选择。

2. 熟悉不同类型面试题目的特点，提前准备应对策略，提高在紧张环境下的应变能力和心理素质，以便更加自信地应对面试中的各种挑战，从而增加获得心仪职位的机会。

一、关于个人情况的题型

（一）请用1~2分钟简单介绍自己

此类问题是面试官与面试者建立初步联系的重要环节。通过自我介绍，面试者可以展示自己的基本背景、专业能力和性格特点，从而在面试官心中留下良好的第一印象。用人单位可以快速了解面试者的整体情况，从而判断面试者是否符合职位要求。

（二）请谈谈自己的优势和劣势

此类问题是为了测试面试者对自己的客观认识。面试者可以事先准备几个事例加以证明，或加上其他人的观点。注意避免抽象的陈述，而应以具体的体验及自我反省为主，使内容更具吸引力和可信度。

（三）请分享你在校期间的一次失败经历

此类问题往往是一个双刃剑问题，关键在于面试者的表达角度。若一味地说自己没有失败，或者把那些明显的成功说成失败，都是不明智的。所谈的经历应是失败的，但要客观分析失败的原因，把失败带给自己的经验教训和正面影响表达出来。同时，注意不宜说出严重影响所应聘工作的失败经历。

（四）你有哪些兴趣爱好或者特长

此类问题常被很多人简单地理解为用人单位想招聘特长生，这其实是个误解。如果用人单位想要特长生，他们大可不必去综合性大学。实际上，他们的真正目的是想借此判断你的性格、涵养、为人和品德。例如，有的人喜欢中长跑，而且成绩也比较好，这会让人认为其有毅力、耐力，竞争意识强，而且能够忍受长时间工作。

（五）你喜欢什么样的工作氛围

这是一个非常重要的问题。这个问题的答案可能会影响到面试者是否能得到工作，因为许多雇主都在寻找与单位文化和理念相符合的员工。在一个与员工特质相匹配的工作环境中工作，才能够充分发挥每个人的潜力，为单位带来更多的价值。

二、关于应聘动机的题型

（一）你为什么应聘这个岗位

此类问题不要盲目地对公司进行赞美。很多面试者为了表达自己的渴望，一味强调获得这个岗位可以得到好的发展，可以掌握哪些专业技能等，往往忽略了招聘者的感受。雇主并不是为了提供免费培训而去进行招聘，而是希望新人能够对单位有所贡献，出一份力，添一份彩。因此，回答这类问题时要强调自己在公司有发展的空间，建议从行业、企业、岗位三个角度来回答。

（二）如果因为工作需要，需要先到基层锻炼，你是否愿意

此类问题主要考查应聘者是否踏实务实，而非好高骛远。很多求职者会直接表示愿意从事基础工作，甚至强调自己资历尚浅，只能做简单任务，这种回答反而暴露了勉强应付的态度。作为职场新人，可以表明愿意从基层岗位积累经验，为未来承担更高要求的工作打好基础。在某种程度上，初期的基础工作正是为长远发展奠定扎实根基的重要锻炼。

（三）谈谈你的未来打算

此类问题通常考查求职者的职业稳定性，因为企业更倾向于招聘长期发展的员工。虽然跳槽并非总是个人意愿，但回答时应避免给人留下短期学习的印象。要展现出踏实的态度，强调自己会全力以赴为企业创造价值。同时，表明个人职业规划与企业目标高度契合，期待与企业共同成长。

（四）关于公司，您可以向我询问

此时建议避免直接询问薪资待遇。可以向面试官提出乐于分享的问题，例如，新员工加入后需要重点学习哪些内容？可能面临哪些挑战？公司为员工提供怎样的职业发展路径？能否简单介绍一下团队文化和工作氛围？若准备充分，也可提出更具深度的问题，展现你的独特见解。

（五）如果我们和另一家公司同时聘用你，你会如何选择

此类问题一般多数人会以公司规模和薪资水平作为取舍依据，而很少有人会将工作部门、职位、公司发展前景、个人发展空间、团队氛围等综合因素进行比较。事实上，很多优秀人才会放弃大公司的高薪职位，而选择更有成长潜力的中小型企业——因为在那里可能获得更快的晋升通道和更核心的锻炼机会。

三、关于专业情况的题型

（一）你在校期间的学习成绩如何

此类问题主要考查应聘者的专业基础和学习能力。回答时应保持诚实，避免夸大或虚假陈述，因为用人单位可能通过后续测试或背景调查进行核实。若成绩存在波动，可简要说明原因并强调自己的进步与收获。

（二）你最大的成就是什么，为什么

此类问题旨在了解面试者的价值取向和自我认知。面试者在问答时要透露出自己的判断标准和崇尚的观点，避免空泛，可以结合具体经历（无论大小）说明自己的成长与收获。即使没有突出的奖项或职务，也可以分享个人经历中的闪光点，比如团队合作、克服困难等，重点展现你的能力与特质。

（三）你和其他求职者相比有什么不同

此类问题主要考查你的自我认知和团队意识。回答时应避免贬低他人或过度自我标榜，重点突出你的独特优势与价值，比如特定技能、项目经验或职业态度。保持客观、积极的态度，既能自信地表达你的优势，又懂得尊重他人。

（四）我们为什么要录用你呢

此类问题考查你的专业自信与岗位匹配度。建议站在招聘单位的角度回答："我符合贵公司的招聘条件，凭我目前掌握的技能、高度的责任感和良好的适应能力及学习能力，完全能胜任这份工作。如果贵公司给我这个机会，我一定尽职尽责地完成工作。"注意避免空泛的承诺，要提供具体依据。

（五）作为应届毕业生，你如何弥补经验不足

此类问题的回答应诚恳、机智。例如，"读书期间我一直利用各种机会从事该行业的兼职工作。我也发现，实际工作远比书本知识丰富、复杂。但我有较强的责任心、适应能力和学习能力，而且比较勤奋，在兼职中均能圆满完成各项工作，从中获取的经验也令我受益匪浅。请放心，学校所学及兼职经验使我一定能胜任这个职位"。

【案例】

今年3月，临床医学专业的应届硕士研究生小李在公务员面试和申博双双失利后，开始积极求职。凭借执业医师资格证，他信心满满地投递简历到北京各大医院的临床岗位，却接连遭遇拒绝。在漫长的等待中，他连一次笔试或面试机会都没获得，加上毕业事宜的压力，一度陷入焦虑，经常向师兄师姐倾诉苦恼。这时，师兄师姐的一番话对他启发很大："你不用只盯着医院的临床工作，也可以试试扩大范围。"

小李豁然开朗，开始向医院其他岗位（行政岗、实验岗等）、事业单位（研究院、医药相关岗位等）、企业（药企、贸企等）投递简历。转变策略后，小李陆续收到了多个笔试、面试邀请。他主动收集备考资料，联系在相关单位工作的校友取经，了解历年笔试、面试情况，认真准备每次考核。

4～5月，他频繁地参加笔试、面试，从不停下找工作的脚步，不断锻炼自己应聘的能力和本领。最后很幸运，一家研究院向小李伸出了橄榄枝。签完协议，他猛然发现，投身"苦"中，勤奋历练，方能在磨炼中有所收获。

【思考题】

1. 结合本节案例，简要阐述自己受到的启发。

2. 请写一份1分钟的自我介绍发言稿。

第 八 章

医学信仰与医德医风

第一节　职业道德与职业操守

一、职业道德

（一）职业道德的概念

职业道德是指人们在职业活动中应当遵循的行为准则和道德规范。职业道德包括诚实守信、爱岗敬业、尊重他人、公平公正等基本原则。《心理咨询大百科全书》中指出，职业道德是人们在从事某种职业活动时，个体的思想和行为应遵循的道德规范和准则。《中华法学大辞典》指出，职业道德是人们从事一定的正当社会职业时，在思想上和行为上遵循道德准则和规范来履行职责。它起源于社会经济的进步和社会分工的发展。恩格斯在批判费尔巴哈的形而上学道德论时曾经指出："实际上，每一个阶级，甚至每一个行业，都各有各的道德。"

职业道德作为特定职业群体的具有约束性的思想意识，其并非生而有之，而是随着社会发展逐步形成的，经历了萌芽、成形、发展的过程。生产力发展和社会分工细化是职业道德诞生和成长的本质原因。生产力提升促进了社会分工的优化，进而为职业及职业道德的产生和演变提供了基础和前提。职业道德，即从业者在职业生活中需要遵守的与职业有关的道德规范，以及与之相应的道德观念、情操和品质。

（二）医生职业道德的内涵

医学道德观念作为一种社会意识形态，其形成和发展受到社会经济、政治、文化、医学科学等多种因素的制约。2022年，我国颁布了最新版《中华人民共和国职业分类大典》，其中明确将"从事医疗、预防、康复保健，以及相关工作的专业技术人员"定义为卫生专业技术人员，并对各类医师的主要工作任务予以明确。医生的职业道德，也就是通常所说的医德，是医务工作者必须遵守的职业道德，它同医务人员的职业生活紧密联系，是在医务工作实践中形成的，并依靠社会舆论和良心指导，用以调整医务人员与服务对象之间、医务人员之间，以及医务人员与社会之间相互关系的行为规范的总和。

医生职业道德是医疗行业从业人员在职业活动中的行为规范，也是该行业对社会所肩负的道德责任与义务。医学院校通过教育手段，培养大学生符合医生职业需求的职业品德、纪律和专业能力，使其能够满足医疗环境对从业人员的职业要求。这一培养教育过程，即医生职业道德教育过程。

（三）医学生职业道德教育的意义

改革开放 30 多年来，随着医学科技的不断进步和医疗改革的深入推进，"人人享有基本医疗卫生服务"已逐渐成为触手可及的目标。与此同时，人们对医生的期望也从"名医"向"仁医"转变，更加注重医生的医德与人文关怀。现代人对健康的认识也发生了深刻变化，从传统的"问医看病"转变为"问医保健"，越来越重视养生保健。这一转变使得人们对医疗卫生系统的改革关注度不断提高，同时也更加关注医疗卫生行业的专业水平、就医环境，以及医生的职业道德素养。

然而，近年来医患关系却越发紧张，医疗纠纷数量不断增加，甚至出现了流血事件。这些事件不仅严重影响了医务工作者的形象，也给和谐社会的建设带来不利影响。医患矛盾的突出使得医疗卫生行业成为社会关注的焦点，也引发了社会各界对医务人员职业道德素养的广泛讨论。

《教育部 卫生部关于加强医学教育工作提高医学教育质量的若干意见》（教高〔2009〕4 号）指出："医学教育，德育为先。要将德育和职业素质培养列为医学教育人才培养的重要内容。"医学生时期是医务工作者职业道德素养培养的关键阶段。医学院校不仅要着眼于医学生专业素养的培养，更要树立其正确的职业道德观，建立高度的职业认同感。医德教育作为一种职业道德教育，不仅要在医务工作者中开展，更需要贯穿医学生学习的全过程。

医学生是我国医疗卫生事业蓬勃发展的中坚力量，也是维护人民身心健康的主力军。随着科学技术水平的发展，医学教育手段愈加科学化，教学设备愈加现代化，教学理念愈加国际化，这使得医学生职业技能的培养取得了长足的进步。可以说，目前我国医学院校毕业生的专业知识和技能水平已经基本可以胜任临床工作。医学院校在进行职业技能教育的同时，还必须承担起对医学生进行职业道德教育的重任。优质的医疗服务不仅需要拥有高超技术的"医者"，还需要怀有仁心的"医家"。

二、职业操守

（一）职业操守的基本概念

操守，一般是指人的品德、性情和气节。职业操守，往往被视为人们在从事职业活动时必须遵循的道德底线和行为规范。操守对个体的道德活动具有十分重要的意义。一个人若形成了某种操守，就会自觉地履行道德义务，积极主动地追求人格的自我完善，并以自己特有的行为方式显示自己的精神境界。操守是一个人为了完成某种道德义务所表现出来的某种稳定的道德习惯，更是一种信念，而这种信念基于一定的道德原则。

职业操守具有以下三层内涵：一是指人们在从事职业活动中必须遵从的最低道德底线和行业规范。它具有"基础性""制约性"的特点，凡从业者都必须做到。二是指人们在职业活动中所遵守的行为规范的总和。它既是对从业人员在职业活动中的行为要求，又是其对社会所承担的道德、责任和义务。良好的职业操守包括诚信的价值观、遵守相关法规等内容。三是指从业人员在职业活动中应遵循的行为准则和道德规范，包括诚实守信、爱岗敬业、尊重他人、公平公正等。它是维护职业形象、保障职业活动正常进行的重要保障，有助于提高从业人员的职业素养，促进职业发展和社会进步。

（二）职业道德与职业操守的关系

职业道德是指在工作中遵守的道德规范和价值观，而职业操守则是指在从事职业活动中所展现的态度和行为准则。职业道德和职业操守是相互联系、相互促进的。职业道德是一种内心的价值观念和行为准则，是职业操守的基础。只有具备正确的职业道德观念，才能具备良好的职业操守。职业操守则是在职业活动中对职业道德的具体践行。遵循职业操守的同时，也是在践行职业道德。因此，职业道德与职业操守是相互依存、相互补充的。在实践中，只有将二者结合起来，才能真正做到在工作中严守职业道德，践行良好的职业操守。

职业操守更侧重于个人内在的品德约束，它是通过个体的道德标准来引导行为的。职业操守并非单一的职业规定，而是个人在社会活动中形成并体现的道德行为习惯。它是道德理念的具体体现，也是行为的内在驱动力。职业操守既是个人在职业活动中的行为准则，也是其对社会所承担的道德责任的体现。

（三）医生职业操守的内涵

医务工作者在医疗实践活动中所应遵循的道德规范，是知识分子的职业道德之一。医德是随着医学的产生而产生的。中国最早的医书《黄帝内经》中就有《疏五过》《征四失》等论述医德的篇章。唐代名医孙思邈在其著作《备急千金要方》中有一章专门论述医德，其中系统地提出了医生的道德准则：要求医者不避艰险，尽心竭力，治病救人，不怕脏臭，不分贵贱贫富、长幼妍蚩，一视同仁；不以一技之长，掠取民众财物。这些要求长期以来被奉为医务人员的道德准则。医德同其他社会职业道德一样，在实践中不断充实、发展，形成稳定的职业心理和习惯，世代相传。

1988 年，我国出台了《中华人民共和国医务人员医德规范及实施办法》，其中关于医德规范的内容如下：

1. 救死扶伤，实行社会主义的人道主义。时刻为患者着想，千方百计为患者解除病痛。

2. 尊重患者的人格与权利，对待患者，不分民族、性别、职业、地位、财产状况，都应一视同仁。

3. 文明礼貌服务。举止端庄，语言文明，态度和蔼，同情、关心和体贴患者。

4. 廉洁奉公，自觉遵纪守法，不以医谋私。

5. 为患者保守医密，实行保护性医疗，不泄露患者隐私与秘密。

6. 互学互尊，团结协作。正确处理同行、同事间的关系。

7. 严谨求实，奋发进取，钻研医术，精益求精，不断更新知识，提高技术水平。

1991 年，由国家教育委员会高等教育司发布的《医学生誓言》（106 号文件附件四）中强调了医学生的习医行为规范："健康所系，生命相托。当我步入神圣医学学府的时刻，谨庄严宣誓：决心竭尽全力除人类之病痛，助健康之完美，维护医术的圣洁和荣誉。救死扶伤，不辞艰辛，执着追求，为祖国医药卫生事业的发展和人类身心健康奋斗终生！"医学生是未来的医务工作者，加强医学生职业道德教育具有十分重要的现实意义。

三、医生职业道德与职业操守的培养策略

所谓医德，是指医务人员的职业道德，也是医护人员在工作中与患者、家庭、社会发生医患关系时应尽的义务和责任。学校应加强对医学专业学生职业道德素质的塑造，培养他们良好的工作作风和医德修养，使医学生在掌握医学知识和技能的同时注重医德医风的养成，将学生培养成为精于专业、诚于品德、德才兼备的医学人才。

（一）开展医德文化和情感教育

医学生的职业道德培养应从入学教育开始，紧密结合医学院校的特色，通过学校文化与医院文化的深度交融，将医德规范和医院文化深植于每一名医学生心中。例如，可以开展医院文化节、医德规范知识竞赛等活动，让学生在参与中感受医德文化的魅力和内涵。同时，组织新生入学体验活动，如参观医院、与医院合作开展实践服务项目，让学生尽早接触患者，从而树立医德情感和医德良心。

在日常培养过程中，应注重开展富有情感教育意义的活动，帮助学生深刻理解关爱、分享、抚慰、给予等情感的重要性，促进其内在情感的提升。这不仅能增强学生在未来的医疗活动中展现医德情感的能力，还能让他们更深刻地理解医患相处之道，感受医德培养的价值。学生将学会真诚地对待患者，用情感安抚患者的情绪，形成具有医疗行业特色的优质服务观念，并将其贯穿于服务与学习之中，最终将医学生培养成为具有高尚道德品质的医务工作者。

（二）深化课程改革，融入医学生职业道德教育

2020 年 5 月 28 日，教育部在《高等学校课程思政建设指导纲要》中指出，医学类专业课程要在课程教学中注重加强医德医风教育，着力培养学生"敬佑生命、救死扶伤、甘于奉献、大爱无疆"的医者精神，注重加强"医者仁心"教育，在培养学生精湛医术的同时，还要教育引导其始终将人民群众的生命安全和身体健康放在首位，尊重患者，善于沟通，积极提升综合素养和人文修养，提升依法应对重大突发公共卫生事件的能力，做党和人民信赖的好医生。

医学生职业道德教育与培养主要通过各门课程的教学环节来实现。在教学过程中，应突出课程内容与职业道德教育的深度融合，构建以专业课、实习、实训为核心，各类课程全方位渗透的教学模式。医学生在掌握专业知识的同时，还需深入了解医疗卫生行业的职业道德要求，从而热爱所学专业，增强学习主动性，提升专业理论知识与技能水平，为患者提供优质服务。一方面，高校应优化医学生的人文修养课程。课程内容应融入社会、文学、历史、艺术、心理、美学等多个人文领域的元素，全方位培养医学生关爱他人、敬畏生命、尊重生命、呵护生命的意识，进而培养其职业道德情感。另一方面，可创新医学生职业道德活动课程。将活动课程与"第一课堂"紧密结合，充分发挥"第二课堂"的实践优势，优化整合校内外职业道德教育资源，进行系统规划，实现理论与实践的有机结合。

（三）注重临床实践过程中的职业道德教育

临床实习阶段是医学生职业道德素质培养的关键时期。在学校学习期间，学生已经积累了扎实的专业知识，而在实习阶段，他们不仅要学习临床技能，更要塑造自身的医学职业道德素质。在临床实践中，应引导学生学会学习、学会做事、学会做人，以医生的爱岗敬业精神和良好的职业素质为目标，全面培养医学生的服务意识与奉献精神。

（四）构建"多位一体"的评价体系

构建全面、科学的考核制度与评价标准，有助于完善医学生的职业道德教育，促进其成长。一方面，医德教育考核应贯穿医学生职业道德教育的理论学习与实践教育的全过程。在职业道德课程、思政学习、见习实习，以及日常班团活动中，应重视医德考核记录，确保考核的全面性和连贯性。另一方面，院校可探索建立医学生职业道德教育逐级管理体系，以校党委、校团委、团总支、各班级团支部为各级管理主体，形成相互联系、相互配合的层级化职业道德教育体系，将职业道德教育贯穿医学生培养全过程。

医学生职业道德教育是一个长期且需反复学习的过程，必须坚持不懈、持续更新，以确保其思想道德水平始终保持高位。同时，应遵循理论与实践相结合的原则，不断丰富教学内容，优化教学方式，摒弃医德教育中的陈旧观念。将多样化的职业道德实践方式融入医学生职业道德教育全过程，使其在实践教学环境中提高职业认同感和职业道德自觉性，自觉遵守医务人员职业行为规范，树立良好的职业道德信念，最终成为优秀的医务工作者。

【思考题】

1. 请谈谈医学生了解医生职业道德和职业操守的必要性和有效途径。

2. 请结合具体实例，谈谈如何在临床实践中保持医生职业道德和职业操守。

第二节　医学人文精神

1. 掌握医学人文精神的核心价值。
2. 熟悉医学人文精神的培养途径与方法。

一、医学人文精神的本质与特征

（一）医学人文精神的基本概念

人文精神又称为人本主义，是指一种普遍的人类自我关怀，表现为对人的尊严、价值、命运的维护、追求和关怀，对人类遗留下来的各种精神文化现象的高度重视。人文精神是人类智慧和精神的载体，其核心思想有三点：一是关心人，以人为本，重视人的价值。二是弘扬人的理性，反对神学对理性的贬低。三是主张灵肉和谐，立足尘世生活的超越性精神追求。

医学的人文属性正如特鲁多医生所言："有时去治愈，常常去帮助，总是去安慰。"在医疗实践中，真正能够彻底治愈的疾病只占少数，医生更多的是在为患者提供帮助和安慰。例如，对于慢性疾病患者，医生可以用药物来缓解其症状、维持其机体的生理功能、提高其生活质量；而对于晚期肿瘤患者，医生则应更加注重减轻患者的痛苦，同时给予更多的精神和心理关怀。现代医学之父威廉·奥斯勒曾指出："行医，是一种以科学为基础的艺术。它是一种专业，而非一种交易；它是一种使命，而非一种行业。从本质上讲，医学是一种社会使命，是一种人性和情感的表达。"

医学人文精神，即在医学活动中坚持关爱生命、以人为本的精神，是一切医学活动应遵循的精神，其实质是以患者为中心的医学伦理精神。它要求在诊疗关系中，将患者置于重要位置，以同理心对待患者，尊重其价值。医学人文精神是人文精神在医疗领域和医学实践中的具体应用和体现，以关怀和尊重患者为终极目标，体现了医学对生命的态度。与医学基本知识和医疗技能操作不同，医学人文精神更关注患者的生命质量与生命价值，体现在对患者生命状态、疾病与健康、权利与需求、人格和尊严的关注与尊重。"共和国勋章"获得者钟南山曾指出："人文精神是医者的品质和社会责任，无论置身于怎样的环境，都不能放弃爱心、责任心和进取心。"这充分彰显了医学人文在医学领域的重要价值。医学人文精神是医学发展和医疗进步的指导思想和精神引领，是根植于医务人员内心深处的素养，是他们设身处地为患者着想的善良，是医学追寻的终极意义和生命价值，更是医学的灵魂及其具体实践。

（二）医学人文精神的核心价值

"医乃仁术"是中国传统医学的精髓。本着"爱人之心"和"恻隐之情"，对患者倾注关怀之情和仁爱之意，已成为古代医学家人文精神最本质的特点。医学人文精神的核心是以人为本，追求人的价值，强调人的健康权和生命权是固有权利，对患者应施以理解、关心、尊重的态度，理解患者的痛苦，关注患者的需求，保障患者的权利，尊重患者的尊严和生命价值，坚持尊重生命、敬畏生命。因此，现代医学人文精神的核心价值是以人为本、尊重生命、敬畏生命，其目的是使全社会的健康得到改善，实现人类全面而自由的发展。

医学人文精神的特征概括起来，主要有以下几点：科学严谨、尊重生命、关爱生命、诚信、敬畏生命、团队精神、公平公正、人际沟通与协调能力、社会责任感、法律意识、社会主义的人道主义精神、精益求精、廉洁自律、职业角色意识、高尚的人格、知识素养、有利不伤害、移情能力、奉献精神。

在我国传统医学的探索发展过程中，处处渗透着以人为本的思想。《素问·宝命全形论》中提到："天覆地载，万物悉备，莫贵于人。"这表明人是天地间最为宝贵的，而济世之道，莫大于医，因而活人之业至关重要。人命至重，唐朝孙思邈在《大医精诚》中强调，"若有疾厄来求救者，不得问其贵贱、贫富、长幼、妍蚩、怨亲善友、华夷、愚智，普同一等，皆如至亲之想"，展现的是对生命的平等尊重。晋代杨泉在《物理论》中提出，"夫医者，非仁爱不可托也，非聪明理达不可任也，非廉洁淳良不可信也"。其认为，医者必须兼具仁善、明达、廉洁的品质，对从医人员的整体素质尤其是道德水准提出了更高要求，体现了传统医学对医德的重视，对"仁术"的推崇。仁者爱人，在传统医学乃至整个传统文化看来，对生命怀有大爱，才能对患者负责，才有资格真正从医。

二、医学人文精神在医疗实践中的重要作用

（一）提升医疗服务质量

医学是科学与人文的统一体，精湛的医技和温暖的人文关怀都属于优质医疗服务，二者缺一不可。健康是人民永恒的追求，改善就医体验没有止境。随着经济社会的快速发展，人民群众对健康服务的需求也在不断增长，不仅要看得上病、看得好病，还要看病更舒心、服务更贴心。《"健康中国2030"规划纲要》提出，要"优化诊疗流程，增强患者就医获得感"，"加强医疗服务人文关怀"。因此，不断提升医疗服务质量，切实增强人民群众就医获得感、幸福感、安全感是目前医疗工作面临的新任务。

医学人文精神的核心价值是坚持以患者为中心，切实保障患者权益，为患者提供优质的医疗服务。医疗服务的提供方包括医生、护士、护工，以及医院管理者。每一方均应认真践行医学人文精神，切实将患者看作平等的"人"，以患者为本，为患者提供疗效好、痛苦少、损伤小、价格廉的医疗服务。医生为患者提供医疗服务时，应重视患者的感受，对患者的生理、心理给予更多的关注，消除患者的顾虑和不安，鼓励患者配合医生积极参与治疗。在精心治疗的基础上，给予患者悉心全面的护理，注重与患者的沟通，落实患者知情权和同意权。从医院整体而言，打造清新优美的环境，营造积极向上的医院文化等亦是医学人文精神的外在体现。

践行医学人文精神的过程，就是潜移默化地提升医疗服务质量的过程。当一家医疗机构从管理者到医生、护士，再到护工等都具备良好的医学人文素养，并在工作中将这种素养落实到每一个细节，那么这家医疗机构的服务质量必将大幅提升，患者的治疗效果也会显著改善。

（二）促进医患关系和谐

医患关系是指"医"与"患"之间的关系。医患关系是医疗服务活动中客观形成的医患双方，以及与双方利益有密切关联的社会群体和个体之间的互动关系，是医务人员与患者在医疗过程中产生的特定医治关系，是医疗人际关系中的关键。构建和谐的医患关系，一方面医生要有渊博的医学知识和过硬的医学技术；另一方面需要医患之间的语言沟通和情感交流，在充分交流的基础上，建立起彼此的尊重和理解。

医学人文精神要求医生对患者身心的关怀、对生命的尊重、对尊严的维护和对价值的认同。这种关怀是医务人员发自内心地为患者着想，想方设法帮助患者恢复健康。只有当医生将患者视为一个完整的人，而不仅仅是疾病的载体时，才能真正赢得患者的信任。只有医学人文素养高的医生才有可能推动医患之间积极的人文交流，构建和谐的医患关系。和谐的医患关系是患者产生乐观情绪的关键，而患者积极向上的情绪对病情的转归和预后具有重要作用。

建立和谐的医患关系，需要从以下几方面入手。首先，需要完善制度保障。坚持以人为本，面向社会和大众的需求，做好医疗体系的顶层设计，维护良好的医疗秩序。其次，应完善相关法律法规。法律法规应与时俱进，明确从医和就医的行为规范，从法律层面严惩破坏正常诊疗秩序的行为。最后，提升医院和公众的法律意识和素养。一方面，要加强医学科普，引导大众树立正确的健康观和生死观。另一方面，通过设立公共监督渠道和使用法律手段等方式，引导大众正确处理医疗纠纷，避免采用极端或非法手段。医护人员则要自觉提升法律素养、规范自身行为、依法行医，同时强化人文关怀，推进医患关系的良性发展。在此过程中，人文精神起到润滑剂的作用，对于构建和谐的医患关系至关重要。

（三）推动医学科学进步

随着社会的进步，人民群众对健康的追求愈发全面，对医疗服务质量的要求也不断提高。当前，医学模式已从传统的生物医学模式逐渐转变为生物－心理－社会医学模式，而医学人文精神则是推动这一转变的关键助力。医学模式的转变离不开医学人文精神的支撑。从生物医学模式向生物－心理－社会医学模式的转型，不仅意味着医学视角的拓宽，更代表着临床防治战略重点的转移。这种转变可概括为"4P"医学模式，即预测性（predictive）、预防性（preventive）、个体化（personalized）和参与性（participatory）。在"4P"模式的基础上，还应进一步增加一个"P"——早干预（pre-symptomatic），形成"5P"医学模式。在"5P"医学模式的实践中，医学人文精神发挥着至关重要的作用。具体而言，治疗及干预的效果主要体现在疾病早期，但疾病早期，患者往往认识不到疾病的严重性，其治疗的积极性和自觉性普遍较低。此时，医生需要充分发挥人文精神，引导并说服患者配合医学干预及治疗。

医学既是科学的，也是人文的。医学的人文内涵贯穿其发展史的始终。如果脱离了为人民健康服务、解除人民疾苦这一核心宗旨，医学科学的发展不仅会失去动力，更会迷失前进的方向。医学的起源是人类为了保护自身健康而建立和发展起来的实践。例如，神农尝百草的故事，展现了先人不计个人生死、勇于探索治病草药的精神。这不仅是中医学的开端，更是医学人文精神的早期体现。西方医学之父希波克拉底也曾说过："无论我到什么地方，都要为患者做事，不能有不当行为，不论他是男是女，不论他是贵族还是奴隶，都要公平对待。"他还指出："我不能把患者告诉我的事情随便告诉别人。"这些例子说明，无论是中医学还是西医学，都是在具有高尚人文素养的医生的推动下一步步发展起来的。

三、医学人文精神培养的途径与方法

（一）加强医学人文的理论教育

医学人文素质教育应该贯穿医学生培养全过程，贯穿医生职业全周期。新时代的医学教育需要厚基础、宽视野、强创新、重人文。

加强医学人文教育，需要从高校医学教育入手。医学生入学后的"新生第一课"——医学生宣誓，即医学人文教育的开始。医学生誓言能在刚迈入大学校园的学生心中播下激情与渴望的种子，激励医学生带着求知向上、救死扶伤的崇高理想开启医学之路。目前，医学院校均开设有与医学相关的人文课程，如医学伦理学、医学心理学、医学社会学等，让医学生了解医学与社会、文化、伦理的紧密联系，培养医学生的人文素养。21世纪，培育医学生的人文精神是医学人才培养的重要举措之一。医学院校应引导医学生树立敬畏生命、尊重生命、关爱生命、守护生命的精神，使其真正理解"以患者为中心"的理念，以及"救死扶伤是医生的天职"的深刻含义。医学生需要明确，未来职业的服务对象不仅是"病"，更是"人"，患者需要得到更多的关爱与尊重。医学院校可以邀请医学人文领域的专家学者举办讲座或工作坊，通过案例分析、角色扮演等互动式教学的方式，让医学生亲身体验和感受人文精神的内涵。

（二）加强医学人文的实践教育

医学院校的医学人文教育还应强化医学人文实践教育。临床实践是医学生将人文精神转化为医疗服务的重要场所。医学生不仅需要把专业知识、专业技能转变为服务患者治疗的工具，更要把对患者的关心与爱传递给患者，给予患者战胜疾病的信心。在临床实践过程中，人文精神的内容和训练方法需要落到实处，要重视临床实践过程中人文精神的内容与训练方法，将抽象的人文精神内容落实为具体可操作的技能。这些技能包括语言沟通、礼仪形象、医疗行为规范、诊疗过程中的决策思维技能、医疗文书的书写规范等。通过一系列人文实践活动，让医学生在实践中学习如何与患者沟通，如何理解患者的需求和情感，培养同理心和人文关怀能力。

医学院校还应开展社会医疗实践活动，组织在校医学生深入基层开展卫生保健、医疗服务及志愿者活动。通过亲身实践，医学生能够深刻体悟医务人员的神圣职责，感受医学人文价值，从而自觉深化医学人文精神，在未来的医疗实践中更好地服务患者。在实践中培养学生的人文情怀，教师的言传身教和良好的医德医风是医学人文教育的重要途径。实践活动还应包括教学实践、生活实践和红色基地教育等内容。在与其他医生、患者、家属，以及普通民众的接触中，医学生能够增强主体感受性，亲身感受和体验医学人文精神的魅力，进而提升自主学习医学人文理论的热情，为将医学人文精神内化于心、外化于行奠定坚实基础。

此外，实践活动应与思政教育相结合。组织学生参观纪念馆、英雄故居等，开展红色文化教育，以培养其家国情怀。同时，也需要引导学生正确看待负面报道，学会处理负面情绪，培养他们理性、客观的思维能力。

（三）加强医学人文氛围的营造

构建人文校园文化。医学院校应营造浓厚的人文氛围，如举办医学人文讲座、展览、文化节等活动，让医学生在校园文化中感受人文精神。同时，设立医学人文奖学金、优秀医学生人文奖等，表彰在人文方面表现突出的医学生，激励他们继续发扬人文精神。

促进师生交流。鼓励教师与医学生之间的交流与互动，通过导师制、小组讨论等方式，让医学生有机会深入了解医学人文的精髓和内涵。教师应以身作则，通过自身的言谈举止展现人文精神，成为医学生的榜样和引领者。

加强医学人文研究。医学院校应加大对医学人文研究的投入，鼓励医学生和教师参与相关研究项目，推动医学人文理论的创新和发展。同时，通过研究成果的发表、交流等方式，提升医学院校在医学人文领域的知名度和影响力。

在社会层面，需要加大对医学人文精神的弘扬力度，将医学人文价值与医务人员的崇高职业理想融合，塑造医务人员为人类健康奉献毕生的崇高理想，并将医学人文精神切实融入医学实践之中。营造医学人文氛围需要全社会的共同努力。社会成员应提升自身的人文素养与科学素养，理性看待医学的局限性，认识到医学并非万能，医生也无法包治百病。行业协会应重视医务人员人文素养的培养与考核，将其纳入职业发展的关键环节。同时，全社会应尊重医务人员，积极促进尊医风尚的形成。

在医院层面，应大力推进医院现代文化建设，构建服务型医院文化，通过现代医院文化彰显医学人文精神。医院需要不断强化医学人文的正面宣传，倡导医学人文价值，以良好的人文环境引导医务人员自觉提升人文素养，固化良好人文行为。医院管理者不仅要倡导在医疗服务过程中对患者的人文关怀，还应关注医护人员面临的高强度、高风险的工作状态。他们缺乏来自患者和社会的理解，也缺乏来自行业和医院管理者的人文关怀。因此，医院管理者应加大对医务人员的人文关怀力度。医务人员是医学人文实践的主体，只有他们得到了医院的真诚关爱，才有能力更好地去关爱患者。

【思考题】

1. 医学生应该如何培养自身的医学人文精神？
2. 医学院校应该如何培养医学生的人文精神？

第三节　案例分析

学习目标

1. 掌握正面案例的启示意义。
2. 熟悉反面案例的警示意义。
3. 了解未来医学领域职业道德与人文精神的发展趋势。

一、正面案例剖析

（一）案例背景与基本情况

张定宇：以"渐冻"之躯，筑起抗疫钢铁长城

在抗击新冠疫情的战役中，有一位身患"渐冻症"的勇士，他用自己的行动诠释了什么是真正的"人民至上、生命至上"。他就是湖北省卫生健康委员会副主任、武汉市金银潭医院院长张定宇。

张定宇，1963年12月出生于湖北省武汉市，毕业于同济医科大学，从医三十余年，始终坚守在医疗救治的第一线。然而，命运却在他年近六旬时开了一个残酷的玩笑——2018年，他被确诊为"渐冻症"。这是一种罕见病症，会逐渐导致全身肌肉萎缩并出现吞咽困难等症状，直至呼吸衰竭。面对这一突如其来的打击，张定宇没有退缩，而是默默地将病情隐瞒，继续以饱满的热情投入到工作中。

2019年底，随着首批不明原因肺炎患者转入武汉市金银潭医院，这里迅速成为全民抗疫之战最早打响的地方。作为医院的掌舵人，张定宇深知自己肩上的责任重大。他带领全院600余名医护人员，夜以继日地奋战在抗疫最前线，没有节假日，也不分白天黑夜。他的身影总是出现在医院最需要的地方，无论是病房、会议室，还是协调现场，都能看到他忙碌的身影。

面对肆虐的疫情，张定宇的"渐冻"之躯并没有让他放慢脚步。相反，他更加坚定了与时间赛跑、与病毒搏斗的决心。他常说："我必须跑得更快，才能跑赢时间；我必须跑得更快，才能从病毒手里抢回更多患者。"在他的带领下，金银潭医院成为抗击疫情的坚固堡垒，成功救治了数千名新冠患者。

然而，张定宇的付出远不止于此。在抗疫期间，他的妻子也因感染新冠病毒而接受隔离治疗，他只能在忙碌之余，抽空通过电话询问妻子的病情，给予她精神上的支持。面对家庭的困难和个人的病痛，他始终将患者的生命放在首位，没有因为个人原因而离开岗位半步。这种舍小家为大家的精神，让无数人为之动容。

张定宇的勇敢和担当不仅赢得了同事们的尊敬和患者的感激，更赢得了国家和社会的认可。2020年，他被授予"人民英雄"国家荣誉称号，并获得了第十二届"中国医师奖"和"感动中国年度人物"等殊荣。这些荣誉不仅是对他个人贡献的肯定，更是对他所代表的医务工作者群体的高度赞扬。

（二）案例的启示意义

1. 坚守职责，勇于担当 在面对疫情和个人健康挑战时，张定宇始终坚守医生的职责，勇于担当救治患者的重任。这启示我们，无论身处何种岗位，都应当时刻牢记自己的职责和使命，勇于面对困难和挑战，不推诿、不逃避，积极履行自己的职责。

2. 以人为本，关爱他人 张定宇在救治患者的过程中，始终将患者的生命健康放在首位，展现了他对生命的尊重和关爱。这启示我们，在工作中要始终以人为本，关注他人的需求和感受，积极为他人提供帮助和支持。只有这样，才能建立和谐的医患关系，推动工作的顺利开展。

3. 专业敬业，追求卓越 张定宇凭借深厚的专业知识和丰富的临床经验，在抗疫中取得了显著的成绩。这启示我们，无论从事何种职业，都应当具备扎实的专业知识和技能，不断学习和提升自己的能力水平。同时，要保持对工作的热情和敬业精神，追求卓越的工作成果和业绩。

4. 无私奉献，服务社会 张定宇在抗疫期间，舍小家为大家，无私奉献自己的时间和精力。这启示我们，要具备无私奉献的精神，当个人利益与集体利益发生冲突时，将个人的利益置于集体利益之后，积极为社会作出贡献。通过参与志愿服务、捐款捐物等方式，帮助那些需要帮助的人，共同推动社会的进步和发展。

5. 坚守道德底线，维护职业操守 张定宇在救治患者的过程中，始终坚守医德，尊重生命，维护了医生的职业操守。这启示我们，在工作中要坚守道德底线，遵守行业规范和职业操守，不为一己私利而违背良心和原则。只有这样，才能赢得他人的信任和尊重，树立良好的职业形象。

张定宇以自己的实际行动诠释了什么是医者仁心、大爱无疆。他用自己的"渐冻"之躯筑起了一座抗击疫情的钢铁长城，为保护人民群众的生命安全和身体健康作出了巨大贡献。

二、反面案例警示

（一）案例背景与基本情况

刘某事件

刘某，外科学博士，曾就职于湖南省长沙市某三甲医院。2022年，多位网友发文举报刘某医德败坏，在执业过程中劣迹斑斑。

针对网民反映的有关问题，2022年8月，该医院回应称，已成立调查组，并停止刘某的工作以配合调查。随后，该市监察委员会发布消息，刘某涉嫌严重违法，目前正接受监察调查。调查开始后，刘某即被要求停止执业，并被免去全部院内职务。该医院有关人员也受到严肃处理，同时启动了对该医院相关负责人的调查问责程序。

2024年，该市中级人民法院依法对刘某案一审公开宣判。最终，刘某以故意伤害罪、受贿罪、非国家工作人员受贿罪，以及职务侵占罪共被判处有期徒刑十七年，并处罚金。

（二）案例的警示意义

刘某的案例带来的反思与教训是极为深刻的，这起事件绝非仅仅是个人职业道德和职业操守的缺失，更是给整个医疗行业敲响了警钟。

1. 医者仁心的丧失 刘某作为一名医生，本应秉持"救死扶伤"的初心，但他却将医术作为谋财的手段，严重背离了医学的崇高使命。他通过夸大病情、过度医疗、私自切除患者器官等行为，不仅损害了患者的健康，更玷污了医生的职业形象，违背了医生应有的职业道德和职业操守。

2. 医疗监管的漏洞与制度的不完善 刘某能够在医院内长期进行违规操作而未被及时发现，暴露出医疗监管的漏洞和监管不到位的问题。相关部门应加强对医疗机构的日常监管和定期检查，确保医疗行为合法合规。同时，医疗行业的制度建设还需进一步完善，包括建立更加严格的医疗行为规范和惩处机制，以及医疗事故的及时报告和处理制度等。

3. 患者权益的保护与医患关系的改善　提高患者的医疗知识和自我保护意识，能使患者更加理性地面对医疗行为，避免被误导和欺骗。同时，医生要加强与患者的沟通和交流，建立更加和谐的医患关系。医生应尊重患者的知情权和选择权，充分告知患者病情和治疗方案，耐心解答患者的疑问。

4. 媒体监督的作用与舆论的引导作用　媒体应加大对医疗行业的监督力度，及时曝光医疗违规行为和不良现象，促进医疗行业的健康发展。在报道医疗事件时，媒体应客观公正地呈现事实真相，避免过度渲染和误导公众情绪。同时，媒体还应加强对公众的教育和引导，提升公众对医疗行业的认知和理解，营造良好的社会舆论环境。

5. 个人修养与道德品质的提升　医疗机构应加强对医护人员的医德教育，引导他们树立正确的价值观和职业道德观，始终保持对生命的敬畏和对患者的关爱。医护人员应不断提升自己的专业素养和道德修养，时刻保持清醒的头脑和正确的行为准则，为患者的健康保驾护航。

三、案例综合分析

（一）正反面案例的对比分析

张定宇作为湖北省卫生健康委员会副主任、武汉市金银潭医院院长，在疫情暴发期间，身先士卒，带领医护人员救治了两千余名新冠患者，展现了极强的责任感和使命感。面对疫情，他虽患"渐冻症"，却坚持留在一线，用因疾病而行动不便的腿奋力与病毒赛跑，践行了"人民至上"的信念。张定宇不仅在疫情防控期间表现出色，还曾随中国医疗队前往阿尔及利亚进行医疗援助。在汶川地震时，他也带领湖北省医疗队前往灾区救援。他始终坚守在工作岗位上，无论是面对重大疫情还是自然灾害，都冲在最前线。他用自己的行动证明了医生的职责——救死扶伤、无私奉献。

刘某在医疗过程中存在夸大病情、过度医疗、私自切除患者器官等严重违法违规行为。他不仅未能履行医生救死扶伤的职责，反而将医术作为谋财的手段，严重损害了患者的健康和经济利益。他的行为不仅让患者及其家属遭受了巨大的痛苦和损失，更引发了公众对医疗行业的质疑和不满，破坏了医患之间的信任关系。

张定宇和刘某作为医疗行业的正反两面案例，其对比凸显了医生在职业道德、职业操守，以及社会贡献方面的巨大差异。张定宇以其无私奉献、忠诚履职的精神赢得了社会的广泛赞誉和尊重，而刘某则因其违规行为受到了法律的制裁和社会的谴责。这两个案例提醒我们，医生作为人类健康的守护者，必须时刻保持对生命的敬畏和对患者的关爱，坚守职业道德和职业操守的底线。

（二）未来医学领域职业道德与人文精神发展的展望

1. 职业道德的深化与提升

（1）专业化与综合素质并重　随着医学技术的不断进步和医疗需求的日益复杂，未来医务人员需要不断提升专业知识和技能，同时注重综合素质的培养，如沟通能力、团队协作能力、领导力等。这将有助于医务人员更好地应对临床挑战，提高医疗服务质量。

（2）强调科学决策与循证医学　医务人员在临床决策中将更加注重科学理性和循证医学原则，依据最新的医学证据进行判断，避免过度医疗和不必要的治疗，保障患者的权益和安全。

（3）倡导透明与公正　未来医务人员应坚守诚信原则，积极践行透明与公正的医疗行为。主动接受社会各界的监督与评价，不断提升医疗行业的整体信任度和形象，努力构建和谐的医患关系。

（4）加强职业道德教育　医学院校和医疗机构将进一步加强职业道德教育，将医德医风教育贯穿于医学教育的全过程。通过案例分析、角色扮演等方式，让医学生深刻理解职业道德的重要性，培养其高尚的职业素养和道德情操。

2. 人文精神的弘扬与传承

（1）注重人文关怀 未来医学领域将更加强调人文关怀，关注患者的情感需求和心理状态。医务人员将学会如何与患者进行有效沟通，提供温暖、尊重和关怀的医疗服务，改善患者的就医体验和满意度。

（2）促进医学与人文的融合 医学人文素质教育将更加注重医学与人文学科的融合，通过引入文学、历史、哲学等人文学科的知识和方法，培养医学生的人文素养和批判性思维。这将有助于医学生更好地理解患者的需求和感受，提高其医疗服务的质量和水平。

（3）加强跨学科交流与合作 未来医学领域将更加注重跨学科交流与合作，推动医学与人文科学、社会科学、自然科学等领域的交叉融合。通过多学科的共同努力，解决医疗实践中的复杂问题，推动医学事业持续发展。

（4）倡导以人为本的医疗理念 未来医学将更加注重以人为本的医疗理念，尊重患者的权利和尊严，关注患者的身心健康和全面发展。医务人员将努力为患者提供个性化、全方位的医疗服务，满足其多元化、差异化的医疗需求。

3. 推进实施的策略与建议

（1）构建多元化课程体系 在医学教育中融入人文、社会科学和艺术等多学科知识，形成多元化的课程体系。通过多样化的教学内容和方法，培养医学生的综合素质和人文素养。

（2）加强师资队伍建设 提高医学专业教师的人文素养和教育教学能力，引进具有丰富人文知识和教学经验的优秀教师。同时，建立医学人文素质教育的激励机制，鼓励教师积极参与医学人文素质教育工作。

（3）推进实践教学环节 通过临床实习、社会实践等方式，让医学生在实践中体验医学人文精神的内涵和价值。同时，鼓励医学生参与志愿服务、医疗援助等活动，培养其社会责任感和奉献精神。

（4）加强国际交流与合作 借鉴国际先进经验，加强与国际医学人文教育机构的合作与交流。通过互访、学习、合作研究等方式，提升我国医学人文素质教育的水平和国际影响力。

综上所述，未来医学领域职业道德与人文精神的发展将呈现专业化与综合素质并重、强调科学决策与人文关怀、促进医学与人文融合等趋势。通过构建多元化课程体系、加强师资队伍建设、推进实践教学环节，以及加强国际交流与合作等策略的实施，推动医学事业的持续发展和社会的和谐进步。

【思考题】

1. 作为一名医学生，你如何看待张定宇和刘某的案例？

2. 作为一名医学生，谈谈你对未来医学领域职业道德与人文精神发展的展望。

附　录

一、《中华人民共和国职业分类大典》

《中华人民共和国职业分类大典》颁布于 1999 年。随着社会经济的不断发展，我国的职业构成发生了很大变化。为适应发展需要，2021 年 4 月，人力资源社会保障部、国家市场监督管理总局、国家统计局联合启动了《职业分类大典》的修订工作。2022 年 7 月，人力资源社会保障部向社会公示了新修订的《中华人民共和国职业分类大典》（附图 1）。这是自 1999 年颁布首部国家职业分类大典以来的第二次全面修订。新版本修订的职业分类内容如下。

附图 1　《中华人民共和国职业分类大典》

1. 党的机关、国家机关、群众团体和社会组织、企事业单位负责人　该职业分类修订参照我国政治制度与管理体制现状，对具有决策和管理权的社会职业依组织类型、职责范围层次、业务相似性、工作复杂程度和所承担职责大小等进行划分与归类，包括 6 个中类、15 个小类、23 个细类（职业）。

2. 专业技术人员　该职业分类修订着重考量职业的专业化、社会化和国际化水平，包括 11 个中类、120 个小类、451 个细类（职业）。

3. 办事人员和有关人员　该职业分类修订主要依据我国公共管理与社会组织中从业者的实际状态进行分类。修订后的第三大类强化了公共管理、企事业管理等领域的行政业务、行政事务属性，包括 3 个中类、9 个小类、25 个细类（职业）。

4. 社会生产服务和生活服务人员　该职业分类修订主要参照国民经济行业分类和我国服务业发展现

状，特别关注新兴服务业的社会职业发展，主要按照服务属性归类职业。修订后的第四大类包括 15 个中类、93 个小类、278 个细类（职业）。

5. 农、林、牧、渔业生产及辅助人员　该职业分类修订以农、林、牧、渔业生产环境、生产技术和产业结构的变化，以及现代农业生产领域中生产技术应用、生产分工与合作的现状为依据，参照国民经济行业进行分类。修订后的第五大类包括 6 个中类、24 个小类、52 个细类（职业）。

6. 生产制造及有关人员　该职业分类修订按照国民经济行业分类和生产制造业发展状态，以工艺技术、工具设备、主要原材料、产品用途、服务和技能等级水平相似性进行分类。修订后的第六大类包括 32 个中类、171 个小类、650 个细类（职业）。

7. 军人　该类职业包括 1 个中类、1 个小类、1 个细类（职业）。

8. 不便分类的其他从业人员　该类职业包括 1 个中类、1 个小类、1 个细类（职业）。

结合时代的发展变化，2022 年版《中华人民共和国职业分类大典》的一大修订亮点是首次标注了数字职业。数字职业是从数字产业化和产业数字化两个视角，围绕数字语言表达、数字信息传输、数字内容生产三个维度及相关指标综合论证得出的。首次标注的 97 个数字职业约占职业总数的 6%，如"人工智能工程技术人员""区块链工程技术人员"等。

标注数字职业是我国职业分类的重大创新，对推动数字经济、数字技术发展，以及提升全民数字素养具有重要意义。另外，新版《中华人民共和国职业分类大典》延续了 2015 年版《中华人民共和国职业分类大典》标识绿色职业的做法，共标识了 134 个绿色职业（标注为 L），如"碳排放管理员""储能电站运维管理员"等，约占职业总数的 8%。这体现了我国对可持续发展的重视，顺应了"碳达峰""碳中和"的趋势，契合了创新、协调、绿色、开放、共享的新发展理念，满足了人民对美好生活的向往。

通过以上对《中华人民共和国职业分类大典》的了解，我们能大体掌握我国的职业分类状况，这对了解和分析职业发展趋势有着很高的参考价值。

二、《国民经济行业分类》

1984 年，国家统计局、国家标准局、国家计委、财政部联合印发了《国民经济行业分类与代码》（GB 4754—84），分别于 1994 年、2002 年、2011 年和 2017 年进行了修订，并更名为《国民经济行业分类》（GB/T 4754—2017）。该分类规定了全社会经济活动的分类与代码，并将其划分为 20 个门类、97 个大类、473 个中类、1382 个小类，适用于在统计、规划、财政、税收、市场监管等国家宏观管理中对经济活动的分类，并用于信息处理和信息交换。下面列举全社会经济活动的 20 个门类。

1. 农、林、牧、渔业。

2. 采矿业。

3. 制造业。

4. 电力、热力、燃气及水生产和供应业。

5. 建筑业。

6. 批发和零售业。

7. 交通运输、仓储和邮政业。

8. 住宿和餐饮业。

9. 信息传输、软件和信息技术服务业。

10. 金融业。

11. 房地产业。

12. 租赁和商务服务业。

13. 科学研究和技术服务业。

14. 水利、环境和公共设施管理业。

15. 居民服务、修理和其他服务业。

16. 教育。

17. 卫生和社会工作。

18. 文化、体育和娱乐业。

19. 公共管理、社会保障和社会组织。

20. 国际组织。

主要参考文献

［1］凌文轮，方俐洛.心理与行为测量［M］.北京：机械工业出版社，2003.

［2］刘玉升.大学生职业生涯规划打通就业［M］.苏州：苏州大学出版社，2021.

［3］Lok，Corie.Career development：What's your type？［J］.Nature，2012，488（7412）：545-547.

［4］Pittenger，David J.The Utility of the Myers-Briggs Type Indicator［J］.Review of Educational Research，1993，63（4）：467-488.

［5］史明.大学生就业指导中的职业价值观教育探究——评《当代大学生就业价值取向问题研究》［J］.中国教育学刊，2019（9）：132.

［6］杨秀木，齐玉龙，申正付，等.家庭社会经济地位、职业价值观对医学生主观幸福感的影响［J］.中国临床心理学杂志，2015，23（1）：154-158.

［7］顾明远.教育大辞典［M］.上海：上海教育出版社，1991.

［8］夏征农.辞海［M］.上海：上海辞书出版社，1999.

［9］彭军.职业角色与职业声望初探［J］.湖南科技学院学报，2007（8）：78-80.

［10］罗玲云.生涯人物访谈在职业生涯教育中的实施与举措［J］.中国多媒体与网络教学学报（中旬刊），2022（11）：216-219.

［11］周秀丽，王翔，孙琳.书院制模式下大学生学业规划指导路径探索——以南京审计大学为例［J］.黑龙江教育（理论与实践），2021（11）：8-10.

［12］曾波，房海宁.大学生学业规划简论［J］.学校党建与思想教育，2016（18）：78.

［13］张应强，王平祥."双一流"建设背景下我国本科教育人才培养目标的思考［J］.湖南科技大学学报（社会科学版），2019，22（6）：148-154.

［14］汤金洲，王志玲，马晓.关于加强和改进医学生职业精神教育的思考［J］.中国医学伦理学，2012，25（4）：456-458.

［15］黄紫华，吕志，刘小龙.高等教育快速发展背景下医药院校大学生人文素质教育的现实战略——基于广东药学院的改革发展经验［J］.中国医学伦理学，2012，25（2）：242-244.

［16］张标新，汪璐璐，方常君，等.基于临床思维能力培养的护理本科实习生客观结构化考核案例编制［J］.护理学报，2023，30（18）：23-26.

［17］郑亚民，梁阔，王悦华，等.在外科实习阶段提高医学生临床思维能力的教学模式［J］.中国医药导报，2022，19（10）：72-76.

［18］程琴，谢大蓉，刘克林.医学生综合素质能力培养的思考［J］.成都中医药大学学报（教育科学版），2008（3）：19-21.

［19］丁盛."新医科"背景下医学本科生创新能力培养策略［J］.医学教育研究与实践，2024，32（6）：687-691.

［20］骆亚莉，刘凯，杜媛，等.新医科背景下中西医临床本科生创新能力培养策略［J］.中国中医药现代远程教育，2024，22（6）：193-196.

［21］徐志鹏，邱竞帆，王云峰，等．在强化医学文献阅读中提升医学生的科学素养和科研创新能力［J］.南京医科大学学报（社会科学版），2021，21（2）：189-192.

［22］刘婧，张斯琴，姜冠潮，等．从全国高等医学院校大学生临床技能竞赛考点范围变化看竞赛发展［J］.高校医学教学研究（电子版），2017，7（2）：3-6.

［23］姚海燕，潘小炎，黄炎梅．五年制临床医学专业学生毕业去向研究［J］.中国继续医学教育，2022，14（24）：95-100.

［24］陈晓，胡衍，苏佳灿．临床医学八年制医学生科研训练模式探索与实践［J］.中国高等医学教育，2024（9）：24-26.

［25］石来敏，张晴晴，孙铮．"三全育人"背景下医学生职业核心能力现状及培养路径探析［J］.卫生职业教育，2024，42（14）：103-106.

［26］郭子叶，高晓霞．医学生职业抉择生涯规划案例分析［J］.现代商贸工业，2023，44（9）：110-112.

［27］夏宇涵，杨修志．慢就业趋势下医学生就业压力与对策分析［J］.中国就业，2024（7）：104-105.

［28］王胜男，刘冰，孙宏伟．医学生择业适应现状调查［J］.中国高等医学教育，2018（1）：54-55.

［29］吴昱宏，朱平华，赵邦．医学生在民营医院就业意愿及其影响因素［J］.广西医学，2021，43（21）：2576-2579.

［30］郑曦，陈影，柯阳，等．医学生"专业＋创业"融合培养的路径探索［J］.就业与保障，2023（9）：127-129.

［31］陈婧，谭冰．医学生创业动机及应对策略研究［J］.创新创业理论研究与实践，2022，5（23）：195-198.

［32］沈超，杨明，辛磊，等．职业生涯规划与就业指导［M］.北京：中国言实出版社，2021.

［33］陈姗姗，吴华宇．大学生职业生涯规划与就业指导［M］.重庆：重庆大学出版社，2014.

［34］周清，何独明．大学生职业生涯规划与就业指导［M］.北京：北京理工大学出版社，2019.

［35］恩格斯．马克思恩格斯选集［M］.北京：人民出版社，2012.

［36］张春丽．浅析医学院校思想政治教育对提高医生职业道德的重要性［J］.牡丹江医学院学报，2014，35（2）：149-150.

［37］郭佳，赵欣，万腾．医学生职业道德教育研究——以成都市为例［J］.中国循证医学杂志，2015，15（11）：1357-1361.

［38］李肃娜，刘义章．新时期高等院校医学生的人文道德素质及医学职业道德素质教育的问题探讨［J］.中西医结合心血管病电子杂志，2020，8（31）：182-187.

［39］周琼华．医学生职业道德素质的培养［J］.教师，2016（20）：14-15.

［40］彭勇军．医学生职业道德建设的若干思考［J］.牡丹江医学院学报，2012，33（3）：73-74.

［41］张晶昕．医学生职业道德教育现状及提升路径［J］.吉林广播电视大学学报，2018（7）：73-74.

［42］王洁．医学生职业道德教育的现状与分析［J］.卫生职业教育，2011，29（4）：88-90.

［43］张晶昕．医学生职业道德教育实践路径探索［J］.开封教育学院学报，2019，39（8）：83-84.

［44］贾悦，王祝昕，钟小浜．医学人文精神的核心价值研究［J］.中国医学伦理学，2016，29（1）：119-121.

［45］刘骙骙，郝春红，李新征，等．社会主义核心价值观背景下医学生医学人文精神的内涵研究［J］.卫生职业教育，2019，37（1）：136-137.

［46］孟晖．基于学生工作视角探索对医学生职业操守的培养——以成都大学医护学院为例［J］.教育与教学研究，2011，2（9）：89-91.

［47］张昊华．涵养人文精神为医学发展护航［N］.健康报，2023-12-26（5）.

［48］石晨．"大思政"理念下医学生人文精神培育路径探析［J］.中国医药导报，2020，17（27）：186-189.